工程建设企业管理数字化

Analysis on Digital Management of Construction
Engineering Enterprise

鲁贵卿 著
Lu Guiqing

论实

中国建筑工业出版社

图书在版编目（CIP）数据

工程建设企业管理数字化实论 = Analysis on Digital Management of Construction Engineering Enterprise / 鲁贵卿著. —北京：中国建筑工业出版社，2022.7（2023.1重印）
ISBN 978-7-112-27674-5

Ⅰ.①工… Ⅱ.①鲁… Ⅲ.①建筑企业—工业企业管理—数字化—研究—中国 Ⅳ.①F426.9

中国版本图书馆CIP数据核字（2022）第135920号

本书就工程建设企业的管理数字化问题，结合建设行业的现实情况进行阐述，作者试图根据自己40余年企业管理实践的经验体会，依据企业管理实际而论，立足信息数字技术实际应用而论，力求解决实际工作难题而论，追求实际应用效果而论，因此称之为"实论"。由于企业管理数字化、项目建造数字化和产业互联数字化是工程建设企业数字化的三个方面，他们既相互独立，又相互联系，甚至是相互包含，你中有我，我中有你。本书是站在工程建设企业管理者的角度去谈论数字化问题，从数字化技术实际应用的角度去研究企业管理、研究管理数字化。因此，本书面对的读者群体主要是工程建设企业的各级管理者、IT企业的行业有关人员、建设行业管理者、大专院校相关专业的学生与研究人员以及社会上对数字化有兴趣关注的人士。

责任编辑：朱晓瑜
责任校对：李美娜

工程建设企业管理数字化实论
Analysis on Digital Management of Construction Engineering Enterprise

鲁贵卿 著

*

中国建筑工业出版社出版、发行（北京海淀三里河路9号）
各地新华书店、建筑书店经销
北京点击世代文化传媒有限公司制版
北京市密东印刷有限公司印刷

*

开本：787毫米×1092毫米 1/16 印张：18¾ 字数：286千字
2022年8月第一版 2023年1月第二次印刷
定价：75.00元
ISBN 978-7-112-27674-5
（39809）

版权所有 翻印必究
如有印装质量问题，可寄本社图书出版中心退换
（邮政编码 100037）

序言一

立足当下，着眼未来

我和鲁贵卿同志时常在建筑行业的论坛或峰会一起作主题演讲，鲁总往往能从建筑企业管理信息化的某一个主题作出独立的有特点且具有实操价值的报告，报告能够引发同行的共鸣和广泛的思考。这次，鲁总把自己有关企业管理信息化、数字化的认识、思考、方法、对策和建议汇成《工程建设企业管理数字化实论》这部著作，系统阐述建设行业的特点、建设企业管理和工程项目管理的基本规律，深入研究和探索建设企业和工程项目管理信息化的模型架构、技术路径和实施路径，用鲜活的案例验证这些方法的有效性和现实可行性，这本书无疑是建设行业和建筑企业在数字化时代转型升级很好的帮手。

建筑行业数字化是一个很大的课题。从参与主体看，有政府行政主管部门、建设单位、勘察设计单位、监理咨询单位、施工企业单位、工程使用与运营单位等管理业务的数字化；从工程建造过程看，有工程咨询、工程规划、工程设计、工程施工、工程运维等工艺技术层面的数字化；从工程项目管理活动看，有工程建造的进度、质量、安全、环保、造价与成本、风险以及相关文件资料等管理的数字化。不同的维度，其数字化的目标、策略、路径和方法均不相同，需要根据企业的实际和信息技术的发展水平做出相应决策。该著作是从工程建设企业及工程项目管理的维度展开数字化实践与理论研究的。

建设行业数字化要立足当下，解决行业管理和企业管理的重点、难点、痛点、堵点问题。如工程安全数字化管理问题就比较迫切，工程项目数量超大、位置分布广大且远程、工程参与人员层次参差不齐、工程环境影响和荷载的动态可变性、工程材料设备的全寿命期性能变化与差异等等，导致工程安全管理量特别巨大、不可预见性特别高，特别需要数字化手段对工程安全进行管理。再诸如工程节能环保方面数字化、工程工业化设计施工方面数字化等都有很多工作可做，有的甚至从高校的人才培养开始就要改革创新，要培养出优秀的多专业复合型人才。《工程建设企业管理数字化实论》站在企业管理的角度讲企业的数字化应用，又站在数字技术赋能的角度谈管理，讲清了建设企业管理与数字技术深度融合的基本原理、基本逻辑、基础条件、主要方法、实现路径以及难点、痛点、关键点，尤其是说清了以项目业务成本财务资金税务这条管理主线的内在逻辑以及实现这条逻辑主线数字化的重要价值和意义。同时，为达到这样一个水准，该著作提供了"项目目标管理三圆图""项目管理方圆理论"和"项目成本管理信息化模型""数字建设的餐桌理论"、基于数据共享的主数据管理思路、基于数据分析的"业财资税一体八卦图"、移动端看板应用等，都很有意义，十分实用，这也是这本"实论"的理论价值和实践价值。

建设行业数字化要着眼未来，满足人民对美好生活的向往。建设行业的产品是建筑，人民日益增长的对美好生活的向往，当然也包括对美好居住的向往。说到底，一切工业化、数字化、数智化最终要以满足人的需求为终极目标。智能家居已初具雏形，智能健康养老已现端倪，都是以人为中心的数字化。

未来已来，着眼未来，在此作为鲁贵卿著作的序言。

中国工程院院士
华中科技大学教授　丁烈云
二〇二二年六月

序言二

主要领导不能缺位数字化

鲁贵卿同志在继《建筑工程企业科学管理实论》《工程项目成本管理实论》《建设工程人文实论》等著作之后，又一新作《工程建设企业管理数字化实论》出来了，希望我为本书写个序言。读完书稿，我以为在书前谈点感想也是很有意义的事，于是就欣然应允了。

2007年住房和城乡建设部发布新资质就位时，有两大规定成为当时很多企业面临的难点：对企业信息化提出明确要求和对科技创新作出了量化规定，自此掀开了建筑业作为传统行业的转型升级大幕。各个建筑企业按照住房和城乡建设部资质就位要求开始部署信息化系统，鲁贵卿同志曾担任局长的中国建筑第五工程局也不例外。在鲁局长主导下，中建五局的信息化走了一条和大多数企业不一样的集团集中集成化部署的道路，是一个超越资质就位要求的、按照自身发展战略而超前部署的信息化平台。中建五局信息化案例经常在行业内进行经验交流，十几年来一直保持着行业先进水平，值得称道。也不曾料到住房和城乡建设部的资质就位文件能够对一个企业起到这么大的作用，从一个侧面说明，行业主管部门在行业技术进步和创新发展中政策引导的巨大作用。

建筑行业的信息化、数字化有着自身的特点和发展规律，这与工业制造、金融、商业流通以及互联网行业是大不相同的，这是由建筑产品、建筑企业、建筑行业的管理运行特征和规律决定的。那种把建筑行业信息化、数字化应用与互联网行业、工业制造行业的信息化、数字化应用简单比较、简单套用的办法，理论上是错误的，实践中也是有害的。鲁贵卿同志在《工程建设企业管理数字化实论》中以他40多年的从业经验和管理实践，对新中国建筑行业70年的发展规律、建筑市场、建筑企业、建筑产品的基本特点及其规律性，进行了深度思考和总结归纳，是十分难能可贵的，很有积极意义。他提出的企业管理数字化的概念、数字技术与企业管理深度融合的路径、方法以及企业管理数字化的重点、难点、关键点等，对广大建筑企业来讲都有着较强的借鉴意义。

  信息化时代，传统建筑企业涅槃新生是一件痛苦的事。人们总是喜欢按习惯的思路和自认为正确的经验方法处理所面对的新问题，尤其是经营得好的公司更是如此。21世纪初还刚处在电脑普及阶段，信息化还是一个时尚名词，住房和城乡建设部要求建筑企业搞信息化的难度可想而知。15年过去，建筑企业的信息化水平参差不齐，仍然不尽如人意。只有工程造价预算和钢筋算量、财务信息化、CAD制图水平不错，其他如项目成本管理、业务财务资金税务一体化水平、工程建造设计施工信息化生态系统、工程安全远程监控系统还有很大努力空间。究其原因，既有信息技术发展水平限制，又有行业企业管理标准化不足的问题，也有专业人才缺乏的问题。我认为，还有标杆企业标杆做法的提升推广应用问题，特别是企业主要领导亲自参与了解深度不够的问题。这次鲁局长把标杆企业的标杆做法写出来了，在一定程度上给第一个问题提供了解决思路和方法，我就主要领导在企业信息化数字化过程中如何发挥作用谈点想法。

  主要领导是企业信息化数字化战略的制定者和推动者。搞信息化数字化不能为化而化，而是为了企业创新发展而化，企业要作为一项长期战略来办。既然是战略工作就一定是公司主要领导的事，那就要制定战略、落实战略。制定战略的过程，主要领导要研究制定信息化数字化战略目标，研究制定并批准信息化数字化战略实施方案；要落实信息化数字化战略实施的组织机构、人员组成、经费支持、议事决策机制、责任奖罚机制等。有的领导认为信息化主要是搭网络买电脑买软件产品，这种看法过于简单化。硬件当然不能少，但不是问题的关键，问题的关键是选择满足企业战略目标需求的核心软件产品和产品实施供应商，或者自组系统软件开发机构进行定制开发。产品实施供应商实际是软件产品和公司业务需求进行融合落地的专业人员，这个环节非常重要。软件产品是按照业务的一般属性来开发的，而每个企业都有业务管理的特殊性，所以在实施环节钱不能少花。企业管理数字化具有长期性和全员参与性，这就需要企业的主要领导持续推进和强力推进，排除数字化过程中的阻碍因素。企业数字化还具有日新月异、仁者见仁、智者见智的特点，只有主要领导的定力才能沿着一个既定目标前行或及时修正错误的方向。这些因素决定了主要领导不能缺位。

主要领导是企业数字化平台的应用者和检验者。主要领导不仅仅制定信息化数字化战略，更要在信息化数字化前进过程中认认真真、扎扎实实去用，领导表率更能使信息化数字化普及，更能在应用中体验其价值和改进之处，领导检验是最高效的系统优化升级。企业管理和项目管理信息化数字化是企业主要领导管理理念和方法、领导作风的综合体现，也是企业文化在日常工作中的综合体现，主要领导一定要多倾注一些精力在信息化数字化工作上。鲁贵卿同志作为企业的主要领导，工作是十分到位的，他提出的"目标管理三圆图""方圆理论模型""数字化模型图""四化方法""四个师""三只手""四人组""业财资税一体八卦图"等，只有躬身参与其中，深度思考总结，倾注了大量心血才能提炼出这样的方法论来，这是很值得肯定的。

企业家是经济社会发展的特别人才，他可以把挑战变为机遇，他可以嗅到隐隐约约的契机，他可以看见手指远方的月亮，信息化数字化是建筑业实现转型升级和高质量发展的挑战与机遇，乐见鲁贵卿同志这本《工程建设企业管理数字化实论》对建筑行业的信息化数字化起到指导和借鉴作用。

中国建筑业协会副会长
住房和城乡建设部市场监管司、质量安全司原司长　吴慧娟
二〇二二年六月

序言三

一位行业领先实践者、思想者
对工程建设企业数智化的洞见分享

鲁贵卿先生是一位我熟悉和敬佩的企业家，大家都习惯称他鲁局长。他在工程建设行业有40多年的丰富经验，曾经带领一家大型国有工程建设企业实现结构性变革和超倍速增长，担任过全球最大的工程建设企业的总经济师，主持过国内最大民营工程建设企业的运营管理，开创了国内著名建设投资企业的新局。鲁局长不仅是一位实践者，也是一位思想者，他在企业文化、战略、运营管理和信息化、数智化等方面有坚实的领导实践，更有深刻的思考提炼。

我与鲁局长相识于15年前，2008年我拜访鲁局长时任董事长的中国建筑第五工程局有限公司，总部大楼墙上"信"与"和"等中国传统文化内容首先给我留下了深刻印象，交流过程中，鲁局长对于工程建设企业的管理体系与模型，尤其是项目成本管理模型的专深见解让我至今难忘。

鲁局长对信息化、数字化的认识和实践在同行企业中是个先行者，对信息技术在工程建设企业的应用高度敏锐又积极推进。他认为信息技术一直在快速发展，但技术不能独立发挥作用，需要通过两个阶段的"转化"才能够对经济社会产生价值。第一个阶段主角是信息科技厂商，把最新的信息技术和企业业务结合起来研发出对客户有价值的信息化产品。第二阶段是把通用的信息化产品和具体企业的业务结合起来，也就是应用部署。第二阶段的"转化"，应用企业的员工是主角，因为企业员工最了解自己企业的管理方法和要求，将来也是主要用户，如果不是主角，则难以达到最佳应用效果。有的企业总是抱怨信息系统不好用，实际是企业在部署系统时投入精力太少，只是单纯依赖信息科技公司。

鲁局长所带领企业的信息化推进都坚定地选择走与中国本土信息技术厂商合作的路子，双方合作共创，相互成就。中建五局的数字化多年来一直是行业的标杆之一，同时，中建五局员工的智慧又改进和完善了产品提供商的产品，两者相得益彰，实现了合作共赢。记得用友在与中建五局合作过程中，鲁局长从信息化规划方案设计、IT技术选型、企业管理逻辑与管理需求梳理、技术与管理融合流程表单、企业资源的组织与调配、信息系统建设与应用等企业信息化的全过程都是深度参与的，并且积极推动从企业高管层到项目经理、项目工程师及各职能条线人员都参与进来，一起研究讨论最优的应用模型方案，以取得最好的效果。后来他在中南集团和中国平安工作期间，依然保持了对企业信息化、数字化的高度热情。像鲁局长这样对企业信息化、数字化如此热衷且长期持续关注、全程深度参与并认真思考总结的，在大型企业的一把手中十分鲜见。

技术是驱动商业创新的关键因素之一。以移动互联网、大数据、云计算、人工智能、物联网、区块链、元宇宙等为代表的数字、智能技术是信息技术的新发展。在这一波新技术浪潮下，中国和全球企业正在推进新一轮技术驱动的商业创新——企业数智化，包括数字化和智能化。

企业数智化或数智化转型是对企业的生产经营和管理方式的创新与变革，包括企业产品与业务创新、组织与管理变革两个层面，覆盖企业从研发、采购、制造或建造到营销、服务等全流程，方向就是要把企业转变为数智企业，成为客户导向、生态共荣、员工能动、实时感知、数据驱动、智能运营的企业，为企业的业务增长、降本增效、客户伙伴及员工体验、质量、环保、安全等创造出新的价值，以实现企业更高经营绩效、更强竞争优势和更可持续发展的目标。

中国的工程建设行业经过多年来的改革与发展，包括中间有过持续多年的高速增长，在产业规模和工程建造能力上已是全球领先，现在开始进入创新驱动高质量发展的新阶段，包括：发展理念"绿色化"，经营结构投资、建造、运营一体化，建造方式工业化，市场范围加速全球化，管理方式精益化，运营方式数智化。

相对于金融、电信，甚至制造和零售业，我国的工程建设行业的信息化起步较晚，原有信息系统的包袱不是那么重，可以在数智化这一轮通过应用新一代技术实现加速创新。如：通过全业务流程的在线化，全管理体系的数据化和智能化实现运营数智化；通过企业和产业并举，积极推进产业数智化，实现企业间、产业链、价值网的共享与协同；通过发挥行业协会和成员企业的作用，强化和工程建设行业的数据标准和规范，构建行业和企业数智化的关键公共基础；通过发挥我们国家工程建设行业在全球的领先优势，在数智化建设和运营中与本土厂商紧密合作，促进和带动本土信息科技厂商的持续创新发展，提高我国工程建设行业数智化的供应链能力。

鲁局长的《工程建设企业管理数字化实论》这一成果来自于企业数字化实践，又能够指导企业数字化实践。书中提出的企业数字化理念、路径、策略和方法专业水准高，对工程建设企业数字化的要点、难点、痛点、关键点的把握也十分到位，是一部非常难得的、理论与实践相结合的佳作。他把这部"实论"贡献给行业企业和相关各方既是文明成果的分享，也是对行业进步的赋智，对工程建设行业数智化建设与发展将产生重要价值。

用友网络董事长　王文京

二〇二二年六月

前　言

近年来，在数字化建设领域不断涌现出许多新词汇，"信息化""数字化""数字化转型"已然成为社会流行的高频词。这些新词汇有时给人以启发、给人以便利，有时则使人困惑、使人烦恼。本质上说，"信息化""数字化""数字化转型"这三个词汇是一回事，它们是在数字化发展过程中，同一大概念下不同阶段强调的侧重点有所不同而已。信息化、数字化、数字化转型不是割裂的、对立的、矛盾的，而是连续的、发展的、相辅相成的。我们不能用"数字化"和"数字化转型"否定"信息化"，更不能用"信息化"排斥"数字化"和"数字化转型"，也不能用中台否定ERP。实际工作中，我们应当把注意力放在事物的本质上，放在问题的解决上，完全没有必要过度纠结于词语的表达上，更没有必要把有限的精力用在刻意"造新词儿"上，而应当多在实际应用上下功夫。

如果非要对"信息化""数字化"和"数字化转型"这些概念作一定的区分界定，我认为："信息化"是一种对物理世界的信息描述，本质是一种管理手段。信息化建设中，业务流程是核心，信息系统是工具，数据只是一种副产品，信息化是以物理世界中的思维模式进行的。而"数字化"是指将许多复杂的、难以估计的信息通过一定的方式变成计算机能处理的0和1的二进制码，形成计算机里的数字孪生。信息化侧重管理升级，关注优化流程和平台协同。数字化侧重技术应用赋能，聚焦智慧场景和数据分析。"信息化""数字化"只是在IT不同发展阶段中，关注的重点和传递的理念甚至宣传的说辞略有差异。而"数字化转型"的概念里还包含着信息数字技术在实际应用过程中，具有促进管理、赋能管理、变革管理的作用和功效。

比如，互联网叫车平台的出现，既提高了叫出租车的效率，方便了乘客出行，也改变了出租车公司的管理方式，改变了乘客的叫车方式。再比如，由于新技术的出现，引起了人们读书方式的转变，由古代的竹简阅读、纸质阅读到现在的电子阅读、电子听读。这些都是技术对生产的改变，技术对管理的改变，技术对管理行为的改变。这一点，在"数字化转型"中是不应该被忽略的。

信息化和数字化是一个过程，是一个没有终点的过程。信息化实现第一步，将业务转化为数据，并以数据资产的形式存储在各个系统。而数字化实现第二步，打通信息化建设中的信息孤岛，让数据流动起来，将数据资产真正利用起来。通过综合分析这些数据，对企业的运作逻辑进行数字建模，指导并服务于企业的日常经营与管理。信息化和数字化的"内核"都是利用数字和数字技术，满足企业经营场景、管理需求和决策支持，提高全要素生产率。《"十四五"国家信息化规划》中"信息化"和"数字化"这两个词也是在同时使用，并不是相互排斥的。因此，我在本书论述时并没有特别地去区分信息化、数字化、数字化转型这些用语，而是本着"当用则用，适用则用"的原则随语境而用。

工程建设企业数字化大体分为企业管理数字化、项目建造数字化和产业互联数字化三大方向。《工程建设企业管理数字化实论》就工程建设企业的管理数字化问题，结合建设行业的现实情况进行阐述，作者试图根据自己40余年企业管理实践的经验体会，依据企业管理实际而论，立足信息数字技术实际应用而论，力求解决实际工作难题而论，追求实际应用效果而论，因此称之为"实论"。由于企业管理数字化、项目建造数字化和产业互联数字化是工程建设企业数字化的三个方面，他们既相互独立，又相互联系，甚至是相互包含，你中有我，我中有你。本书是站在工程建设企业管理者的角度去谈论数字化问题，从数字化技术实际应用的角度去研究企业管理、研究管理数字化。因此，本书面对的读者群体主要是工程建设企业的各级管理者、IT企业的行业有关人员、建设行业管理者、大专院校相关专业的学生与研究人员以及社会上对数字化有兴趣关注的人士。虽然本书论的是企业管理数字化，也必然会涉及建造数字化和产业互联数字化的相关内容。

所谓企业管理数字化，就是将企业的运营管理逻辑，通过管理与信息数字技术的深度融合，实现企业管理精细化，从而提高企业运营管理效率，进而提升社会生产力。这里，厘清工程建设企业的运营管理逻辑是前提，管理与技术的深度融合是关键，数字化和精细化是方法和途径，提高企业管理效率和提升社会生产力是目标和目的。环顾工程建设领域的数字化现状，则存在着"三座大山"：一是IT技术与企业管理的"两张皮"（即IT企业与建设企业之间、IT企业与IT企业之间、建设企业内部之间三个方面的不融合）；二是企业内部各部门系统之间的"部门墙"（主要体现为三个"不统一"：管理语言不统一、各业务系统规范不统一、平台顶层设计不统一）；三是企业各层级各专业之间的"数据篱"（主要表现为经济数据之间、经济数据与非经济数据之间、企业与生态圈、产业链之间的不互通）。究其原因，主要在于IT人不懂管理者、管理人员不懂IT技术，企业内部缺乏既懂业务、又会商务、还通财务、也晓IT技术的"通才"，各业务线条没有统一的管理语言，人为分割，鸡鸭对话，各自为政，只会"各美其美"，不能"美美与共"，更难"美人其美"。企业数字化的当务之急就是融化"两张皮"，打通"部门墙"，拆除"数据篱"，真正实现"美美与共"。

基于此，本书的基本架构为：第一章，工程建设企业管理。主要回顾了新中国建设行业的发展演变、建筑市场和建筑企业的特点，论述工程建设企业运营管理的基本逻辑和核心要义。第二章，工程项目管理。重点围绕建筑企业的产品——工程项目的主要特点和管理模式、管理组织与实施、管理目标、管理要素相互关系进行论述。第三章，企业管理方圆理论模型。重点阐述现代企业管理的基础理论、方圆理论模型图解析及分资制管理法。第四章，企业管理数字化。着重阐述建筑行业数字化历程与方向、管理与技术的融合、数字化规划与策略、数字化建设实施。第五章，项目管理数字化。主要论述项目管理数字化的意义，项目生产管理和智慧工地、智能建造以及现场作业管理数字化。第六章，企业主数据管理和人机交互。侧重论述企业主数据建设、经济数据管理、商务成本与财务成本的统一编码、业财资税一体化建设、人机交互与新技术应用。第七章,大数据管理与移动端应用。重点论述建筑行业生态圈和建筑产品产业链的数字化、大数据的时代机遇和数据治理及移动端的开发应用。一、二、三章是讲建设企业管理逻辑和管理特征、管理需求与管理要点的,四、五章是说企业和项目两个层面管理数字化的,六、七章是谈企业主数据和大数据应用的,七个章节互有侧重,又相互联系、相互支持,但总体上都是结合管理实践进行理论阐述、应用理论指导管理实践的。本书的附录部分编列了中建五局、中铁四局、中建八局一公司和中电建华东设计院等四家优秀企业的管理数字化实用案例,希望给大家提供几个经过多年实践检验、可资实际学习借鉴的榜样与指引。

近些年社会上流传着一个说法:建筑行业的信息化水平还不如农业的水平高。我不赞同这种说法!我认为,持此种说法的人,不说他是糊涂,起码是他对建筑行业缺乏基本了解。自有人类活动以来,在地球上能够留下痕迹的只有两个东西:一是文字;二是建筑。建筑行业是一个古老而伟大的行业。近几十年,世界上顶级的建筑绝大多数是由中国的建造师和建筑工人建造的,可以毫不夸张地说,中国建筑行业的管理能力和技术水平是世界领先的,在全世界的行业排名中,我国建设行业的排名远高于其他绝大多数行业,"基建狂魔"绝非浪得虚名,这其中也包含着信息化、数字化应用的水平。实际上,近十年来中国工程建设行业的信息化、数字化水平在迅速大幅提升,可以说是日新月异,只不过与我们想要达到、应该达到的目标还有一定距离,还需要做长期而艰苦的努力。之所以这样,是由建筑产品的特点和建造方式的特殊性决定的,建筑产品不同于工业产品,也不同于农产品,那种把建筑业与工业、农业、互联网行业等进行简单对比评价的做法是错误的、不科学的,甚至是有害的,无论是在理论上,还是在实践上都是站不住脚的。

信息化既是"过去式",又是"现在式",还必然是"将来式";数字化亦然,它是一个没有终点的过程,必须服务于管理,为管理赋能;数字化转型,既要讲数字化建设,又要讲数字化驱动,还要讲数字化变革,更要讲数字化的赋能与价值创造。本书力求在上述几个方面做一点有意义的探索,以期抛砖引玉,就教于同仁。不妥之处,恳请业界同仁、专家、朋友不吝赐教。

我相信，通过大家长期不懈地努力，工程建设企业乃至整个建设行业的数字化水平一定会不断得到提高。有信息数字技术的赋能，建设行业的劳动生产率和全社会的生产力也会不断提升。

平安建投董事长兼 CEO　鲁贵卿
二〇二二年三月

目 录

第一章 工程建设企业管理 /001

第一节 新中国建筑业管理体制的沿革 /002

    一、国家计划经济体制阶段（1949—1960 年）/002

    二、准军事化管理体制阶段（1960—1978 年）/003

    三、企业承包经营管理体制阶段（1978—1987 年）/004

    四、"项目法施工"模式阶段（1987—1997 年）/005

    五、"法人管项目"模式阶段（1998—2013 年）/006

    六、向高质量发展转型阶段（2014 年以来）/007

第二节 建筑行业的主要特征 /009

    一、生产地点的流动性与生产工艺的相对固定性 /009

    二、市场客户的一次性与区域市场的相对稳定性 /009

    三、建筑产品的服务性与建筑企业的被动性 /010

    四、投资的导向性与市场变化的不确定性 /011

    五、建筑市场主体的多元性与市场运行的复杂性 /012

第三节 工程建设企业的组织与运营 /014

    一、企业运营管理的基本特点 /014

    二、企业组织管理 /015

    三、企业的运营机制 /025

第二章　工程项目管理 /033

第一节　工程项目管理模式的演变 /034

　　一、项目管理的四个阶段 /034

　　二、绿色行动下的项目管理 /038

第二节　工程项目的组织管理 /041

　　一、项目管理的组织 /041

　　二、项目资源配置 /043

　　三、项目经理责任制 /045

　　四、项目管理团队 /047

第三节　工程项目的目标管理 /049

　　一、工程项目目标管理三圆图 /050

　　二、目标管理各要素之间的关系 /051

第三章　企业管理方圆理论模型 /055

第一节　企业管理的基础理论 /056

　　一、对马克思主义"生产力理论"的基本认识 /056

　　二、"外圆内方"的哲学思考 /059

　　三、"两个基石一条主线"的管理理念 /062

　　四、"责权利相统一"的管理原则 /064

第二节　项目管理方圆理论模型图 /068

　　一、"施工项目成本管理方圆图"解析 /068

　　二、"投资项目成本管理方圆图"解析 /075

第三节　分资制管理法 /082

　　一、分资制的基本概念 /082

　　二、分资制的主要内容 /084

第四章　企业管理数字化 /089

第一节　建筑行业数字化发展历程与方向 /090

一、企业数字化的发展历程 / 090

　　二、企业数字化的难题 / 093

　　三、企业数字化的方向 / 096

第二节　企业管理与信息数字技术的融合 / 099

　　一、企业管理数字化的基本含义 / 099

　　二、管理与技术的融合 / 100

　　三、企业管理标准化 / 103

　　四、管理数据的融通 / 105

　　五、管理数字化的"四化方法" / 107

第三节　企业数字化顶层设计 / 109

　　一、数字化规划 / 109

　　二、企业组织职能与信息交互 / 112

　　三、企业级管理信息共享平台的基本要求 / 114

　　四、数字化体系构建 / 119

　　五、数字化建设蓝图 / 120

第四节　企业数字化策略 / 123

　　一、思维模式更新 / 123

　　二、企业管理主导与IT技术服务 / 126

　　三、管理需求的导向 / 128

　　四、价值挖掘与创新 / 130

第五节　企业数字化的组织实施 / 133

　　一、企业数字化顶层设计的"四个师" / 133

　　二、企业数字化的"三只手" / 134

　　三、数字化建设实施的"四人组" / 135

　　四、企业数字化的投与产 / 136

第五章　项目管理数字化 / 139

第一节　项目过程成本管理数字化 / 140

一、项目成本过程管理数字化的实际意义/140

　　二、项目成本管控流程/141

　　三、项目成本管理的"四算对比"/143

　　四、成本管控流程的在线审批与优化/145

第二节　项目现场生产管理数字化/147

　　一、现场生产管理数字化的紧迫性/147

　　二、项目生产管理数字化/148

　　三、智慧工地/149

　　四、现场综合管理与信息共享/152

第三节　智能建造与BIM技术应用/153

　　一、智能建造/154

　　二、数字孪生技术应用/155

　　三、BIM技术应用/160

第四节　现场施工作业管理/163

　　一、建筑工人产业化/163

　　二、现场施工作业管理数字化/166

第六章　企业主数据管理与人机交互/169

第一节　企业经营主数据建设/170

　　一、基础数据建设/170

　　二、企业数据应用规范/171

第二节　工程建设企业的商务成本管理/173

　　一、企业项目成本管控体系/173

　　二、商务成本与财务成本的统一数据编码/174

第三节　业务商务财资税务的管理逻辑/178

　　一、业财资税一体化的基本要求/178

　　二、业财资税一体化的逻辑关系/179

　　三、财务共享与业财资税一体化/181

第四节　工程项目的业财资税一体化/182

一、项目业财资税一体化的必要性/182

二、项目业财资税的业务表单与流程/183

三、项目业财资税一体八卦图/186

第五节　人机交互与新技术应用/188

一、人+机→机+人/188

二、数字技术的发展规律/189

三、新技术的融合应用/191

第七章　大数据管理与移动端应用/193

第一节　建设行业生态圈数字化/194

一、建设行业的数字化生态圈/194

二、政府部门监管平台/196

第二节　建筑产品产业链数字化/198

一、产业链数字化的意义/198

二、供应链电子商务/199

三、建设监理过程的数字化/200

第三节　大数据应用/204

一、大数据时代的机遇/204

二、数智化应用/206

第四节　数据治理/210

一、数据治理的误区/211

二、数据治理与保障要素/212

三、数据安全/214

第五节　移动端应用/217

一、移动端的丰富功能/217

二、移动端轻量化与场景化/219

附录：企业管理数字化实用案例 /221
  一、中建五局 /222
  二、中铁四局 /245
  三、中建八局一公司 /253
  四、中电建华东设计院 /264

后 记 /276

第一章
工程建设企业管理

　　建筑业是关乎国计民生的基础性产业，是国民经济的重要组成部分，新中国建筑业的走向与新中国的命运息息相关。可以说，新中国建筑业的发展节律与新中国的发展节律是一致的，新中国建筑业波澜壮阔的发展历程是新中国伟大崛起的辉煌画卷中一个浓墨重彩的动人篇章。工程建设企业作为我国建筑行业的主体力量，在整个国民经济发展中起着不可或缺的重要作用，认真研究工程建设企业的运营管理及其发展变化规律，是十分必要、十分有意义的。

第一节　新中国建筑业管理体制的沿革

从新中国诞生至今，建筑行业历经了一系列变革，不断调整发展方式，推陈出新、与时俱进，实现了飞跃发展。梳理回顾新中国建筑业的发展历程和发展轨迹，从中找出发展变化的规律性和必然性，对当今建设行业和建设企业都是大有益处的。我认为，新中国建筑业的发展历程大致可分为六个阶段：

一、国家计划经济体制阶段（1949—1960年）

1949年10月1日，中华人民共和国宣告成立，中华民族进入了社会主义建设新时代。新中国成立之初"一穷二白"，又面临着西方势力的围追堵截，我们采取了"一边倒"的国家政策，通过学习苏联"老大哥"经验，在计划经济体制下，完成了新中国国民经济的总体布局。此一时期国民经济大发展，大规模建设在全国展开，建筑业在完成总体布局的基础上快速扩张，建筑产业的基本家底和管理体制也在这一时期基本形成，这为今后新中国建筑业的长期发展奠定了基础。

1952年2月，毛泽东主席签署命令，批准中国人民解放军一部分部队转为工程部队，投身于国家建设。同年4月，毛泽东主席和周恩来总理签署《中央人民政府军事委员会、政务院集体转业部队的决定》，将原属西北、西南、华东、中南4个军区和二十三兵团的8个师转业为建筑工程师，确定番号为第一至第八工程师。8万军工集体转入建筑业，为建筑业的发展增加了一支生力军，并成为组建建筑工程部直属工程局的基础。

1953年6月，毛泽东主席签发《中共中央关于力争三年建设长春汽车厂的指示》。同年7月，第一汽车制造厂破土动工。经过三年的土建施工、设备安装和生产准备，1956年7月，长春第一汽车制造厂如期建成投产，并成为该时期典型建筑。

当时，苏联援助中国156项工程，随后在1956年，苏联部长会议副主席米高扬率团访华时又决定再援助中国兴建55个新的工业企业作为对156项工程的补充，包括军事、冶金、化工、机械、能源等多个项目领域。在苏联的援助之下，中国工业制造能力显著增强，中国建筑业逐渐成长。

这一时期的重大影响事件主要有：新中国诞生、抗美援朝、学习"老大哥"、国民经济基础布局、北京"十大建筑"等。

二、准军事化管理体制阶段（1960—1978年）

1960年7月16日，苏联单方面终止合同。此时苏联援建中国的项目达到了304个，到1960年底建成103个，201个正在建设中，此时，苏联撤走全部在华专家，而且带走全部设计图纸和有关资料，使一些重大设计项目和科研项目被迫中断，正在建设的200多项工程有一大批被迫停工"下马"。

随着苏联"老大哥"变脸，中苏关系交恶，中国建筑行业开始走上独立自主、准军事化管理的发展阶段。国家一方面要搞经济建设，另一方面还要准备打仗，党中央决定组建基建工程兵、扩充铁道兵。"深挖洞、广积粮""大三线建设"等成为中国建筑业的主战场。

1961年，国家基本建设投资由1960年的388.7亿元锐减到127.4亿元，1962年又减到71.3亿元。由于投资额大幅度压缩，全国建筑行业进行大规模精简，全民所有制职工人数由557.2万人减到193.3万人，其中，建筑工程部系统由146万人减为56.8万人，减少了89.2万人，将近三分之二。一些省市撤销了建筑工程局，并动员大批职工回乡务农。这一时期，我国建筑行业经历了一段压缩、精简的低迷期，给中国的社会主义建设事业造成了巨大的困难和损失。

1962年初，中央工作会议（七千人大会）召开，建筑业开始广泛总结"大跃进"的经验教训，并重新制定措施、组织力量，开始停止集体企业盲目升级为国有企业的做法，恢复集体所有制形式，使生产关系进一步适应生产力。与此同时，将1958年下放企业收回8万多人，重新组建了8个工程局。在远离沿海地区的四川、贵州、云南、西藏、新疆、山西、内蒙古、黑龙江等18个省、自治区进行了大规模的建设。1966年，组建基本建设工程兵，扩充原有的铁道兵，使从事建筑业的现役军人达百万以上，加上建设兵团等准军事化建设力量，中国建筑行业准军事化管理为主体的体制基本形成。

1965年12月东风号万吨巨轮建成，1969年12月南京长江大桥建成通车等是这一时期中国经济建设的重要成就。1973年，毛泽东主席、周恩来总理批准引进一批进口项目，如辽阳化纤厂工程等，提出了加强港口建设，对发展国民经济起了重大作用。

这一时期的重大影响事件主要有：苏联专家全部撤走、原子弹爆炸、组建基建工程兵、扩充铁道兵、"大三线"建设、新中国进入联合国、尼克松访华、粉碎"四人帮"等。

三、企业承包经营管理体制阶段（1978—1987年）

1978年，十一届三中全会决定把党和国家的工作重心转移到社会主义经济建设上来，实行改革开放，拉开了我国施工企业管理体制改革的序幕。这一时期，中国建筑业在国家发展规划中被列为支柱性产业，建筑业改革大纲发布实施，企业承包经营制全面推行开。体制机制的改革，极大地解放了生产力，建筑业发展迅猛。

1979年8月，国务院批准了《关于基本建设投资试行贷款办法的报告》，在基本建设领域开始试行"拨改贷"，改变了以往政府财政无偿拨款的计划经济模式。1980年4月，国家正式提出赋予国有施工企业经营管理自主权，实行利润留成制度，给施工企业留有合理利润，经营责任制开始在国有施工企业中陆续推行。1983年，建筑企业开始实行"利改税"。同年2月，建设部发布《建筑业改革大纲》，提出十个方面的改革举措，推行企业承包经营制。同年3月，国家计委等部门联合发布了《基本建设项目包干经济责任制试行办法》，按建设规模、投资总额、建设工期、工程质量、材料消耗包干，实行"责、权、利"相结合的经营管理责任制。1984年9月，国务院颁发了《关于改革建筑业和基本建设管理体制若干问题的暂行规定》，提出了16项重要改革举措，包括全面推进基本建设项目投资包干责任制、大力推行工程招标承包制、全面推行技术经济承包责任制等。随后，国家计委等单位又相继颁发了一系列的规定和办法，标志着我国建筑业改革的全面启动和基本建设管理体制的重大转变。

从1978年至1983年，我国建成投产的大、中型项目达595个，如上海宝山钢铁总厂、葛洲坝水电站、京秦铁路复线电气工程等一大批大型的具有现代化技术的建设项目。陡河电厂、秦岭电厂、北京石化总厂、上海石化总厂等骨干项目，也都在此期间建成投产。同时期，在电力建设、油田建设、铁路的复线电气化建设以及港口建设等方面均有重大进展。1984年，中国建筑以"三天一层楼"的速度建设当时中国第一高楼——深圳国贸大厦，由此产生了传颂至今的里程碑式口号——"深圳速度"。

这一时期的重大影响事件主要有：十一届三中全会、八二宪法、建筑业改革大纲、厂长经理负责制、百元产值含量包干、利改税、青藏铁路、"深圳速度"等。

四、"项目法施工"模式阶段（1987—1997年）

1987年8月6日，《人民日报》头版发表长篇通讯——"鲁布革冲击"。时任国务院总理赵紫阳、副总理李鹏分别作出批示，要求全国推广"鲁布革"工程管理经验，开启了我国建筑业生产方式和建设工程管理体制的深层次改革。

鲁布革水电工程建设中引进世界银行贷款，面向国际公开招标，全面引入竞争机制。日本大成公司以最低价中标后，实行项目法施工，达到了缩短工期、降低造价、质量优良的目标。这对我国原有的建设模式产生了强烈的冲击，形成了在工程建设领域具有划时代影响的"鲁布革经验"。1987年7

月,国家计委等五部委批准18家企业作为第一批鲁布革经验推广试点单位先行先试,以"工程招标投标"为突破口,以"管理层与劳务层分离"为标志,推行"项目法施工"。"鲁布革经验"开启了我国工程建设领域改革的新篇章,后来的招标投标制度、工程监理制度、总承包管理等皆受此影响。

1995—1996年,国家建设主管部门按照国际惯例就推行项目管理进行了大量的调查研究,先后两次发布推行项目管理的指导意见,提出了推行工程项目管理实现"四个一"的管理目标,推动了"项目法施工"的实施进程。

1987年,"中国建筑工程鲁班奖(国家优质工程奖)"设立。"鲁班奖"的设立推动了企业质量管理能力的提升,增强了获奖企业的社会信誉、知名度和积极性,促进了全行业工程质量水平的提高。

1992年春,邓小平同志的"南方谈话"冲破了关于市场和计划争论的框框。当年10月,党的十四大提出建立社会主义市场经济体制的目标,要求完善市场环境,转换建筑企业经营机制,使建筑业企业成为真正的市场竞争主体。

这一时期的重大影响事件主要有:鲁布革冲击、项目法施工、两层分离、招标投标制、施工监理制、企业资质管理、鲁班奖设立、"六四风波""南方谈话""分税制"、宏观经济调控等。

五、"法人管项目"模式阶段(1998—2013年)

1998年3月,《中华人民共和国建筑法》正式开始实施,随后《招标投标法》《建设工程项目管理规范》《建设工程监理规范》等一批法律法规和规范陆续发布,建筑市场管理向法制化、规范化方向发展。在此背景下,中国建筑率先提出"法人管项目"理念,进一步丰富了企业项目管理的内涵。

2001年,时任中国建筑工程总公司总经理的孙文杰首次提出"法人管项目"的理念,而后创新了"法人管项目"的管理模式。这种模式主要体现为"三集中",即"资金集中管理、大宗材料集中采购、劳务集中招标",通过"三集中"管理,实现企业体系管理的精细化和法人管理的集权化与集约化。中建集团提出的区域化经营、专业化发展、精细化管理、国际化协同的管理理念逐渐被行业内认可，成为许多优秀建筑企业运营管理的基本做法。2003 年 5 月，笔者时任中建五局局长，率先提出了"三次经营"理念，而后又总结提炼出"工程项目成本管理方圆图"理论模型，丰富了"项目法施工"和"法人管项目"模式的科学内涵。

2001—2010 年，建筑业总产值以 20% 左右的增长率稳定上升。2009 年，"4 万亿"救市计划实施，在应对全球金融危机、确保建筑业平稳发展的同时，出现了一些弊端。2010 年开始，建筑业产值与固定资产投资增速均显现出下行趋势。建筑业产值规模虽然保持了快速发展，但可持续发展能力仍显不足，发展模式粗放，发展质量不高，标准化、信息化、精细化水平较低，管理手段落后，建造资源耗费量大，技术进步较慢，市场主体行为不规范，诚实守信的行业自律机制缺位。

六、向高质量发展转型阶段（2014 年以来）

建筑业的发展虽然一路历经风雨，但始终在持续前行。随着 PPP 模式的推广、"一带一路"倡议的提出、供给侧结构性改革的推行、中国特色社会主义进入新时代、中美贸易战等一系列新时点的来临，建筑业发展也进入了新的阶段。

2014 年，财政部发布了《关于推广运用政府和社会资本合作模式有关问题的通知》《政府和社会资本合作模式操作指南（试行）》，国家发展改革委发布了《关于开展政府和社会资本合作的指导意见》《政府和社会资本合作项目通用合同指南（2014 版）》，大大促进了 PPP 模式在全国各地的快速推进，PPP 模式给建筑市场带来了深刻变化。

2015 年 3 月，国家发展改革委等部门联合发布了《推动共建丝绸之路经济带和 21 世纪海上丝绸之路的愿景与行动》。2017 年境外业务完成营业额 11382.9 亿元，同比增长 7.5%，新签合同额 17911.2 亿元，同比增长 10.7%，"一带一路"沿线国家业务已占境外业务总量的近一半。2018 年全国有 69 家企业入围国际承包商 250 强，上榜企业数量蝉联各国榜首。

2015 年 11 月，中央领导小组会议上提出供给侧结构性改革战略，调整产业结构、区域结构、投入结构、排放结构、动力结构以及分配结构，提高企业的资源配置效率与可持续发展能力，进而提高企业的竞争力。2018 年，李克强总理在政府工作报告中指出："按照高质量发展的要求，统筹推进'五位一体'总体布局和协调推进'四个全面'战略布局，坚持以供给侧结构性改革为主线，统筹推进稳增长、促改革、调结构、惠民生、防风险各项工作"，他提出了我国经济由高速增长转向高质量发展的新要求。

从规模增长速度来看，近年来建筑业经历了从高速到缓慢再到平稳的发展过程，建筑业数量型、速度型发展态势有所弱化。从发展质量上来看，建筑业在装配化、绿色化、信息化等方面取得了一定成效，向高标准、高品质、高效益发展又前进了一步。但建筑企业应当因势而变，坚持高质量发展，做好做强自己，相信未来可期。

近几年重大影响事件主要有：PPP 模式推广、供给侧结构性改革、"一带一路"、营改增、信息化、高质量发展、宪法修正案、中美贸易战等。

前事不忘，后事之师。新中国就是在苦难中诞生，在磨难中成长的，新中国建筑业也是在困难中壮大，在竞争中发展的。当今世界正面临着百年不遇之大变局，国际国内各种矛盾交织在一起，形势错综复杂，瞬息万变，挑战无数，困难重重，如何应对，无时无刻不在考验着我们的能力和智慧。新中国建筑业在经历了国家计划经济体制阶段、准军事化管理体制阶段、企业承包经营管理体制阶段、"项目法施工"模式阶段、"法人管项目"模式阶段和向高质量发展转型阶段等这六个发展阶段的磨炼，积累了丰富的经验及教训，这些都是我们的宝贵财富。中国建筑业正处在由高速度增长向高质量发展的转型升级阶段，只要我们坚定信心，审时度势，沉着应对，做好自己，做强自己，就一定能够攻坚克难，实现高质量发展的既定目标。

第二节　建筑行业的主要特征

建筑业总体上讲属于制造业，但它与工业制造业是有明显不同的，其基本特征主要有以下五点：

一、生产地点的流动性与生产工艺的相对固定性

建筑施工企业与一般工业企业不同，其生产地点不确定，随时充满变数，流动性强，但生产工艺又相对固定，这就要求我们的营销工作包括内部管理，都应随着这种特点而变化，以不断提高生产适应能力。比如我们提出的区域经营，就是为适应这种变化而形成的产物。为何要搞区域经营？因为生产地点流动，而施工组织设计、工程设计、技术等生产工艺相对固定，我们只有用这种方式才更适应生产，才能组织好生产。

二、市场客户的一次性与区域市场的相对稳定性

我们的客户、业主、建设单位，对于中国基本建设领导体系都是暂时的、短期的。一个单位要搞建设，就会从各部门抽调人，成立基建科或基建办，忙乎一阵，待工程干完，队伍就散了，这种体制决定了建筑企业客户市场的一次性，对国家而言，这是资源的最大浪费。如近几年的电信、药厂等建设，都是如此，项目一建成，其建筑专业人士、项目管理人员就成了维修工，甚至是富余人员。

西方项目管理理论认为，从事项目施工管理的不是施工单位，而是建设单位，建设方全程操作项目策划、设计、施工、项目运营，直至项目完工。住房和城乡建设部目前正制定一系列制度，力图走项目总承包企业管理之路。为顺应这种现代管理模式，还相继成立了监理公司。而监理公司作为

项目管理公司，其项目管理职能目前还没有充分发挥出来，据统计，有的只发挥了十分之一，与国际水平相差甚远。按照国际惯例，施工企业应深化建筑设计、施工职能。但我们只运作了施工阶段，未将其延伸，造成了与国际水平的差距。

作为施工企业，我们每干完一个工程，就得另找别家，这是客户市场的一次性。相对而言，区域市场和专业市场又是稳定的。因为在一个地区，政府主管部门、设计主管部门、管投资的部门等是基本固定的，可以反复多次，长时间建立关系。

三、建筑产品的服务性与建筑企业的被动性

我国加入世贸组织后，建筑业被列入服务行业，其产品服务于人，业主是上帝，一切应为业主服务，这就决定了建筑产品的服务性。施工中，几乎是听任业主使唤，尤其是室内装饰，即使你的建议好，也很难被业主接受，始终处于被动地位，这就是由产品的服务性决定的。那么，如何说服业主，让其接受某些合理化建议，就需要我们灵活运用，委婉推行"客户至上"的观点。

2021年的恒大事件，其原因在于恒大的高速扩张和无目的的多元发展失败，但它的影响之大、波及面之广，确属多年未见。一大批建筑企业受此牵连，陷入困境，特别是一些原本发展不错的建筑民企，在这一事件影响下生存艰难，发展一蹶不振，甚至出现企业破产情况。很有可能，民营房地产和建筑公司步履维艰的现象将会越来越严重，大部分没关系、没技术、没实力的公司即将面临被市场淘汰的命运。

融资和负债是建筑类企业一大难题，不管是政府投资公司、建筑央国企，还是民营建企、房地产公司，几乎所有建筑类企业都会涉及融资业务，资金供给与需求的严重失衡导致融资难成为普遍性现象。一方面，很多中小企特别是民营企业无法融资，另一方面，也推高了融资成本。建筑市场对资金仍然保持高涨的需求，融资难也随即衍生出高负债。当城投公司债务风险越来

越大的时候，政府以招商、PPP、投资人+EPC名义将投资和债务转嫁给实力雄厚的央国企，央国企也随即成为高负债方。而高负债不管是地方城投还是央国企都是隐形炸弹，都处于随时引爆的雷区。此类投资主体多元化的风险短期内难有良策化解。

四、投资的导向性与市场变化的不确定性

这一点比较容易理解：就是谁投资谁建设，你只有跟着它转，它投到哪，你转到哪，如影随形。没有投资，没有建设，接高、大、尖项目，都是空谈。同时，投资的导向性又决定了市场的不确定性，这就要求我们必须用心研究国家投资导向，在不确定的市场竞争中，嗅觉灵敏，行动迅速，时刻跟着市场走。

中国经济持续高位发展的"三驾马车"是投资、外贸与消费，但，中美贸易战导致中国对外贸易方面受到严重冲击，国内大多数中小企业也因此受到不少的打击甚至直接倒闭。国家持续进行供给侧结构性改革，提出国内国际双循环、国内大循环为主的发展战略。有了国家政策的加持作用，贸易疲软、消费乏力和国内大循环的需求引发了新一轮的投资热潮，当中最能提振经济增速及稳定经济发展的就是投资建设基础设施，近年来的轨道交通为代表的传统基础设施领域投资热度只升不降。为适应发展需要，国家推出了"新基建""城市更新""川藏铁路"等国家战略性投资方向。整体上看，基础设施投资建设在未来15年里都会保持在高速发展状态。此外，城市更新是中央为实现长期可持续的高质量发展提出的一个战略目标，这将成为下一步城市投资建设发展的长期方向。

由于中美贸易冲突，外资投向中国的资金大幅减少，政府为了吸引有实力的民间资本而推广PPP模式。但PPP项目的短板特性凸显，资金需求大、回报率低、风险大等，导致民间资本对该模式丧失兴趣。久而久之，本来为了吸引民间资本而设置的PPP模式，成就了国企尤其是央企的投资，建筑类的央企以实力雄厚、经验丰富、技术领先、融资成本低的优势，在基础设施

投资领域崭露头角。以土木工程为主业的大型建筑类央企都重点盯上了基础设施建设领域，省属建筑国企由于实力原因，也基本不与央企竞争。所以，大型基础设施投资建设项目基本都是建筑类央企主导成为投资主体。

EPC是设计、采购、施工一体化总承包的工程建设模式，政府以及大型国企都在全力推行。由于设计、施工总承包单位都是单一的具有相应资质的专业单位，随着投资主体的城投化、企业化，作为城投公司和大型国企均希望以EPC模式完成项目。对城投公司而言，这种模式只针对一个联合体或者项目公司，对于国企而言管理协调简单，所以不管是业主投资方、设计方、施工方都愿意采取EPC模式。但，采用EPC模式对所具备的管控投资、优化设计、统筹协调、项目综合管理能力则要求比较高，一些总承包企业面临能力不足的挑战。

五、建筑市场主体的多元性与市场运行的复杂性

纵观中国建筑市场，不仅建筑施工企业之间竞争激烈、净利润持续走低，行业各生产要素也过于关注自身利益，导致项目周期割裂严重，协同生产效能极低。

从全生产要素生态圈的角度看，围绕建筑产品的全生命周期参与的市场主体大体可以分为五大类：政府主管机关、投资方、金融方、建造商、运营服务商等；从建造全过程产业链的角度看，围绕建筑产品建造过程参与的市场主体则可分为：建设单位、规划设计、咨询监理、总承包、专业分包、劳务作业、材料商、设备供应商等八个类别。各个市场的参与主体，他们都有着不同的诉求与立场，合作间的表现多是协同效率低、扯皮多、违约多，市场精神、契约精神差，合作方之间没有协同甚至信任，难以实现共赢甚至共存。各合作方甚至政府都应该反思，要加强契约精神和协同共赢，否则必然是一损俱损的结果。

目前，建筑行业已处于充分竞争阶段，但行业市场集中度低。2020年中国建筑业企业数量达到了116722家，其中以中国建筑、中国中铁、中国铁建、

中国交建为代表的行业前 10 的企业总体市场份额约为 18.9%，而前 20 企业的市场占有率略高于 20%。在建筑行业的央企国企，大都是多元化、全产业链发展。如中建系统的员工专业上、项目上更多的是围绕房建为主，由于企业的多元发展，承接大量路桥、市政工程。虽说专业上大方向都是土木工程大类，但行业跨度也是很大的，所以就出现了承接非传统主业工程后人才梯队跟不上的问题。这一现象不仅出现在中建系统当中，其他建筑企业也存在类似的情况。所以，建筑企业人力资源不匹配问题突显，又加上"人口老龄化"、建筑行业的工人未形成产业化、流动性大等因素，导致建筑行业"用工荒"等劳动力问题和矛盾越来越严重。

从企业外部环境看，环保因素影响、地产行业下滑，也给整个建筑行业带来了较大的压力。从国家政策上，政府管理的侧重点从经济效益评价逐步转向社会效益，从结果上看间接导致了政府性支持项目出现了被大型央国企垄断的现象。八大建筑央国企新签合同市场占有率从 2013 年 25% 提升至 2020 年 35%。从行业格局看，虽然行业发展已过巅峰，但是建筑行业的企业数量还在不断增加，主要以中小型承包商为主。多方因素叠加，导致竞争加剧，利润呈逐年下滑趋势。2008 年至 2018 年间行业利润率在 3.5% 左右，2018 年开始持续下降至 3% 左右。

工程款不到位是行业的一大顽疾，且有愈演愈烈之势。根本原因就在于投资计划、投资规模与经济增速严重不符，形成了层层工程款不到位的现象。另一方面，预算价格低、低价中标、经营人员不专业、居间介入、成本高等现象都导致了工程利润越来越低，甚至亏损。目前建筑行业各大央企都有亏损的项目以及亏损的子公司、分公司，亏损的原因多半是经营性亏损。一些民营建筑企业的实际情况也存在同样的问题，有的更甚。

第三节　工程建设企业的组织与运营

一、企业运营管理的基本特点

工程建设企业运营管理有着它的基本特点和基本逻辑,我把它归纳为"建设企业的一二三",就是:一个基本逻辑——"收支平衡"。一个企业如果不能实现基本的收支平衡,它就不能够持续生存,更谈不上健康发展。"二个基本点",即项目管理是企业一切管理工作的落脚点,降本增效是企业项目管理的出发点。"三次经营",即接活、干活、算账收钱(一次经营解决市场问题、二次经营解决现场问题、三次经营解决清场问题)。"建设企业的一二三"反映了工程建设企业运营管理的主要方面和主要内容。

企业经营的基本逻辑是"收支平衡"。任何一个企业要想持续经营,最基本的就是实现收支平衡。建筑企业作为建筑产品的建造服务商,要实现企业的持续经营,必须首先做到一个个工程项目的收支平衡或者有所盈利,否则,企业就难以为继,不可能实现持续健康发展。

就目前建筑市场的现实情况看,业主方比较关注项目的工期和质量,政府为主的社会各方比较关注项目的安全和环保,他们对项目的成本和效益则不太关心。项目的成本和效益是施工企业持续生存发展的必要条件,所以说,项目管理是建筑企业管理的基石,成本管理是项目管理的基石,项目过程管理要以成本管控为主线。这就是建筑企业管理的"两个基本点":即项目管理是企业一切管理工作的落脚点(项目管理的主要目标包括工期、质量、安全、环保、成本等方面),降本增效是企业项目管理的出发点(项目管理必须以成本过程管理为主线,在过程管理中实现降本增效)。

从实操上来说,就是工程建设企业作为市场主体要围绕工程项目的全生命周期做好"三次经营",即接活、干活、算账收钱。"一次经营"是指市场营销过程,企业通过市场营销活动和招标投标工作在建筑市场上拿到订单,获得工程项目的承包权。这个"接活"的过程通常被称为"一次经营"。要做好"一次经营",企业需要做一定的投入,配置一定的资源,并建立相应的组织责任体系和绩效考核体系,这就需要对项目的"经营效益"进行区分、核算和考核。企业接到工程与业主签订承包合同后,就会组织相应的项目经理部,对项目实施建造和管理,直至竣工验收交付,这一过程可称之为"二次经营"。"二次经营"是项目的生产建造阶段,也就是"干活"阶段。为做好项目施工管理,企业就要建立符合实际需要的组织责任体系和绩效考核体系,也就需要对这一阶段产生的"管理效益"进行区分、核算和考核,以使企业责任体系落到实处。"三次经营"通常是指"算账收钱"阶段,一般包括项目预算、商务结算、工程保修及工程款回收。对于这个环节,建筑企业也必须建立相应的组织责任体系和绩效考核体系,也就是要求企业对"结算效益"进行区分、核算和考核。针对"三次经营"行为,将经营效益、管理效益、结算效益分开核算并考核,是企业管理经济责任制的基础,企业只有建立全面全员的、完整完善的责权利相统一的责任体系,才能健康持续地运营下去。

在建筑行业的存量时代,我们更要寻求商业模式上的创新。德鲁克说过,"当今企业之间的竞争,不是产品之间的竞争,而是商业模式的竞争"。商业模式创新是工程建设企业应对瞬息万变的外部环境挑战需要具备的重要因子。

二、企业组织管理

企业的组织管理是建立健全管理机构,合理配备人员,制订各项规章制度等工作的总称。其目的是为实现企业发展战略目标,有效地配置各种资源,按照规则和程序构成的一种责权结构安排和人事安排。

工程建设企业与"流水线式"作业的工业企业相比,其市场特点与产品特点迥然不同:市场是分散的、不固定的;产品是唯一的、个性化的;员工队伍是多层次的、流动性的。因此,其组织形式与管理模式必须构建适应建筑工程业务需要的组织管理体系,使企业在动态的、可控的合理区间有效运行,才能以"不变"应"万变",实现企业战略目标与效益最大化。实现管理效益的最大化是企业发展的动力,需要以现代企业科学管理的理念作引导,使组织力量、团队智慧与个人能力有机结合,构建建筑工程企业科学管理体系,系统解决建筑工程企业经营管理的全局性、流程性问题,已成企业决策者和管理者的共识。

1. 企业组织管理的基本原理

19世纪工业经济早期,劳动生产率低下,在组织管理方面,通过把计划职能与执行职能分开,用科学的工作方法取代传统的凭经验工作的方法;实行职能工长制,使其有效地履行自己的职责,提高生产效率,实现管理职能的分工和专业化。这种应用知识代替承担复杂的工作,应用智慧寻求好的管理方法,是一个巨大的进步。这种被称为古典的组织管理理论,解决了局部的或具体的作业效率问题,在提高生产力和保护劳动者等方面是一次飞跃,但是并未解决企业的经营管理问题。

产生于20世纪20年代初的"行为科学管理"理论,认为人是有多种需要的"社会人",满足人的多种需要,在组织内建立良好的人际关系是提高组织效率的根本手段。这一阶段的理论重点研究了组织中的非正式组织,人际关系、人的个性和需要等。

到了20世纪中叶,"现代组织管理"理论诞生,现代组织管理吸收了古典组织管理理论和行为科学管理理论的精华,并且在现代系统论的影响下有了新的发展。研究者把组织看成一个系统,认为实现组织目标和提高组织效率,取决于组织系统内各子系统及各部门之间的有机联系。

进入21世纪,现代企业的组织管理更注重结合企业发展的实际,规范和调整企业组织结构,强化计划和控制,重视领导行为和员工培育、激励等环节,通过组织学习和组织变革,构建学习型组织,适应外部环境的及时变化,推动现代企业高速高效运转,实现组织的发展目标。

40多年来,在经济社会快速持续发展的大背景下,我国建筑业空前发展,建设队伍庞大,企业规模不一。工程建设企业的管理是在一定的环境下,对企业所有的资源进行有效的计划、组织、领导和控制，以达到企业发展目标的全过程。

企业的综合管理是一个大的系统，合理的组织体系构架与组织建设就成为工程建设企业实现管理目标的必要条件与基础支撑。

2. 企业组织体系的构成与管理

企业组织系统解决的是人的问题，也是企业内部的管理问题，如人力资源管理、薪酬体系、绩效考核管理等。企业组织系统是企业的制度管理系统、财务管理系统的总和，主要是通过有效的组织及规则系统去管人，去发掘人的巨大潜能，不断提高企业运营效率和企业生产力水平。因此，构建持续高效的组织系统，目的就是实现企业的利润倍增、持续发展，使企业成为系统型企业。

企业组织系统的构成特点由企业组织结构得以体现。企业组织结构是为了实现组织的目标，经过企业组织内部各个部门、各个层次之间固定的排列方式，它还包括组织之间的相互关系类型，如专业化协作、经济联合体、集团下属的企业单元之间的合作等。

企业组织的管理工作主要包括四个方面：一是确定企业组织目标，根据生产经营需要，按专业化分工的原则进行分类，设立相应的工作部门，设计组织架构；二是根据企业组织的特点、外部环境和部门职能分配，设立相应的工作岗位；三是规定企业组织结构中的各种岗位职务，明确各岗位责任，并授予相应的权力；四是制订规章制度，建立和健全组织结构中纵横各方面的相互关系。依据制度经济学原理，"道"是理想，"器"是体制；企业管理规范化、制度化，才能实施可操作性管理。

企业组织管理的目标是使员工明白岗位职责和工作任务，使员工的素质能力符合岗位要求，明确员工的权利与责任，及其在组织结构中的相互关系，避免由于职责不清造成执行障碍，保证组织目标的实现。

企业组织管理必须围绕企业组织目标来进行。组织管理是企业一种有意识、有计划的自觉活动，组织目标是组织存在和发展的基础，组织管理就是为了有效地协调组织内的各种信息和资源，提高组织的工作效率，以期顺利地达到组织目标。同时，企业组织管理是一个动态的协调过程，因此，既要协调组织内部人与人的关系，又要协调组织内部人与物的关系。

3. 典型建筑企业的组织架构

建筑企业由于其主要业务方向以及管控方式不同，战略目标、治理结构、运行机制和组织架构也千差万别，不同的组织架构设计可以简单地体现建筑行业组织之间的关系和协作。典型的建筑企业的组织架构如图 1-1 所示。

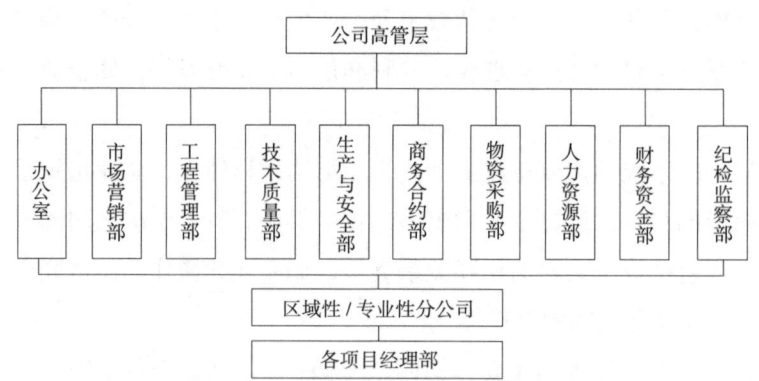

图 1-1　典型建筑公司组织架构图

建筑企业的组织架构中，所有职能部门包括人力、财务、工程等都是项目管理部门的基础支撑部门，围绕着项目管理部进行业务运转。项目是建筑行业的核心业务，每一个项目的各个环节的管理都离不开各个职能部门的支撑。

而工程建设企业的组织架构根据规模大小、企业特点一般采取三到四级管理模式，每一级组织的职能权责，不同的企业会有所差异，但也大体相同，是有规律可循的。

以一个典型的三级管理模式为例，组织架构由公司总部、子分公司及项目部三个层级构成（图 1-2）。公司总部的职能主要是制定战略与运营控制，对分子公司指标实施监控、负责对各分子公司进行审计监察与业绩考核,重点实现人、财、物及信息的管理。子分公司是连接总部与项目的纽带,在总部的战略指引下,形成各自的战略与经营计划,对项目进行有效的管理。其主要职能是业务管理和运营协调,行使业务决策、业务管理及本单位信息管理,直接参与对项目的管理,在总部统一标准管控条件下充分发挥个性管理。项目是基本单元,是利润的主要来源,是成本中心,以业务运作为主要职能,重点对项目业务过程进行管理。大型国有工程建设企业的层级组织形态不但要在纵向上结构清晰,还要综合考虑横向平级各专业子公司的组织管理不同功能需求的平衡问题。

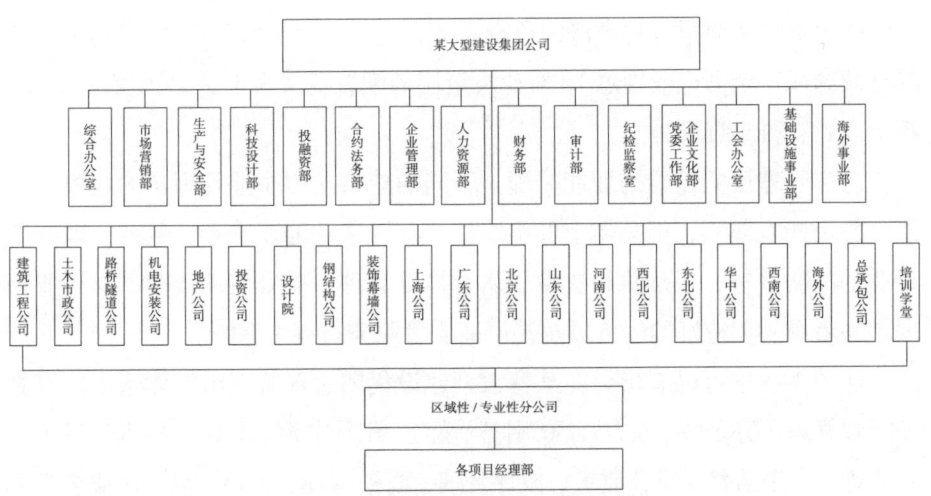

图1-2 某大型建设集团公司架构图

4. 企业总部决策层与管理层的配置

在研究探讨企业层级组织功能的同时,不可忽视不同层级管理者的行为功能。人能塑造环境,环境能影响人。企业领导层和管理层在日常工作中的行为举止,会对员工产生直接影响。企业领导者、管理者在工作管理中给员工以模范表率,还应关心过问员工的工作、生活情况,协助解决困难的方法,平日点滴关怀的积累,都会变成管理者的影响力资产,有利于增进其向心力与工作能力，有利于管理工作的顺利开展。

企业决策层通常是指企业的领导班子，处于企业层级组织体系的顶层。他们是企业发展的领军团队，人数不多却是企业的核心组成。在大型国有建筑企业集团，围绕企业发展的战略目标，企业决策层集中智慧，集思广益，集体决策。在重大决策过程中，企业主要领导（党委书记、董事长、总经理、企业法人代表）处于决策层核心位置，领导班子其他成员根据企业业务发展和经营管理的实际需要设置，进行职责分工，各司其职，各负其责。一般来讲，要有"接活"（市场营销）、"干活"（施工生产、技术质量）、"算账收钱"（商务合约、财务资金）以及人事、党群、行政等业务的分管领导，具体职务可以称之为：副总经理2～3人（分别分管市场营销、施工生产安全）、三总师（总工程师负责技术质量、总经济师负责商务合约、总会计师负责财务资金）、党群行政副职（副书记或副总）。企业决策层的配置要实事求是、匹配实际需要、精干高效、科学合理分工。

总部管理层的设置与职能分配。不同的建筑工程企业管理层的规模、功能分类可能有差别，但总体上的组织框架与管理功能要求是一致的，即围绕企业的战略目标，正确执行决策，认真抓好管理，提升劳动效率，为企业拓展产品市场、创造好的经济效益提供高质量服务与有力保障。

从图1-3中可以看出，在某特大型建设集团总部管理组织体系中，有党务行政管理（办公室、人力资源、财务、党建、纪检监察、工会）、技术管理（工程管理、安全监督、科技质量、设计管理、商务管理、企划信息、法律事务）、业务管理（市场与客服、工程总承包管理中心、金融业务管理、投资部、基础设施事业、海外事业）三大板块。

总部管理层级组织是实现企业领导层决策、工作上承上启下的重要职能部门，也是体现一个企业执行能力强弱的关键层级组织。总部管理层的各个部门，面对的是企业集团与下属基层单位等日常繁杂的管理任务。在市场环境复杂多变的条件下，管理组织成员的思想观念、政策水平、职业素养、责任心、勤勉度、应变开拓与创新能力等是企业管理组织发挥其功能的要素。一个优秀的总部管理组织，是企业充满活力、创造优质品牌的有力保障。

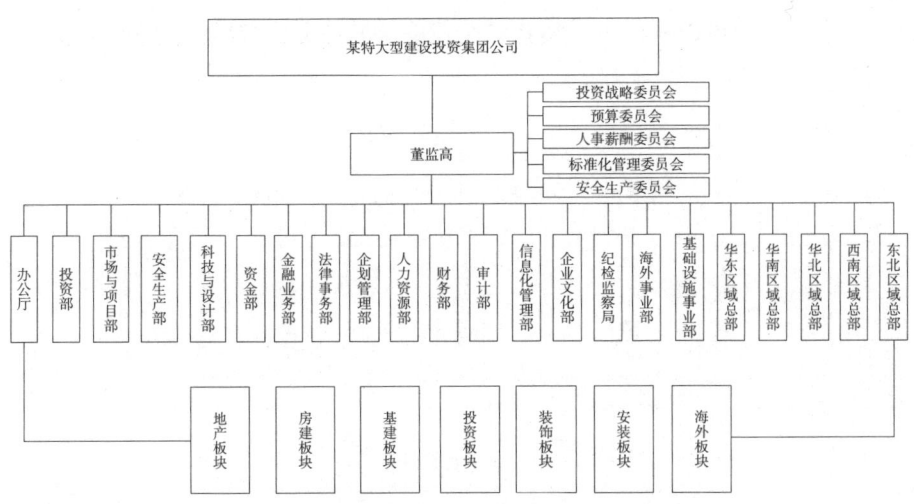

图 1-3　某特大型建设投资集团公司架构图

5. 企业区域机构、分子公司组织的设置

建筑企业的区域组织和子分公司直接服务于企业的生产经营活动，对员工队伍的工作效益、岗职表现、后勤保障、薪酬分配、培养教育等方面负有具体而重要的管理责任。建筑企业应当按照区域化经营、专业化发展的要求，根据"接活""干活""算账收钱"商业模式的需要，设置分子公司的组织架构，配置相应的人力资源。与总部管理层相比，企业中层管理组织的功能具有相似性，但管理事务更明确、更具体，针对性与服务性更强。其中，区域性公司管理层结构、功能、职责与总部管理层相差无几。作为一种独立的竞争单元，而且要更注重所在地区的经济社会发展水平、具体生产经营与市场环境。而专业性公司比区域性公司的管理层结构相对简单一些，但服务性、专业性更强。

因此，企业员工的工作表现的好坏、劳动效益的优劣、素质提升的高低、薪酬收入的多少都与单元管理层是否有效发挥其管理与服务功能密切相关。因此，对中层管理组织的成员来说，其政策制度执行能力、思想政治工作能力、专业技术能力、指导具体生产实践能力等，都直接影响着企业的生存与发展。

从图 1-4 中可以看出，大型建筑企业的区域性分公司组织的基本特点。

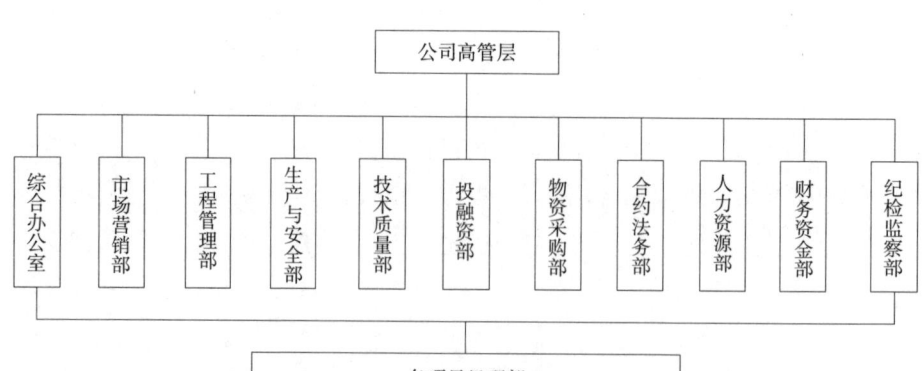

图 1-4　某大型建筑国企区域性分公司组织架构图

6. 项目管理组织的设置

在建筑工程企业，承担生产一线任务的项目部是最基础的施工管理单元。项目部直接指挥、管理着工程施工、人员调配、工程质量、工程进度、设备与后勤保障、施工环境等等具体生产流程。另一方面，项目管理层还必须与甲方单位和施工现场有关地方单位，如街道、乡镇的公安、交通、通信、环保、卫生、水电煤气等管理部门保持密切沟通，才能确保项目施工的正常进行。

施工项目管理组织是建筑工程企业组织的基本单元，管理者的日常工作就是处理大量与施工一线有关的繁杂具体事务，同时还要具备应对突发性事件的能力，发挥好工程项目部的管理功能是建筑工程企业保质量、增效益、树口碑、创品牌的基本保证。

7. 企业管理组织的变革与动态优化

企业组织的设置不是一劳永逸、一成不变的，企业必须根据企业内外部情况的变化，对组织架构和职能分配及时进行调整优化。调整优化的基本原则：一是要及时匹配公司战略。企业的战略管理要求高层管理者应当具备较高的理论水平、专业能力和实战经验等，而公司战略必须因地制宜、因时而变、顺势而为。公司战略变化后，就需要及时调整公司的管理组织、运行架构。也就是说企业的管理组织必须及时匹配公司的发展战略。二是营造良好的企业文化氛围。企业文化对员工的感染力是长期的、深远的，建设良好的企业文化是优秀领导者的必修课，是企业长治久安、持续发展的发动机。三是设计精干高效的组织结构和科学合理的职能分配。不合理的组织结构、职能分配和制度体系是一种极大的副作用力，将导致企业政令不通、降低劳动者士气、阻碍管理工作顺利有序进行。所以企业领导决策者要从战略层次管理高度，深化组织结构与制度的改革，坚定按照生产经营的实际需要，建立科学合理、功能清晰、执行高效的组织管理体系。

企业组织变革与优化应当注意以下六个方面：

一是清晰战略。建筑行业的高速增长造成了建设企业的战略趋同。但是由于缺少有效的资源支撑，造成了战略定位虚置，难以落地。趋同和虚化的战略，又直接导致组织变革迷失了方向。解决这一问题的关键在于对企业自身的业务进行明确分类，分清战略发展性业务、可培养成为战略性业务、需要退出的业务。根据分析结果，再进行业务调整，使组织变革的思路清晰有序。

二是优化管理者的经营理念与素质。现代管理者必须具备的能力是善思善言又有勇有谋，一方面自身素质要合格，需要具有良好的道德、丰富的知识、顽强进取的创新精神；另一方面管理能力要合格。建筑企业应该重视提升管理者的理念和素质，保障组织变革的顺利进行。

三是建立适当的授权机制。不论是财务型管控、战略型管控还是运营型管控，作为职能管理实际载体的业务流程控制都分布在总部、分子公司和项目部三个层面。不同层级的管理者在流程关键控制点上的权力和责任，体现出了企业的分权与授权。自上而下的权力释放，可以极大地激发个人的潜能。能否科学地设计分权、有效的管控机制，更好地为组织赋能，是组织优化变革成功与否的关键。目前流行的扁平化管理的实质，就是一种以分权为主、集权为辅的管理形式。分权为主，是通过最大化的授权，让每个管理层次都能获得与责任对等的独立决策权，形成责、权、利的有效统一。集权为辅，是因为流程运行过程中，需要适当的集权对已经获得授权的部门和岗位进行有效的实时监控，以便对执行过程中出现的偏差进行纠正。

四是优化人力资源。人力资源作为企业的核心战略资源，通过合理优化可以有效激发人力资源潜能，成为企业最有价值的资源。建筑企业组织结构相对传统，在开展组织变革的过程中，要始终以人为本，把员工当作企业最宝贵的资源，更加侧重提供平台和资源支持，激发员工自身潜能以及团结协作的能力，成为企业实现战略目标和健康可持续发展的不竭动力。

五是完善绩效管理机制。企业进行绩效管理的目的是提高组织的竞争力，促进企业与员工的共同发展。企业组织变革后应依据调整后的组织结构进行绩效的重新核准，由企业人力资源部门制定整体绩效管理方案，下发各级组织统一执行。各个组织依据集团的相关规定，再调整各自的工作目标及绩效计划。

六是加强企业文化建设。企业文化是植根于组织内部特定的价值观和基本信念，这种价值观和信念为组织提供行为准则，并指导组织的活动和行为，对组织管理起着引领作用。优秀的企业文化，能够为企业组织管理提供有利的支撑，能够让员工实现组织承诺，提升组织绩效，推动组织创新，使企业更好地应对市场的考验，在增强企业竞争优势的同时，实现企业可持续发展。与组织管理相匹配的企业文化有利于组织内部知识的转移和共享，从而对组织变革起到重要作用。

企业组织的分层结构是为有利于生产经营活动的有序展开、提高协调分工效率的组织形式。然而，由于企业组织成员的个人决策之间的差异性和相互制约性，一定程度上会使业已存在的层级组织或机构由于信息传递方式而导致决策的低效率。在知识经济与信息化时代，组织赖以生存的外部环境和组织的竞争方式正发生着深刻的变革。企业和企业集团的组织结构应充分利用信息化、网络化的竞争优势，加快网络建设并进行信息化管理，精简原有的组织层次结构，通过标准化与信息化促进科学管理，使企业的经营管理和组织结构向柔性化程度高的方向演进，以满足市场对企业的反应速度和信息传递准确性的要求。

三、企业的运营机制

基于我们对马克思主义生产力理论的认识：生产力的状况决定生产关系，生产关系必须适应生产力。生产力和生产关系是互作用并矛盾运动的，生产关系对生产力具有反作用，当生产关系适应生产力时，它会有效推动生产力发展，而当生产关系不适应生产力时，它对生产力发展起阻碍作用。

工程项目管理目标的最好实现结果就是工程项目管理目标的最大化，工程项目管理目标的最大化就应当是工程项目生产力实现最大化。而要实现工程项目生产力最大化，就必须要有与之相适应的生产关系，否则它会阻碍项目生产力发展。

工程项目的管理体系与管理机制和方法的集合，就形成了工程项目生产运营最主要的生产关系。因此，工程项目要实现既定的、最优的项目管理目标，就必须建立健全与外部建设市场环境、企业管理现状和具体工程项目特性相适合的项目管理体系与机制。

现代工程建设企业一般会建立或制订符合本企业实际情况的《企业运营管控标准化手册》，对企业日常的管理、高效运营、有效管控进行规范化、标准化、精细化的机制体系建设。一般来讲，工程建设企业的运营管理机制体系建设应当包括企业管理标准化、项目管理精细化、绩效考核评价透明化等方面，具体来说，"企业管理标准化""三个效益划分""建立三个责任制""实行三集中管理""三线检查"和"标杆项目管理"等应当是基本内容。

1. 企业管理的标准化

工程建设领域的标准化可以分为两类：一是建筑产品的标准化；二是企业管理和项目管理的标准化。本书重点是讲"管理标准化"。

中国建筑行业的管理标准化历程大致可分为四个阶段：

一是以规范化管理为主要特征的企业管理标准化，本书称之为企业管理标准化的1.0版，如公司制度文件汇编、企业管理手册等。这个阶段的管理标准化的主要目的和任务，是为了规范企业和员工的日常行为，降低沟通成本，提高工作效率。

二是以质量管理为主要特征的企业管理标准化，本书称之为企业管理标准化的 2.0 版。这一阶段，绝大多数建设企业为了提高建筑产品质量和工作质量，都引进了 ISO 9000 标准以及健康安全和环保认证标准，来改进公司的质量管理。通过三证合一认证，推进企业管理标准化工作，提升了企业管理水平。但后来由于各种原因，"认证"工作流于形式，管理效果日渐下降。

三是卓越绩效模式下的企业管理标准化，它是以绩效评价为主要特征，我们可以称之为企业管理标准化的 3.0 版。在这一阶段，部分先进企业在 2.0 版的基础上全面导入卓越绩效模式，整合企业管理标准，形成了涵盖企业战略管理、资源管理、绩效管理等各个方面，使企业精细化管理水平大大提高。但由于我们在推广卓越绩效模式时，中国化、企业化、时代化、通俗化不够，影响了推广效果。

四是可数字化的企业管理标准化，它是以管理标准化和信息化这"两化融合"为主要特征的，我们可以称之为企业管理标准化的 4.0 版。在建设行业，一些管理优秀的企业，在管理标准化 1.0、2.0 和 3.0 的基础上，结合市场环境和企业管理实际，将管理标准化 3.0 版的成果进行全面系统地升级，通过管理标准化、标准表单化、表单信息化、信息集约化，形成了企业运营管控的标准化体系。在这个企业运营管理标准化体系中，项目管理标准是其重要的组成部分。由于企业管理标准实现了可数字化，这就为标准化和信息化的无缝融合提供了可能。

中建五局从 2007 年开始导入卓越绩效模式，全面梳理整合了全局现行管理制度，结合本企业各专业线条的运营管控现状，总结本企业内部分/子公司的成功做法，借鉴行业内和系统内先进单位经验，系统地提升和优化企业管理和项目管理制度体系，按纵向 3 个层次（局、分/子公司、项目经理部）、横向 10 个系列（公司治理类、市场营销类、生产技术类、财商经济类、投资融资类、人力资源类、风险管理类、党群工作类、企业文化类、海外经营类），统一规划编制了共 46 册、总计 500 万字的《中建五局运营管控标准化手册》，建立健全了一个覆盖全局工程项目管理各个方面的制度体系。这套管理标准化手册，强调以"运营管控"为定语，涵盖两个方面的意思：一是讲管理制度、流程本身的设计、规定的刚性标准要求；二是强调员工在执行、落实过程中的管理行为的标准化。《中建五局运营管控标准化手册》既是全局内部进行管理培训的"教材"，又是相应层级、专业线条管理人员的日常"工具书"。同时，全局每年两次的生产技术线、商务经济线、党群文化线等"三线检查"侧重考核分/子公司和项目经理部贯彻落实标准的情况和效果，并从公司集团层面进行年度管理标准化示范项目的打造，极大地提升了企业管理和项目管理的标准化水平。

中建五局这套"纵向到底、横向到边、全面覆盖"的标准制度体系的建立，使项目管理各层级、各专业线条的运营流程和办事规则清晰、规范，各岗位的管理行为有章可循。它既是中建五局规模迅速扩张带来的管理需要，更是力求实现精细化管理和可持续高质量发展的需要。这套标准为企业提升工程项目管理复制能力，不断规范、科学发展，推动管理升级提供了有效保障。

作为处于传统行业中，一直以劳动密集型为基本特征的工程建设企业，管理的粗放化是人们心目中的长期印象。而与此同时，建筑行业低成本竞争已是一个世界性趋势，低成本竞争能力已经成为建筑施工企业的核心竞争力。在低成本竞争的情形下还要实现企业的规模快速扩张，更要"目光向内，精耕细作"，走高品质管理的精细化管理之路，才能减少成长期的烦恼，保障企业运营风险的有效管控，实现企业管理升级的目标。项目管理标准化的目的是提高项目管理的精细化水平。精细化管理的核心是对项目管理过程实施精准、细致、科学的管理与控制，最大限度地降低成本、提高质量和效率。

2. 三个效益划分

所谓"三个效益划分"，是指工程建设企业应该基于工程项目管理"接活、干活、算账收钱"的三个阶段，以工程项目一、二、三次经营管理目标为对象，将工程项目的经济效益来源定性并定量地划分为三类，即"经营效益""管理效益"和"结算效益"。"经营效益"是以企业品牌为平台，主要由营销人员和投标人员完成,项目承接与否的决策权归属于企业法人,因此,承接项目形成的经营效益归属企业层面,奖罚责任对应需落实到企业的项目营销团队;"管理效益"是以工程项目为管理对象的各管理层通过加强管理,在既定的项目责任成本基础上节约实际成本费用支出得到的效益,是以项目现场为平台,主要由项目管理团队完成,相应责、权、利的奖罚对应需落实到项目管理团队;"结算效益"则大体包括三部分:一些是并不需要发生额外建造成本,在现场由技术与商务管理的结合,通过结算签证得来的效益;也有一些是现场实际并没有发生,但按照市场规则或合同约定应计取的;还有一些按市场平均管理水平这些费用是应该发生的,但由于采用了新技术或新方法没有发生或少发生,但是能从业主那里算回来的效益。如果把"结算效益"再按管理实践进一步细分,大体可划分为这样三类:"签证索赔"主要包括变更签证、认质认价、原合同条件优化(如计量、计价与支付约定向利于承包方调整、违约处罚降低或被免除、履约奖励提高等);"技术进步"主要包括中标后的设计优化、项目实施前的方案优化(主要立足于开源性的,包括了收入增加但成本支出不变或降低、收入不变但成本支出降低、收入与成本支出同时降低但成本支出降低更多等几种情形);"市场机会"包括依据各类规则的超量、超价结算,不发生对应成本支出但依各类规定或惯例可计取得到的收入。这部分效益是由具体的技术和商务人员完成,相应责、权、利的奖罚就应落实到对应的功、过人员。

  一直以来,绝大多数建筑企业对项目的"经营效益""管理效益"和"结算效益"是没有进行划分的,至少是没有明确划分的。即使项目管理水平较高的企业,在确定项目预期经营效益和项目责任成本时,也还需要经过大量的讨论,常会因为效益划分不清晰而使项目创效责任、奖罚激励难以落实。一般认为"结算效益"的划分比较困难,因为它涉及来源比较多、过程原因比较杂、额度大小也参差繁复,加上工程项目周期比较长的特性以及工程建设企业的特点,造成企业要精细核算"结算效益"有一定的技术难度。实际上,我们只要把握好效益划分的根本目的是清晰责任激励、力求内部公平这个原则,其划分也不是很难的一件事。

首先，明确企业层面对于"结算效益"的划分一定不要纠结于"结算效益"形成的细枝末节，而要采取"抓大放小、有舍有得"的原则。其次，公司要以总经济师为分管责任领导，成立以本单位商务合约、财务资金、审计等专业线条 3~5 名资深专业人员组成的"项目结算效益审核小组"，以确保"结算效益"划分的专业权威性。在其划分方法上，对于工程项目实施过程中的开源创新，重点以项目策划（包括修订）中的"开源点"为依据进行单项划分；对于竣工结算阶段的开源创效，在确定"项目结算责任书"时进行分析划分。这就相对科学合理地完成了"结算效益"划分。

对于结算开源创效的工作，应当根据工程项目特点各异。开源创效应当各有方法，分析好项目自身特点条件下因地制宜、因时而做、因人而异，各尽所能，以"随心所欲但不逾矩"为原则，以创效论英雄。项目现场的所有管理必须以技术管理为基础，用商务方法来实现。强调低成本、高品质，在做好"别人的事"的前提下做好"自己的事"，确保相关方履约目标的最好实现效果是项目对外开源的前提。项目签证索赔的过程有效性、证据性保障，项目部必须认真以企业层面规定的"经济档案资料"标准进行有效的签认、分类和保管。

对项目效益进行划分，使得法人管项目的要求、项目经理责任制的实施从企业与项目经理部的内部经济关系找到了可依之据，也因此而真正理清了企业管什么，项目管什么，两级的权责怎样才能科学划分、管理有效。各级、各岗位管理者得以各得其所，各自分别去努力，最终才有可能形成项目生产力的最大化，进而全面实现项目既定管理目标。

3. 三个责任制建设

责任制的核心内容在于责任目标的科学性和对企业与项目之间权、责、利划分得清晰、合理，执行高效。

项目管理方圆理论所阐述的"工程项目管理必须划分三个效益"，须以单个工程项目为对象，建立三个责任制管控体系。包括项目承接阶段的"项目营销经理责任制"、项目实施阶段的"项目经理责任制"和项目收尾阶段的"项目结算收款责任制"。

"项目营销经理责任制"主要是确定项目承接营销阶段的责任人和整个营销责任团队，在营销策划的基础上明确各项营销目标及对应的责、权、利，以"经营效益"实现效果为中心的奖罚措施。直接表现形式为"项目营销经理责任书"。

"项目经理责任制"是用目标管理的方法论，立足以《项目管理目标责任书》约定企业与项目之间的责权利的明确划分，要求以项目经理为首的项目管理团队在权责范围内代表企业完成责任目标，获得既定的、"管理效益"范围的奖励或接受约定的处罚。《项目管理目标责任书》涵盖了《建设工程项目管理规范》GB/T 50326所要求的全部内容，其中仅项目责任目标的设定就充分体现了"法人管项目""系统管理"的特点。《项目管理目标责任书》中的工程项目管理目标表述为"一控、二定、三保、十实现"："一控"是指企业层面控制项目整体总目标成本；"二定"是指企业层面确定项目管理目标与指标，确定项目利润上缴比例或金额；"三保"是指项目确保利润上缴、确保单项成本费用指标控制和确保单项大耗量指标控制；"十实现"是指项目在完成既定成本管理目标的同时，必须实现工程质量、进度、安全、环保、标化管理、技术进步、文明施工与CI创优、证据资料管理、工程结算与收款、对相关方服务这十项目标。

另外，在工程建设企业管理实务中，三个责任制大家讨论得最多的，或者说最能直接体现工程项目管理效果的责任制就是"项目经理责任制"的执行落实。项目经理责任制的落实主要从五个方面作要求：一是企业层面在投标成本测算与价本分离上，要保证其合理性与准确性。即保证项目承接质量和企业所属项目的"管理起跑线"基本一致，这是局属各个公司层面的责任。二是《项目管理目标责任书》对于项目管理过程中的责、权、利划分要科学，既要在各项目之间体现相对公平性，又要对项目管理目标的实现有"牵引力"。同时，要确保《项目管理目标责任书》签订及时、过程对照责任目标进行改进。三是企业层面要坚持不懈地抓好项目过程成本考核与项目兑现奖罚的及时履行，同时项目层面也要定期分析，对照责任目标改进具体岗位管理。四是企业对责任制管理务必有始有终，要做好对已竣工结算项目的《项目管理目标责任书》最终考核评价，与项目层面一起完成整体管理效果总结，完成总的奖罚兑现。五是应当将项目经理责任制的评价结果运用到项目经理的管理中去，将项目经理个人绩效与其日后选拔任用挂钩。

"项目结算收款责任制"主要是针对有效完成第三次经营目标，对项目结算收款承担具体责任的项目经理及相关专业人员确定相关责任，并依据《项目结算收款责任书》的责、权、利约定进行奖罚的机制。它实际上是企业站在"做好自己的事情"的角度，强化实施的一种对项目经理责任制一个不可或缺的补充机制。

"三个责任制"的核心内容都直接体现了"法人管项目"和"责权利统一"的管理要求。其有效实施还辅之以项目组织策划制、项目过程管控制及项目结果考评制等一整套系统性管理机制的落实。因此，对"三个责任制"的有效建立和扎实执行，必能有效地为项目生产力创建合适的生产关系，成功改变建筑工程企业以往总是纠结于"收则死，放则乱"的项目管理困境中的局面。

4. 三个集中管理

所谓"三个集中管理"，就是工程建设企业将"物资、分包、资金"三类资源要素纳入企业法人层面的集中管理。物资与分包的集中管理主要体现企业法人层面在工程项目的分供方招议标选择和最终分供方评价结论上的主导管理权行使，资金的集中管理主要体现在工程项目资金必须遵循"资金上存、以收定支、有偿使用"的管理要求。

"三个集中管理"既是对"法人管项目"理念的落实，又是合理划分企业与项目经理部之间权责的科学授权管理体现。对于资金集中管理而言，就是既要充分体现企业法人基于履约责任主体而必须拥有的资源管控权威，确保所属各工程项目的资金集中到公司、集团层面，对工程项目的资金使用坚持以收定支，项目与企业之间都形成明确的资金价值观，对相互占用的资金都要遵守有偿使用的原则。对于物资与分包采购的集中管理而言，主要是发挥集团的资金集中优势、财务支付手段优势和采购总量上的优势，在保证采购质量的前提下有效降低成本。

对于合理授权管控机制的建立，可以归纳为"集权有道、分权有章、授权有序、用权有度"。集中管理一方面是方向，要坚定不移地加大推进力度，另一方面要客观评价企业的管理状态和相关物资与分包的客观特点，有序有度地进行授权集中管理，有步骤地提升集中管理质量，不能搞"一刀切"。如在物资集中管理上，就必须根据物资属性、地域特点逐步分层级集中管理，可以分为集团集中管控的物资采购、分/子公司层面集中管控的物资采购、地区集中管控的物资采购等多种形式。同时，集中采购还要根据本企业的资金支付与财务支付手段综合运用的能力状况不同，处理好先集中哪些、后集中哪些，协调好先集中到哪个层面、后集中到哪个层面。这也就是体现了生产关系必须与生产力相适应的要求。即企业建立的机制既不能落后，也不宜盲目超前，否则，可能好的理论方法却形成了不理想的结果。

第二章

工程项目管理

　　工程建设企业的产品就是一个个工程项目,因而工程建设企业的一切管理工作必须以工程项目管理为落脚点,以降本增效作为工程项目管理的出发点。工程项目管理得好坏的标准,或者说项目管理的目标主要包括质量、工期、安全、环保、成本共五个方面,也就是说,一个工程项目的建造过程,如果质量是优的、工期是短的、安全是好的、环保是良的、成本是低的,那么这个项目的管理就是好的,管理水平就是高的。这与普遍的项目管理三要素即时间、质量、费用,所强调的项目管理目标是一致的。如何实现质量、工期、安全、环保、成本这项目管理的五大目标是项目管理的核心内容。

第一节 工程项目管理模式的演变

一、项目管理的四个阶段

"现代项目管理"被引入我国的时间并不算晚,20世纪60年代初,在著名数学家华罗庚教授的倡导下,就将项目管理的核心方法即"统筹法"引入国内,并在国民经济各个部门试点应用。当时中国科学院管理科学与科技政策研究所还牵头成立了"中国统筹法、优选法与经济数学研究会"。但项目管理被大量应用在各行业领域,还是在改革开放之后。后于2006年4月,由当时的国家经贸委、中国科学院、国家外国专家局和联合国工业发展组织在北京共同举办了首届"中国项目管理国际研讨会",并发布了《中国项目管理知识体系纲要》。正式全面推进现代项目管理理论在我国各类项目管理实施领域中的指导与实践。

中国工程建设企业全面推行"项目管理"的体制改革应该是从1987年国家计委组织总结推广"鲁布革经验"开始的。中国建设工程项目管理的历程到目前为止,大致分为四个阶段:

第一个阶段(1984—1995年),可以称之为"鲁布革经验"形成与推广阶段。

这个阶段的主要特点是全国范围内全面推广"鲁布革经验",建筑施工行业推行项目法施工,工程建设实行管理层和操作层分离,改革建筑业管理体制。

1984年,世界银行在我国第一贷款项目——云南"鲁布革"水电站引水隧道工程实行国际招标,日本大成公司中标,比标底低了43%。1984年4月,日本大成公司中标后派了30多名管理人员,从中水电十四局雇了424名工人,工程进度相当于我们当时同类工程的2～2.5倍。1986年10月30日,隧洞全线贯通，工程质量优良，比合同工期提前了5个月。"鲁布革经验"引起了当时国务院总理、副总理的高度关注，1987年6月，国务院召开的全国施工工作会上提出全面推广"鲁布革经验"，要求国家有关部门对鲁布革管理经验进行全面总结，在建筑行业全面推广"鲁布革经验"，实行管理层、作业层"两层分离"，推广项目法施工。1987年8月6日，《人民日报》头版头条发表题为《鲁布革冲击》的专篇报道，引起社会的强烈反响。"鲁布革经验"对我国传统的投资管理体制、项目管理模式、工程建设企业组织结构及其管理模式乃至整个中国建筑业都产生了巨大影响。

1987年7月28日，国家计委等五部委联合发布《关于批准第一批推广鲁布革工程管理经验的试点企业有关问题的通知》（计施〔1987〕2002号文件），从此，鲁布革项目管理经验在全国得到全面推广，以工程项目为载体的招标投标制、总承包制、项目法施工制、管理层与作业层分离制以及项目经理责任制等项目管理的基本制度、运管机制、责任体系等方面得到了逐步建立和完善。这期间，国家建设主管部门也多次召开"项目法施工"研讨会及项目管理工作会，推动了工程建设领域的项目管理进程。

可以说，从1987年到1995年这十来年是中国工程建设领域"现代项目管理"理论模式和管理体系奠基建设的开创时期。这一时期以推广"鲁布革经验"为契机，国家有关部委强力系统推进建设项目管理的新体制、新模式和新方法，在工程管理、施工技术、劳务管理、资源组织配置以及体制机制等方面，极大地创新并丰富了我国建筑行业的项目管理体系。同时，还第一次把竞争机制引入工程建设领域，实行工程发包招标投标制度，提出施工项目总承包管理、项目管理层与作业层两层分离，实行精兵强将上战场，解决"企业办社会"、管理效率低下的问题，从而实现工程项目科学组织管理，提高经济效益。

这期间，原建设部先后在兰州、沈阳、西安组织召开试点工作会议。自1990年到1993年的几次会议，形成了业内广为熟悉的"6+7"项目法施工的13个理论观点，标志着项目法施工的新体系在中国初步形成。其中特别是1992年成立了"项目法施工研究会"，正式提出要在工程建设企业中以项目法施工为突破口进行企业内部配套改革。

第二个阶段（1995—2002年），可以称之为项目管理体系规范建设阶段。

这一阶段，国家建设主管部门为适应建立现代企业制度的需要，按照国际惯例对推行项目管理进行了大量研究和总结，进一步明确了推行项目管理的方式，1995—1996年先后两次颁布推行项目管理的指导意见，提出了推行工程项目管理实现"四个一"的管理目标。1998年3月《中华人民共和国建筑法》正式颁布实施，同年，建设部提出全面运用项目管理现代化管理方法创建优秀工程，2002年正式颁布《建设工程项目管理规范》GB/T 50326—2001（后来该规范多次修订），从而使工程项目管理步入了科学化、规范化的新阶段。

在此期间，中国建筑业协会受国家行业主管部门委托，自1999年连续多次召开了项目管理专题研讨会，重点围绕当时推行项目法施工中存在的问题，就进一步深化和规范建设工程项目管理、项目经理部的建立及其与企业、项目经理与企业法人之间的关系、项目经理地位及责权利的确立等问题形成了广泛的共识。2000年1月，由30多家相关企业、院校和行业协会参与的《建设工程项目管理规范》编制工作启动，并于2002年以（建标〔2002〕12号文）正式颁布实施。

第三个阶段（2002—2014年），可以称之为"法人管项目"阶段。

2001年，时任中国建筑工程总公司总经理的孙文杰首次提出"法人管项目"的理念，而后创新了"法人管项目"的管理模式。这种模式主要体现为"三集中"，即"资金集中管理、大宗材料集中采购、劳务集中招标"，通过"三集中"管理，实现企业体系管理的精细化和法人管理的集权化与集约化。中国建筑集团提出的区域化经营、专业化发展、精细化管理、国际化协同的管理理念逐渐被行业内认可，成为许多优秀建筑企业运营管理的基本做法。

2003年，我在中建五局工作期间，在行业内率先提出的"三次经营"理念，而后又总结提炼出"工程项目成本管理方圆图"理论模型，丰富了"项目法施工"和"法人管项目"模式的科学内涵。

在这十多年里，中国国内建筑业蓬勃发展，不断改进创新，国家行业主管部门于 2006 年修订了《建设工程项目管理规范》GB/T 50326—2006，中国建筑业协会还自 2006 年以来，每年举办一届"全国建设工程优秀项目管理成果"评选，大力推进了新形势下中国建筑项目管理理论与实践的经验总结与管理创新成果的普及应用。同时，随着国际经济技术合作加速前进，中国建筑企业大步迈上了国际建筑业舞台，而伴随着全球工程技术科学与管理科学的日新月异，并借助网络信息技术革新的突飞猛进，中国建筑企业正不断借助国内大量的"高、大、特、外"项目建设平台，努力深化和实践项目管理新理论、新工具与新方法，无论是在项目管理新机制、项目管理新制度层面，包括建筑工程企业的转型升级，即所谓的建筑工程生产组织方式的"第二次变革"，都取得了前所未有的新成就。

第四个阶段，自 2014 年至今，可以称之为"**全生命周期项目管理**"模式创新阶段。

随着 PPP 模式的推广、"一带一路"倡议的提出、供给侧结构性改革的推行，建筑业发展也进入了新的阶段。2014 年，财政部发布了《关于推广运用政府和社会资本合作模式有关问题的通知》《政府和社会资本合作模式操作指南（试行）》，国家发展改革委发布了《关于开展政府和社会资本合作的指导意见》《政府和社会资本合作项目通用合同指南（2014 版）》，大大促进了 PPP 模式在全国各地的快速推进，PPP 模式给建筑市场带来了深刻变化。

2015 年 3 月，国家发展改革委等部门联合发布了《推动共建丝绸之路经济带和 21 世纪海上丝绸之路的愿景与行动》。同年 11 月，中央提出供给侧结构性改革战略，提高企业的资源配置效率与可持续发展能力。对建设行业来讲，既是难得机遇，也是严峻挑战。

近年来建筑业经历了从高速到缓慢再到平稳的发展过程，建筑业数量型、速度型发展态势有所弱化。建筑业在装配化、绿色化、信息化等方面取得了一定成效，向高标准、高品质、高效益发展又前进了一步。建筑企业应当因势而变，积极探索全生命周期项目管理模式的创新，大批企业把投资商、建造商、运营商"三商合一"的商业模式作为企业追求的目标，坚持高质量发展，做好做强自己，相信未来可期。

二、绿色行动下的项目管理

中国工程建设的项目管理不断发展，取得了令人欣喜的、阶段性的成绩。但，基于中国国情，中国的工程建设企业的项目管理一直以来还面临着多个方面的现实压力：一是总是面临"四难、四烦与四险"。"四难"指接活难、干活难、结算难、收款难；"四烦"指总是面临被垫资、压价、拖欠、维稳的烦心事；"四险"指营销风险、安全风险、质量风险与成本风险。二是建筑行业长期处在趋势性"五个越来越"之中，即工期要求越来越短；质量要求越来越高；成本支出越来越大；投标报价越来越低；项目利润越来越薄。在此种环境下，建筑工程企业如何提高工程项目管理能力，如何缩短工期，提高质量，降低成本，确保安全，做到环保，提升效益，从而实现"低成本竞争，高品质管理"，使企业在激烈的市场竞争中立于不败之地，是每个企业和企业管理者必须面对、必须解决的长期课题。

在我国由计划经济向市场经济发展演进过程中，建筑业是最早进行市场化改革的行业，工程建设企业作为一个市场竞争主体，是走在我国市场经济改革前列的，因而，建筑行业成为一个完全竞争性行业，在这个行业里，不论国企、民企都是作为一个市场主体参与市场竞争的。一个建设企业能不能生存，能不能发展，很大程度上取决于其项目管理能力和水平。在市场经济条件下，一般地讲，建设企业的运营可以概括为三件事，即接活、干活、算账收钱。"接活"的过程称之为"一次经营"，"干活"的过程称之为"二次经营"，"算账收钱"的过程称之为"三次经营"。企业的经营生产围绕着一、二、三次经营展开，企业的生产要素也必须根据一、二、三次经营的实际需要进行优化配置，企业的组织体系必须根据一、二、三次经营的实际需要进行合理设立，企业的绩效考核也就必须按照一、二、三次经营的实际效果进行评价。

企业通过市场竞争拿到"订单"即工程项目后，就要根据业主合同要求和企业的实际情况，组织项目管理班子，优化配置资源，确定科学合理的项目管理责任目标，这就需要建立责任目标考核机制，先要进行"价本分离"，也就是在企业通过投标中标的"价格"中，将企业要求项目经理部完成整个项目建造过程所需要的建造成本分开，确立项目经理部的责任考核目标。项目经理部在得到企业给自身确立的责任成本目标后，必须将责任成本目标进行分解细化，从而制订出项目的计划成本目标，来倡导项目经理部的过程管控，从而实现企业"低成本竞争、高品质管理"的管理目标。在这个过程中，项目成本管控是贯穿始终的，成本管理是企业项目管理的主线。这就是说，工程项目管理是建筑施工企业运营管理的基石，成本管理是项目管理的基石。

在明确了"一条主线""两个基石"之后，还必须要强调成本与质量、工期、安全、环保之间的关系，如果一味地"低成本"，忽视了质量、工期、安全、环保目标的实现，那最终"低成本"的目标也是无法实现的，必须科学合理地、综合平衡地考虑五大目标最优化，有效配置生产力要素，才能实现项目管理目标，实现通过尽量少的投入，得到尽量多的产出，不断提高企业精细管理的水平，从而提高企业的经济效益和社会效益。

低成本、少能耗、多产出、优品质、高效益是我们追求的目标，如何才能做到呢？近年来，建筑行业开展的"绿色行动"具有很重要的积极意义。所谓"绿色行动"，应该包括"绿色建造""绿色施工""绿色建筑""绿色城区"等四个层次。

"绿色建造"是指一个项目从投资者角度在规划设计阶段就要考虑节能减排，在源头上落实生态文明建设要求，要大力推行工程项目总承包制，实行设计施工一体化，改革设计、施工分离的管理体制，以使投资、规划、设计、施工等全过程都践行生态文明理念，消除"肥梁胖柱"，减少过度奢华建筑，提高资源利用效率，减少资源消耗。与此同时，要大力推广工厂化预制、现场装配化施工的工业化建造方式，依靠科技进步，实现节能降耗、减少污染，降低工程项目的建造成本。

"绿色施工"是指在工程项目施工阶段，注意节能减排，在项目建造施工的全过程落实生态文明建设要求。要大力推广绿色施工新技术、新工艺，做好节能、节地、节材和环境保护工作。推广可重复利用的生产工具与周转材料，促进施工过程中资源与能源的节约和综合循环利用。要大力发展建筑垃圾处理产业，推行建筑垃圾分类归集，专业回收处理，鼓励修旧利废，推广垃圾处理、垃圾发电、垃圾再生等建筑废弃物处理资源化利用，实现变废为宝，化腐朽为神奇，发展循环经济。

"绿色建筑"是指建筑物本身要具有节能、产能功能，在建筑物的使用运维阶段降低能耗，落实生态文明建设要求。要以建筑物全生命周期来考量能源消耗，降低建筑物运维成本，综合考虑建筑物节能、环保、低碳、生态等诸多因素，大力发展光伏技术、光热技术、外墙保温技术，建造更多的"低耗能建筑""零耗能建筑"乃至"产能建筑"。要加强绿色材料的推广应用，加快淘汰高能耗、高污染的材料，减少对木材、黏土等自然资源的耗费，大力发展绿色建材。

"绿色城区"是指综合考虑区域的人口、资源、经济、社会、文化和生态环境等重要因素，将城镇社区建设置于整个经济、社会、人文和生态系统中，在新型城镇化建设中落实生态文明要求。要统筹规划布局，坚持敬畏山水、环境优先，敬畏历史、文化优先，敬畏人性、民生优先的基本原则，大力发展绿色、节能、环保的新社区。推广新技术、新材料、新能源、新工艺，建设绿色、健康、零碳社区，打造科技创新、以人为本、生态宜居、可持续发展的活力新城。

总之，开展"绿色行动"，既是国家"碳达峰""碳中和"发展目标和生态文明建设的战略要求，也是社会市场的客观需要，同时，又是工程建设行业持续发展的必然选择，更是工程项目精细管理的题中之意。许多具有战略眼光的工程建设企业在实施"绿色行动"优化生产要素配置、强化成本管控、提升精细管理水平、降低能耗、提高效益等方面做出了不懈努力，取得了可喜的成效。

第二节　工程项目的组织管理

工程建设项目管理组织模式的合理选择是工程项目管理目标得以实现的前提和基本保证，工程项目过程管理中的资源科学配置则是项目管理目标最大化与最优化实现的根本保障。

从生产力与生产关系的层面理解，项目管理组织架构形式与项目资源配置方式可以说是项目生产关系形成的最重要支撑。由于生产关系必须适应生产力，合理的项目组织架构与科学的资源配置是适应项目生产力、实现项目生产力最大化的关键前提条件所在。同时，由于生产力状况决定生产关系，所谓组织架构的合理和资源配置的科学，并不是越多、越大就越好，而是对两者的合理性与科学性要强调其对应性与适应性。即项目的组织架构设置和资源配置要根据具体项目的管理目标、企业的管理能力和业主、社会的管理要求进行最恰当的设置与配置，组织既要职责清晰完整又要运行高效，资源既不欠缺也不浪费得恰到好处才是最高境界。

一、项目管理的组织

一般来讲，一个工程建设企业集团的管理架构应当遵循缩短管理链条、扁平化管理的原则，实行集团、分/子公司、项目经理部三级管理。各层级的管理部门与岗位人员设置，由企划部门与人力资源管理部门依据管理授权、公司规模、项目大小与重要程度、公司专业特点以及发展需要等不同条件，制订一套运行效率良好的部门与岗位设置标准。

工程项目本身的管理组织架构设置，基于现代企业制度的一些管理理论与中国建筑市场发展的阶段，通常是考虑项目的一次性、涉及面广、工作较为复杂的特性，采用"模拟分权式"或"矩阵式"的组织架构模式。

对于具体负责实施工程项目的项目经理部的组织架构设置，可以称之为

"优化型矩阵式"。这种组织架构模式整体基于两个方面的考量：一是落实法人管项目要求；二是落实管理标准化、信息化、精细化要求。

所谓"优化型矩阵式"，一方面基于建筑工程项目特定的一次性、复杂性以及随项目进展，其机构、岗位设置必须具有一定的灵活性的特点，形成公司对项目岗位设置的组织架构标准"矩阵式"——项目经理部对各岗位进行直线管理，同时项目岗位也接受分/子公司不同业务部门的专业指导和管控。特别是项目总工程师、项目商务经理、项目物资设备主管与财会会计等岗位，其工作规则与工作成果必须为分/子公司的业务部门和分管业务领导所管控和认可。这既是"矩阵式"管理组织架构的基本特点，也是工程建设企业落实法人管项目要求在组织形式上的体现。但同时，为有效解决"矩阵式"组织架构中岗位人员因为岗位不稳定造成责任感不强的问题，企业基于项目"三个效益"划分的前提，通过项目管理"两个责任制"的落实，有效地将项目岗位人员的考核与激励主动权有序、有度放到项目经理部层面。既充分体现法人管项目的要求，又比较成功地解决了传统"矩阵式"组织架构的缺陷。

企业按项目建筑面积、项目合同额及项目的月均产值额大小三个指标相结合的识别标准，可将所有项目划分为五类（表2-1）。

项目经理部人员编制数量标准参考表　　表2-1

序号	工程类别	建筑面积（万m²）	合同额（亿元）	预计施工月均产值（万元）	人员编制参考范围（人）
1	一类	≥60	≥20	≥8400	40~60
2	二类	≥25且<60	≥8且<20	≥3300且<8400	20~40
3	三类	≥15且<25	≥5且<8	≥2000且<3300	15~25
4	四类	≥10且<15	≥3且<5	≥1200且<2000	12~20
5	五类	<10	<3	<1200	8~15

说明：1. 如三项指标不一致，则以"预计自营施工月均产值"为主要参照指标定员；
　　　2. 新员工见习期间不占定员编制，但每个项目配备的见习新员工原则上不超过项目定员数的30%。

对相应项目的项目经理部人员总数、项目班子人员数、项目岗位任职条件、项目岗位职责和项目岗位工作检查考核标准进行全面地梳理和统一，包括项目岗位的名称进行标准化规定。同时，还对项目不同阶段基本岗位与机动岗位设置、过程中的岗位调整、岗位兼职、岗位不相容分立等也作出具体要求。

需要说明的一点是，在目前中国建筑市场还不是十分规范的情形下，因工程项目落实法人管项目的要求而影响项目组织架构设置，应该包括两个方面：一是作为法人层面的工程建设企业必须从项目策划、主要分供方选择、大宗物资与设备采购管理上体现法人管项目的理念；二是在项目经理部的人员配置管理上，如果是以联合体方式运营项目时，建筑企业应该如何进行项目经理部组织架构设置才能高效履约、实现项目生产力最大化。许多优秀施工企业，坚决杜绝"挂靠贴牌"的项目联营合作方式，对于业主有特殊专业建造要求而进行联合体招标投标的项目，则以总承包实施单位身份进行项目运营管控，对工程项目的组织架构设置完全拥有总承包管理实施权，除专业合作单位必要的管理岗位设置外，必须以企业的项目组织架构设置理念和要求为根本，由本企业自有管理人员实施相应管理岗位职责，确保工程项目管理受控、高效履约。

二、项目资源配置

项目生产力最大化就是在项目管理过程中实现各生产资源（要素）最优化配置，从而达到各项目管理目标最大化的实现。

工程项目管理的资源大体可分为两大方面：一方面是来自建设企业为工程项目提供配置的人、财、物，我们可以称之为企业资源。另一方面是来自建设企业以外的产业链上下游提供的分供、服务资源和社会其他相关方提供的监管、协助资源，我们可以统称为社会资源。站在生产力的角度理解，资源都是项目生产力的要素。企业资源主要形成项目生产力要素中的生产工具和管理活动，而社会资源则主要形成项目生产力要素中的劳务者与劳动对象，当然同时也提供相应的管理活动要素。

企业资源的配置主要体现在前述工程项目组织架构设置中建设企业对项目岗位设置、人员配备方面的管控和对项目资金和自有工具设备的管控。社会资源的配置则主要体现在工程建设企业对下游分供方、上游投资业主和勘察设计方、政府相关行政监管方的合作与沟通管理上。

而就管理实务中的现状来看，对于一个正常运营发展的建设企业来讲，工程项目资源配置管理的最大难点还在于分供方资源的管理配置效果。因此，工程项目的资源配置管理主要还是在于分供方资源的组织管理。当前，分供方资源的组织能力与水平仍是一个建设企业管理水平和盈利能力高低的体现，是企业核心竞争力的重要组成部分。分供方资源的好坏，某种程度上直接左右着工程项目履约和成本管控的根本能力。

建立健全分供方选择招议标制度、过程考核评价制度与《合格分供方名录》发布与应用的制度是分供方资源管理的基础性工作。企业法人总部、分公司、项目经理部要真正按照"法人管项目"的理念，扎实有效推进分供方资源集中采购管理，应当建立"分供资源储备性考察"机制。资源采购者必须把好分供方入围关口，将有实力、讲诚信、能做事、想发展的优秀分供方吸引到自己周围，为分供方选择招议标得以有效实施提供基本的支撑保障，防止进场急、考察虚、招标假而形成的管理隐患。同时，公司法人总部、分公司、项目经理部三级管理机构必须做实分供方资源使用过程中的分供方考核评价，包括进场验收评价、过程定期考核评价和年度与退场最终评价都必须以数据说话，最后归结到企业层面按年度发布的《合格分供方名录》中去，并以公平、公开、公正的考核评价结果来实现分供方资源的奖优罚劣，不断遴选筛淘，形成相对稳定的、自愿与企业长期合作的一批优秀分供方资源，乃至是战略合作伙伴资源。与此同时，公司对分供方的评价采取授予正向与负向激励牌（正向金、银、铜牌，负向红、黄牌）；优秀供方可免交履约保证金、提高合同付款比例、优先中标或限次议标以及参加相应层级的公司年会、负责人直联公司领导等待遇；不合格供方则要受到被除名、在规定年限内不在全公司范围内录用等处罚。

工程项目的分供方资源管理有别于其他如工业企业等的分供方资源管理。建筑工程企业要获得优秀的分供方资源，除了建立良好有效的选择与管理机制外，还必须具备相应的培育分供方、服务分供方的能力和企业内部公平使用分供方的环境。实现分供方满意是企业实现项目管理目标的重要一环。

而对于除分供方资源以外的其他社会资源，包括处在上游的勘察、设计方，在工程项目管理中平行的监理以及政府行政管理部门，还包括街道、居委会、相关行业协会和工程中介、事务所等，则首先需要建筑工程企业以扎实的各线专业基础管理为前提，以企业的品牌信誉为目标，在工程项目管理过程中遵纪守法、信守承诺、精心管理、文明施工、关注环保与健康，并不断改进技术与管理水平。同时履行好主动沟通协调的职责，才能实现社会相关方满意的项目管理目标。

三、项目经理责任制

众所周知，企业的竞争最终是人才的竞争。工程建设企业也不例外。而处在工程项目现场第一线的项目经理与项目管理团队，就是工程建设企业向项目业主和社会相关方直接体现人才素质水平的代表。项目经理与其团队成员所表现的人才竞争力，既是其实施工程项目、实现项目管理目标的竞争力体现，更是最直观的建设企业的竞争力体现。

对外，项目经理是在法律意义上经企业法人授权、代表企业在工程项目现场履行合同的代表人，其个人素质与能力直接关系到业主项目管理目标能否实现。对内，项目经理是工程项目内控管理目标的第一责任人，其负责管理协调的工作涉及企业资源与社会资源的方方面面，必须要是一个"全才"。另外，从实践看，建设企业的主要中高层管理者一般都来自于项目经理队伍中的优秀者。所以，建设企业无论是企业层面的管理，还是企业对工程项目的管理，都必须将项目经理队伍建设与项目管理团队建设列为管理的重中之重，使这一项目生产力最活跃的要素发挥最大化的作用。

工程的项目经理可以这样定义：是指在工程建设企业任职，与企业之间以项目经理责任制为核心关联，领导工程项目专业管理人员，协调上下游资源配置与关系，在企业下达的责任成本范围内对工程项目实施以质量、进度、安全、环保及成本为主要管理目标的系统管理，按时优质完成工程项目建设全部工作内容，并使业主、企业和社会三个目标主体都满意的项目管理执行负责人。因此，项目经理的素质能力的高低，直接关系到项目管理的成败得失。

首先，项目经理必须深刻认识到项目经理责任制的内涵，强化自身的主体责任意识。项目经理应该清楚地认识自己从三个不同角度对不同的管理目标主体担负着不可推卸的责任：一是项目经理是受企业法人委托，代表企业履行工程项目相关合同的代表人，项目经理部对上游业主和下游分供方履约效果的好坏，项目经理都是第一责任人。二是项目经理是代表项目管理团队，是对企业法人履行《项目管理目标责任书》的责任主体，项目经理部对企业下达的各项管理目标能否按时保质地完成，项目经理也是第一责任人。同时，项目经理还肩负着对项目管理团队内每个员工的收入增长、知识提升以及项目健康氛围营造的职责。

其次，项目经理必须清楚自己应该是"在企业下达的责任成本范围内"完成项目各项管理目标。这就要求项目经理必须具备相当的工程技术经济专业知识和良好的降本增效策划管控能力。一是具备开源策划实施、项目过程成本管控、项目资金回收以及对分供方及时准确结算和支付的"收支两手都要硬"的能力水平。在"收"上要实施好开源策划，达到合同范围内最大限度开源创效，将过程结算与进度款收取做到最佳状态，让最终结算和余款回收在最短时间内完成；在"支"上要全面管控项目成本支出，有效实施项目岗位成本责任制，有效预见和管控可能的反索赔，做到管理过程不留"后患"。同时，也必须做到诚信履约，按合同约定及时支付分供方款项，避免不必要的被诉风险。二是要清楚地认识到工程项目的降本增效一定源于工程项目的良好履约效果，要有能力组织协调好各项生产资源与管理要素，实现工程项目的工期、质量、安全和环保各项目标，达到社会、业主和分供方的约定预期。

再者，项目经理必须时刻牵记团队是完成工程项目管理目标的基本保证。

要不断提升自己打造学习型团队的能力，建设积极、健康、向上的项目文化氛围，让项目团队所有成员具有在发展平台上公平竞争、在身心健康的环境中成长成才的能力，具备以身作则、遵纪守法、廉洁奉公、身先士卒的人格品质和善于沟通的能力。

当然，项目经理作为一个工程项目的负责人，还必须具备一个管理者应有的关注项目体系建设、善于把控关键环节的能力。还有基于建筑工程项目条件艰苦、交涉面广等特点而应具备的吃苦耐劳的品格和注重礼仪、能关注协调多个利益相关方需求的素养。

另外，还必须强调，随着社会不断发展，工程项目管理的形式与内容也正日新月异地发展变化，超高、超深、超长、超大等技术要求高、施工工艺新的建设工程不断出现；建筑市场的管控要求也在发生变化，如环保、绿色施工要求的提升等；特别是当前新的项目运营方式、新的项目管控手段、新的资源要素等层出不穷，BOT、PPP、EPC以及城市综合体建造等等，项目经理必须不断适应新的发展形势，努力提高自身学习能力，全面提升自己的工程项目总承包管理，甚至是涵盖投资管理在内的项目综合管理能力。

四、项目管理团队

对于工程建设企业而言，为一个工程项目管理设置的项目经理部，既是企业管理组织架构中的重要组成部分，又是一个为实现项目管理目标形成的、由项目经理负责的项目管理团队。项目经理作为这个团队的"领头雁"，如何在项目管理团队建设中发挥应有的作用，我们在前述项目经理应具备的素质时已经有所论述，而且这正是项目管理团队建设中最重要的一点——保证团队拥有一个优秀的团队领导。实际上，它应当也是工程项目生产关系的重要组成部分。

首先，企业的管理团队建设与人才队伍建设是合二为一、不可分割的企业管理内容，它们都必须依托企业层面的人力资源管理体系建设进行。在企业人力资源管理上，基于对都江堰水利工程的体悟，而创建的人力资源管理

"都江堰三角法则"(图 2-1),为企业的人才队伍与项目管理团队建设提供了理论与实践依据。

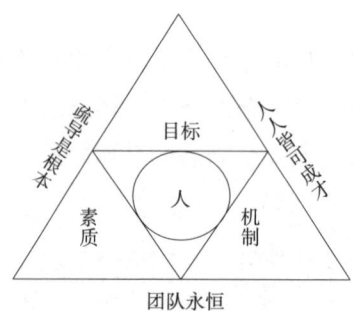

外三角:人力资源管理的三条基本法则
内三角:组织能力建设的三个基本要素
核心圆:以人为本的核心思想

图 2-1 人力资源管理"都江堰三角法则"

在"都江堰三角法则"的指引下,形成的"七成定律""金条加老虎"的奖惩机制、培育青年人才的"青苗计划"等是被管理实践所证明、行之有效的做法;建立科学、公平、公正的考核制度,通过严格绩效考核、竞聘上岗等措施,打破原来国企"干好干坏一个样"的"大锅饭",在企业内部树立鲜明的业绩导向,真正实现"人员能进能出、干部能上能下、收入能增能减"的良性用人局面;而且还以信息化建设为载体,重组企业人力资源工作流程;构建和谐高效的工作氛围,"业绩至上,快乐工作"成为企业的主流。特别是建立起"四三五"薪酬体系(四大职业通道、三大晋升梯子、五大工资单元)。在这个体系中,所有员工通过"三大晋升梯子"(岗位级别晋升、职务级别晋升、工资级别晋升)和"四大职业通道"(行政管理系列发展通道、项目经理系列发展通道、专业技术系列发展通道和工勤技师系列发展通道)拓展职业发展空间,确保员工职业发展通道畅通。并辅以内部职业资格等级制度,有效打通企业不同专业岗位员工的职业发展通道,为团队成员个体安心本职工作,努力为团队目标作出贡献提供了良好的职业发展环境,使团队不同专业岗位个体、不同管理层级个体之间形成良好协作关系。

其次，企业应当在"创建学习型组织"的工作上有所作为，通过各管理线条和各种形式强调学习型组织的建立。推行"全程学习"和"团队学习"的理念。"全程学习"即工作学习化、学习工作化。通过结合工程项目投标、合同谈判签约、过程施工组织和竣工验收结算与收款的全过程实例，让大家学习先进技能、学习优秀管理。紧密结合实际工作进行学习，做到学习与工作相互融合，形成工作处处是学习，把学习视为一项必要的工作。"团队学习"，即在重大项目投标、项目施工的关键时刻，企业领导和项目经理以及技术骨干相互沟通、相互提醒，一起学习，共同研究，群策群力，周密部署，使学习成为团队共同意志，让学习成为团队的竞争合力。

另外，企业要树立正确的用人导向，实行"能者上，庸者下"，竞争上岗，奖优罚劣，建立长效机制，留住优秀人才。在对员工加强培训，提高其职业化程度和专业化水平的基础上，一方面，完善项目经理责任追究和奖惩机制，建立项目经理业绩档案，实行优秀项目团队重奖，亏损项目经理职业禁入等制度；另一方面，推行项目经理等关键人才预选制度，通过笔试与面试预选关键人员作为后备队伍，重点培养。

总之，所谓优秀的项目管理团队建设，就是在保证工程项目经理部有一个"过得硬"的项目经理外，还要有一批"撑得起、凝得住"的各专业技术员工。

第三节 工程项目的目标管理

任何管理活动的首要工作都是确定管理目标。项目管理目标是项目管理行为指向的终点，即项目实施完成后所要达到的目的。工程项目的管理目标，就是工程项目竣工交付并结算收款完成时要达到的目的。当然也应当包括工程项目管理过程中实现的阶段性目标。

对于一般意义上的项目而言，其管理目标一般确定为项目的时间目标、质量目标和成本目标三个主要方面。而针对工程项目，管理目标应该从两个层面去理解和确定，一是把工程项目作为产品对象，由工程本身作为产品，且具有一次性特征而决定要实现的目标，应包括既定质量、工期、安全、环保和成本五大目标；二是在管理工程项目的主体——工程建设企业层面，需长期可持续发展，而又必须以具体的工程项目为平台来实现的目标，则需要包括项目的财务效益成果、团队建设成果、分供方与其他相关方协作成果等一系列管理目标。

一、工程项目目标管理三圆图

对于一个工程项目而言，究竟确定哪些管理目标才是全面、科学而又有利于进行项目目标管理的呢？站在全社会的角度，一个工程项目的管理目标可以分为三个大的目标集合和三个具体的目标集合。三个大的目标集合，一是对项目建造的期望目标，也就是项目的业主满意目标；二是社会各界对项目建造的期望目标，也就是项目的社会满意目标；三是建设企业对项目建造的期望目标，也就是项目的企业满意目标。与前述三个大的目标集合相伴而生的是三个具体的目标集合：一是相对于项目总承包商的分供方对项目建造的期望目标所形成的项目分供方满意度目标集合；二是与项目建造过程相关联的相关方对项目建造的期望目标所形成的项目相关方满意度目标集合；三是企业员工对项目建造的期望目标所形成的员工满意度目标集合。将项目建造的六个方面的满意度集合总汇在一起，就构成了工程项目管理的总目标。要想实现项目管理的总目标，必须做到六个好，即：质量工期好，安全环保好，成本效益好，资金管控好，项目信誉好，团队建设好。质量与工期，业主最为关心，质量工期好，业主就会满意；安全与环保，社会最为关注，安全环保好，社会各方就会满意；成本与效益，企业最为关注，成本效益好，企业就会满意；项目信誉，与业主、相关方和社会关联度最大，项目信誉好，相关方就会满意；而资金管控与业主、企业、分供方关联度最大，因而分供方的满意度与资金管控直接相关；团队建设关系到员工的切身利益，只有团队建设好，员工的满意度才会提高。根据上述"六好六满意"的项目管理目标的内在逻辑关系，结合长期的工程项目管理实践，我们提出了"工程项目目标管理三圆图"（图2-2）。

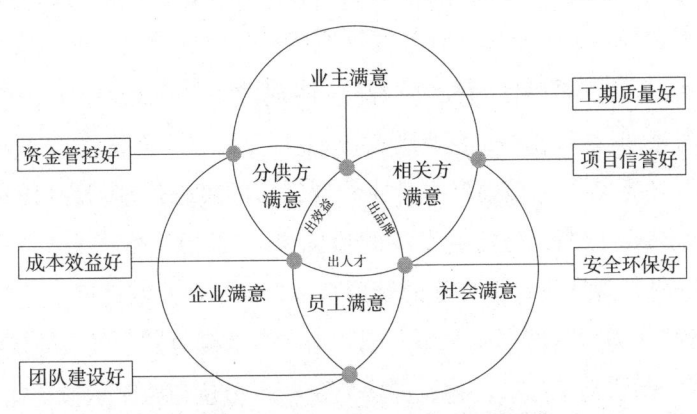

图2-2　工程项目目标管理"三圆图"

从建设工程项目的三大利益主体出发，以工程项目本身应实现的产品目标为核心，根据"目标管理"的三个基本特点——重视人的因素、建立目标链锁与目标体系、重视成果，形成了一个由三个几何平面圆组成的，简洁、明晰的工程项目管理目标设置模型。其体现的工程管理目标环环相扣、方向一致、相辅相成的关系，是一个协调统一的工程项目管理目标体系。

二、目标管理各要素之间的关系

"三圆图"以工程项目的业主、施工企业和项目所处的社会环境为三大利益相关方，确定这三大利益主体的满意即为项目目标的实现。

在业主满意方面，"三圆图"以工程项目质量目标为"圆心"，以工程项目工期目标为"半径"，形成业主重点关注的项目目标的"业主满意"圆；该圆的"核心点"为工程项目"工期质量好"的管控目标。

在企业满意方面，"三圆图"以工程项目成本为"圆心"，以工程项目效益为"半径",形成企业重点关注的项目目标的"企业满意"圆;该圆的"核心点"为工程项目"成本效益好"的管控目标。

在社会满意方面,"三圆图"以工程项目安全为"圆心",以工程项目环保为"半径",形成社会重点关注的项目目标的"社会满意"圆;该圆的"核心点"为工程项目"安全环保好"的管控目标。

由此形成工程项目作为独立产品应体现的主要管理目标——工期质量好,业主满意;成本效益好,企业满意;安全环保好,社会满意。但是,这"三好三满意"还是基于工程项目本身应体现出来的最终管理行为目的,而从企业法人层面需要长期、可持续发展的目标说,"注重人的因素""重视成果"以及企业信誉品牌建设目标方面的管理行为目的还不是很明确。

因此,"三圆图"将"业主满意圆"与"企业满意圆"的交点定义为"资金管控好",理解为工程项目建设的实质是业主单位与施工承包企业基于合约关系的商品买卖行为,双方行为的核心关系体现在货币资金上,两者统一于项目的商务管理目标及资金的有效管控上;另外,分供方作为工程项目建设的重要第三方,参与工程项目的行为实质也是基于合约关系的商品买卖行为,且其与业主和施工企业的关联核心也体现在货币资金上,故把这两圆重合部分定义为"分供方满意"。还有,在当前中国建筑工程市场上,分供方,特别是劳务企业作为分供方的品质,是工程项目成败的关键之一,所以有必要将包括劳务分供在内的"分供方满意"列为施工项目的管理目标之一。

"三圆图"又将"企业满意圆"与"社会满意圆"的交点定义为"团队建设好",可理解为一个工程项目既要实现对内(企业)满意,又要实现对外(社会)满意,必须要有方方面面的人才组成的项目管理团队,而且这个团队要形成团结一致、通力协作的局面,这样才能有效支撑项目最终目标的实现。同时,项目管理团队的人员既是企业的员工,也是社会的公民,他们的满意是业主满意与社会满意的当然的组成部分。同样的理解,将这两圆重合的部分定义为"员工满意"。

"三圆图"将"业主满意圆"与"社会满意圆"的交点定义为"项目信誉好",可以理解为工程项目除企业内部上级管理者以外的相关方满意即为项目赢得信誉；同样的理解，把这两圆重合的部分定义为"相关方满意"。这里的"相关方"主要是指与工程项目有一定关联的设计单位、监理单位、项目周边社区相关单位、团体、人士等，他们的满意也必须作为项目管理的目标内容。

"三圆图"以业主、企业、社会三大利益主体和分供方、相关方和员工三大利益攸关者的"满意圆"的组合，形成了施工项目"六好六满意"的管理目标，"六好"即：工期质量好、安全环保好、成本效益好、资金管控好、项目信誉好、团队建设好。"六满意"即：业主满意、企业满意、社会满意、分供方满意、员工满意、相关方满意。这"六好六满意"的管理目标是一个完整的施工项目管理的目标体系，他们之间互为影响、互为作用，并最终以"三圆合一"的部分直接表现出的"出效益、出人才、出品牌"的项目管理目标，直观地反映在"三圆图"的中心部位，意在重点强调"出效益、出人才、出品牌"是施工企业的最核心的管理目标。只有全面完整地达到"六好六满意"目标，才能说一个施工项目的管理目标得到了较好的实现，才能说这个工程项目的管理是好的。

管理目标的确定形式多种多样，工程项目更是因其独有的特征而各不一样，建筑工程企业的管理模式与方法也不尽相同，"工程项目目标管理三圆图"根据中国建筑行业的特点，反映了一般工程项目管理目标设置所应当遵循的规律和原则。"三圆图"模型在一些建筑工程企业的管理实践中得到运用，并收到了良好的管理效果，有效地提升了企业的项目管理水平，这也说明了这一模型的科学性与合理性。

第三章

企业管理方圆理论模型

　　基于建筑行业发展的实践过程，我们在马克思主义生产力理论和中国传统管理方圆哲学的指引下，总结多年的工程项目管理实践经验，创立了"项目管理是企业管理的基石，成本管理是项目的基石，项目过程管理必须以成本管理为主线"为基础、以建筑企业"三次经营"理念为指导、以"责权利相统一"的现代企业管理原则为依据的、富有建筑企业管理特色和中华文化哲理的工程项目成本管理的"方圆理论"。

第一节　企业管理的基础理论

一、对马克思主义"生产力理论"的基本认识

"生产力理论"是马克思主义哲学研究的重要范畴,也是马克思主义政治经济学研究的重要内容。生产力是指人们生产创造的一种能力,它是一个大小、高低与水平的概念。马克思说:"生产力当然始终是有用的、具体的、劳动的生产力,它事实上只决定有目的的生产活动在一定时间内的效率"(《马克思恩格斯全集》第23卷,1972版)。正因为"生产力"是一个能力水平概念,是讲生产活动效率,即表现为生产绩效,那么它本质上应该是一种由劳动生产的自然条件、技术条件和社会条件组成的系统结构。

马克思主义认为生产力的基本要素包括三个:劳动者、劳动资料和劳动对象,这三个基本要素决定了生产力的高低,更确切地说是必须具备这三个要素相结合才能形成一定的生产力。当然,在马克思关于生产力与生产关系的论述诞生以来的一个半世纪里,随着社会生产变迁、科学技术进步与生产方式的日新月异,马克思主义研究者陆续提出了"生产力四要素""生产力多要素"等多类观点,包括诸如管理要素、信息要素、资本要素、文化要素、教育要素乃至精神要素等内容。实际上,我们认为这并不与马克思的原意相违背,因为他在《〈政治经济学批判〉导言》中明确说明了前述三要素是"最简单要素"。而且他还说:"不论生产的社会形势如何,劳动者和生产资料(即劳动资料和劳动对象)始终是生产的因素。"

劳动者。马克思主义的定义是指有一定生产能力、劳动技能和生产经验,参与社会生产过程的人们,既包括体力劳动者,也包括以各种方式参与物质生产过程的脑力劳动者。它是生产力诸要素最为活跃和最富有创造性的要素,是推动人类社会历史前进的根本动力。

劳动资料。马克思主义的定义是指劳动者用以作用于劳动对象的物或物的综合体。以生产工具为主，也包括人们在生产过程中所必需的其他物质条件，如土地、动力、生产用建筑物、交通运输等。广义地说，劳动资料包括了劳动过程中除劳动对象以外所必需的一切物质条件。而且机械性的劳动资料比那些只是充当劳动对象容器的劳动资料更能显示一个社会生产时代的具有决定意义的特征。它们中有的是直接把劳动传递到劳动对象上去，如工机具类；有的则间接地发挥相应作用，如土地、道路类。而且，这其中前者起决定性作用，后者则是不可或缺的。另外，在不同的社会经济发展阶段，劳动资料的构成以及劳动资料中的各个部分的作用也会有所不同。如产业革命以前，劳动资料以手工工具为主体，产业革命以后，劳动资料就以机器为主体了，而在当代，劳动资料中的能源、动力、自动控制系统、物流运输系统、信息传递系统乃至资本运营系统的作用则已经越来越大。

劳动对象。马克思主义的定义是指人们把自己的劳动加于其上的一切物质资料，包括直接从自然界获得的资料和经过劳动加工而创造出来的原材料。劳动资料和劳动对象一起被统称为生产资料。劳动对象的数量、质量和种类对于生产力的发展有很大影响。特别是随着科学技术的进步，人类不断发现自然界许多新的有用物质，或者是发现物质的许多新的有用的属性，使劳动对象的范围在以往基础上进一步扩大，因此，劳动对象越来越多样化。特别是当代新的材料革命和生物工程的兴起，使人们可以选择性能更好的、价格更低廉的劳动对象，这对于生产力的发展具有重大意义。另外，对于劳动对象和劳动资料两个概念，划分标准是按照它们在劳动生产过程所处的地位和所起的作用的不同来区分的，两者是可以在一定条件下互相转化。有的在某种场合下是劳动资料，但在另一场合就会是劳动对象。有如一头牛，用它耕地时，它是劳动资料，但如果放到屠宰场宰杀时，它就是劳动对象了。

马克思主义生产力理论认为，在既定生产力各要素质量不变的条件下，仅仅由于生产要素数量方面的、以某种形式进行组合的集合，就可以提高并且创造生产力。马克思在《资本论》第一卷中说道："许多人在同一生产过程中，或在不同的但相互联系的生产过程中有计划地一起协同劳动，不仅提高了个人的生产力,而且是创造了一种生产力。""这种生产力是由协作本身产生的。"并且他在该卷中还归纳了协作本身导致生产力提高的九种原因或途径:"由于提高劳动的机械力、由于扩大这种力量在空间上的作用范围、由于与生产规模相比相对在空间上缩小生产场所、由于在紧急时期短时间内运用大量劳动、由于激发个人的竞争力和集中他们的精力、由于使许多人的同种作业具有连续性和多面性、由于进行不同的操作、由于共同使用生产资料而达到节约和由于使个人劳动具有社会平均劳动的性质。"

以分工和专业化为基础的协作,就必须要求构造某种协作劳动的组织形式,从而创造了新社会劳动生产力。马克思在《资本论》第一卷中指出:"工场手工业分工通过手工业活动的分解,劳动工具的专门化,局部工人的形成以及局部工人在一个总机械中的分组和结合,造成了社会生产过程的质的划分和量的比例,从而创立了社会劳动的一定组织,这样就同时发展了新的、社会的劳动生产力。"显而易见,即使最简单的协作,只要有一定的规模,都应该有严密的组织,否则金字塔和长城是建不起来的。更不用说以社会分工为基础的手工业工场和大机器工厂生产,只有更复杂的组织形式才会创造出更大的生产力。这样,由于大工业的协作变成劳动资料之间的协作。由于这种"劳动过程的协作性质现在变成由劳动资料本身的性质所决定的技术上的必要",必然"要求以自觉应用自然科学来代替从经验中得出的成规",所以社会协作"把巨大的自然力和自然科学并入生产过程,必然大大提高劳动生产率"。社会生产力由此就更加获得巨大的发展空间。

学习、认识马克思主义生产力理论,我们可以得到以下结论性的启示:一是协作导致生产资料的节约和规模扩大,从而提高了作为物的要素的生产力;二是协作会刺激劳动者的竞争心和好胜心,从而提高了作为人的要素的生产力。正如马克思说的:"且不说由于许多力量融合为一个总的力量而产生的新的力量,单是不同层面的社会接触就会引起竞争心和特有的精力振奋,从而提高每个人的个人工作效率";三是协作推进社会分工和专业化,进而使协作生产力本身获得进一步的发展;四是协作导致作为要素生产力的管理职能的产生,而管理的有序性一定会提高生产力,马克思用一个乐队需要指挥、一个军队需要军官来证明这一点；五是社会分工和专业化促进要素生产力（包括人与物的要素）的改进和提高；六是社会分工导致不同产业的集聚和专业化的扩展，进而促进整个社会的生产力发展。

马克思主义政治经济学关于生产力与生产关系的论断归结为：生产力决定生产关系，生产关系必须适应生产力。一方面，社会生产力的发展导致社会生产关系的变化。另一方面，社会生产关系与社会生产力发展相适应时，就促进生产力的发展，从而促进整个社会的向前进步；但当生产关系与生产力发展要求不相适应时，就会阻碍生产力的发展，从而阻碍社会的进步。因此，生产关系一定要适合生产力发展的状况，是人类社会发展的普遍规律。我们在这里关于马克思主义生产力理论的学习和认识阐述，并不基于对马克思原著的纯理论探讨，更不是对后期发展的各类马克思主义哲学和政治经济学观点分析作理论上的穷究讨论。而是基于认为其以社会生产过程、经济活动为考察对象，以历史唯物观、辩证方法论得出的深刻理论精华是非常正确的，并能指导我们在企业管理上改善企业管理层面的"生产关系"，进而提升我们企业和项目层面的"生产力"而进行的分析认识。生产力与生产关系相互作用的规律，对于我们在企业管理、项目管理中如何做到"生产力最大化"启示巨大。

二、"外圆内方"的哲学思考

"外圆内方"的哲学理念源自中国古代智慧贤者对"天圆地方"物象的"格物致知"。"方圆图"模型（图3-1）对这种"方圆之道"的领悟表达，显而易见，在我们对"方圆图"的名称冠予和图形设定上进行了非常直观、非常明确地体现——图形名称即为"方圆"，图形组合即是外"圆"内"方"。

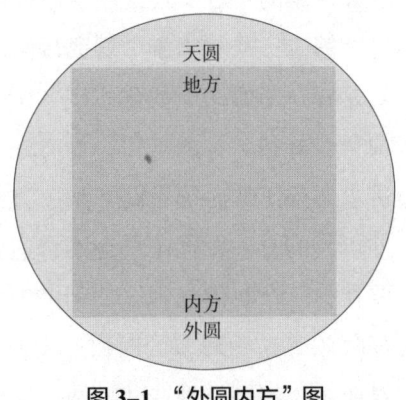

图3-1 "外圆内方"图

"外圆内方"作为中国传统文化的精要,至少可以从"圆"与"方"两个方面,并对这两个方面各自从"意象"和"物象"两个层面,在思维方式和行为方法上"格物致知",达到"方圆相济"的境界状态,进而实现"经世致用"——在企业与工程项目的管理中完成既定管理目标。"圆"讲究灵活与周密,"方"代表稳健与严谨。所以,我们在"方圆图"中对于建设工程项目管理在"外圆内方"哲学上的理念要求主要体现在以下四个方面。

第一,从"意象"层面理解"方圆图"的"外圆"。所谓"意象"层面,就是在思维方式层面的理解。对于建筑工程项目管理工作,"方圆图"对外的两个"圆"是面向市场、面向业主的,主题落在对外开源创效上。市场必定进行竞争,竞争的确就是残酷的;业主要求就是很高,相关监管的确就严;包括分包确实难管等等就是工程项目管理所面临的外围环境。那么,我们在面向市场和业主的思维方式和项目管理的运营理念上,就应当深入领悟并遵循传统智慧中的"圆":要清楚地认识到市场环境的复杂与多变,人的性格与内心是复杂多样的,不同组织和个人有着千差万别的需求。建筑工程项目管理的基本特性之一就是其"复杂性",所以工程项目管理的工作,特别是对外协调工作往往不是一蹴而就的。要达到目标必须具备圆融的心态与思维模式。"圆"的思维方式和运营理念讲求的就是整体思维、系统思维的圆通、圆融。做好随机应变、因地制宜、适时机而动的心理准备,处理问题强调主观能动性,把握好平衡协调之术。通俗地讲,就是要具备"适应"与"适合"的解决问题和困难的心智模式,才会在工作方法上找到最好的扩"圆"途径。

第二,从"物象"层面理解"方圆图"的"外圆"。所谓"物象"层面,就是在行为方法上找到实现"圆"的结果的途径。在面向市场和业主等工程项目对外相关方的工作行为方法上,认识并遵循方圆之道中的"外圆"就是讲求对外工作必须思路开阔、方法寻求灵活多样。这种方法行不通就要有另外可行的方法,这个场合不合适就得换另一个适合的场合,这个时候不行就要在另一个时候处理。特别是项目营销承接、合同洽谈与过程变更签证、结算收款等这些环节的时候,要具备把握问题的关键点,找到处理对接市场、对业主,特别是创造"扩圆"工作的"天时、地利、人和"条件的能力。才会进退自如、游刃有余、完美地实现目标。而且，讲行为方法，肯定是要落到具体的项目管理行为人身上的。所以要求我们的工程项目管理者必须要认识到相应工作方法的重要性：一个人"中和"的行为方式总是易于被人理解，而偏激的行为多为他人所难以接受；讲究策略的表达方式总是更容易取得事半功倍的效果，而直接鲁莽的要求常常会造成欲速则不达的局面。

第三，从"意象"层面理解"方圆图"的"内方"。即指从一个团队组织的行事规则和制度流程建设、执行层面的理解，当然也包括个人在精神层面的怀抱理想、坚持信念，做人做事有主张、讲原则、守底线。对于项目管理工作，"方圆图"对内的三个"方"都是面向对内管理的，主要体现在对内节流管理上。一是有制度，制度完善、流程清晰、规则合理、系统严谨；二是执行制度，策划科学、措施到位，责权明晰、奖罚严明。"方"就是讲管理有依据，而且严格执行这些规章依据。正所谓"不依规矩，无以成方圆"，就是这个道理。一个团队组织，必须纪律严明，有明确的制度且严肃执行这些规章制度，必须有是非分明、奖优罚劣的导向和措施，而且这些措施不能随意受到破坏和非正常干扰。本质上，"方"是强调企业、项目管理过程中的标准化要求，讲管理的内控有序，强调了规则至上、底线制约的执行要求。

第四，从"物象"层面理解"方圆图"的"内方"。"方家""大方之家"之意，是在对个人能力概念层面的理解。是指要体现"外圆内方"的结果，必须具备相应的"大家"技能。工程项目管理是一项专业性很强的工作，对于具体的岗位而言，要做好工程项目管理的工作，必须具有在建筑工程项目管理上的专业技术、商务法务、物资管理、设备管理等各项专业技能。所以，"方圆图"的"方"在"物象"层面的意思还要求我们作为建筑工程项目的管理者，必须在自己的专业领域不断学习和总结实践经验，力图使自己成为专业方面的"大方之家"。只有自身拥有过硬的工程技术本领，在精通专业技能、掌握高超技术的条件下，甚至能够做到引领行业标准时，那就能真正支撑想要达到的"外圆内方"的结果。为什么我们经常会有想"圆"却"圆"不了，想"方"却"方"不正的情形呢？说到底本身的能力还欠缺，本身还有不过硬的地方。

总之，中国传统文化告知我们"外圆内方"的方圆之道，是在工程项目管理实践中，首先要注重提升自身大方之家所指的"方"的能力，进而在精神层面要有怀抱原则、坚持必胜信念的心态，同时以规则至上的原则形成团队的力量，取法于灵活有效的工作方法和途径，讲究相应的形式和技巧，就容易事半功倍地实现工程项目即使在复杂条件下的管理目标。

当然，还必须强调领悟"外圆内方"讲的一定是"寓方于圆""方圆相济"的要求。"方"与"圆"是中和有度、相辅相成的。在工程项目管理的实践中一定要"圆"得有理，不是瞎忽悠，也不是无理取闹。也要"方"得有据，即所谓的"低成本竞争"一定是以高品质管理为前提的，低成本绝不是粗制滥造、偷工减料，一定是在实现项目工期、质量、安全和环保等履约目标和社会效益前提下合理的成本管控目标。

三、"两个基石一条主线"的管理理念

所谓"两个基石一条主线"，即工程建设企业管理以项目管理为基石，项目管理以成本管理为基石，成本过程管控是工程建设企业项目管理的主线。

我们知道，站在项目现场管理的角度，工期管理是工程项目管理的主线。而基于项目生产力效益性的特征，以及"两个中心"中项目是成本中心的前提，工程项目的管理归根结底要以成本管理为主线。这两条工程项目管理主线，是我们站在不同的管理角度来讲的，它们之间绝不矛盾，而是相互关联，互为支撑的。工期管理为主线是强调注重现场施工组织安排，其目标还是围绕完成履约、降低成本来展开。而成本管理为主线是同时站在企业和项目两个层次相结合的层面来看待工程项目管理，应该讲其所站层面相对还要更高一些。

项目生产力是工程建设企业生产力的落脚点，企业的生产要素只有在项目层面结合才能形成现实的生产力。一个工程建设企业的正常运营，就是其项目的正常管理并形成既有的效益，企业层面的管理指向、人财物的应用都要归结到工程项目层面上去。如果没有工程项目，那么这个工程建设企业就

失去了存在的意义，或者至少说它已经不一个工程建设企业了。所以讲"项目管理是企业管理的基石"。

同时，项目是工程建设企业最基本的生产单位，项目效益是企业效益的根本源泉。如果一个工程建设企业的项目都没有收益，不能向所属的企业输送效益，甚至还要企业对项目贴钱履约，那显然这个企业会不断亏损，就会失去作为企业的存在价值，就失去了应有的造血功能，是无法运转下去的。所以讲"成本管理是项目管理的基石"。

而讲"项目管理要以成本过程管控为主线"，既是基于前述"两个基石"的理由，也还包括以下三个方面的原因：一是在当前市场竞争日益激烈的建筑行业大环境下，工程项目的工期要求越来越紧、质量要求越来越高，但造价越来越低、成本压力越来越大。项目成本管理日益成为工程项目能否成功的重中之重。二是在工程项目的质量、进度、安全、环保和成本等各项管理目标中，政府、业主、监理和行业社会监管方对除成本以外的目标都有着严格的法规监管或合约要求，不容企业和项目管理者不予以重视。而唯有成本管控，是必须由我们自己用心把握、自觉强化的一项重要内容。作为工程建设企业必须清楚地认识到，认真做好项目成本管理这一"自己的事"，才是企业生存发展的根本。必须真正以质量、进度、安全和环保管理为基础，围绕成本管理抓项目管理，锤炼出企业的低成本核心竞争力。三是当前的工程项目管理中，项目降本增效的空间还很大，途径还很多。只要我们能用心分析、科学实践，着力于优化管理品质，"建筑工地遍地有黄金"。

"两个基石一条主线"的管理理念，是工程建设企业在现实市场经济环境中进行工程项目管理实践的基本思路。实践这一理念，重点要关注两个方面的内容：一是践行"大成本"管理思路。所谓"大成本"，即非就成本而论成本，降成本而非唯成本，而是必须强调站在更高的、企业和项目两个层次相结合的层面来理解和实践项目成本管理要求。理解"低成本竞争、高品质管理"之间相辅相成的关系，是讲求全面实现进度、质量、安全和环保管理目标条件下的降本增效，是以高品质的项目过程管理为手段，通过优化管理、落实相关方和谐共赢来实现项目低成本竞争的结果。还要充分理解"现场支撑市场"的内涵，现场管理的"出彩"，才会带来项目效益的真正"出彩"。只有每个企业的工程项目的"现场"进度、质量、安全和环保履约目标的高品质确保，并以此让企业赢得了更多更好的"市场"，才是更高层面的成本竞争胜出。二是落实"全员全过程成本管理"思路。工程项目成本管理涉及项目管理的各个岗位、方方面面以及项目生命周期的全过程。从投标成本测算到责任成本下友谊赛、目标成本编制、实际成本统计、过程成本分析考核，直到竣工成本还原总结，贯穿了工程项目从市场营销承接开始，到项目过程管控，再到竣工结算收款完成等全过程的管理流程。它的每一个环节都涉及了项目管理的工程技术、施工组织、资源配置和后勤、内控体系管理等各岗位的工作。因此，要求企业和项目两个层面的各岗位员工都必须强化成本意识，严格履行责任，将项目成本管控做到全员性、全过程的精细化。

在"方圆图"中，两个造价、三个成本、三个效益、四大支撑和五类费用，其几何图形的构图要素几乎全部是站在项目收入成本的角度来定义的，体现的都是项目成本概念。同时，我们把构成"成本"的"方"放在这个图形的"正中心"，就是强调"成本"的核心地位，目的就是要体现"两个基石一条主线"的项目管理理念。而且，就"方圆图"涵盖的内容、总结的管理方法来讲，我们完全可以称之为"项目管理方圆图"，但我们一直坚持冠名以"项目'成本'管理方圆图"，也是要有意识地强调这个管理理念。从这一点来讲，"方圆图"是站在比传统的项目管理"三角形"更高、更系统的层面，更有效地反映了工程项目的管理规律，更科学、更全面地从项目生产力提升的根本层面表现了项目管理要素、管理要求和管理目标。

四、"责权利相统一"的管理原则

"责权利相统一"是现代管理学的基本原则。工程项目管理无疑属于现代管理学的一个重要分支，它当然应该遵循这一基本原则。

"责权利相统一"一方面是指责、权、利三者是相辅相成、相互制约、相互作用的关系，另一方面是要求管理活动的责、权、利三者应该对等，才能调动管理资源的积极性。即对象负有什么程度的责任，就应该具有相应程度的权力，同时应该取得对称的利益。这里的对象包括了管理中的管理者和被管理者。我们在现实生产生活中，所谓"责任权利相结合""责权利一致"或"责权利对等"，在本质上都与"责权利相统一"的要求相一致。

管理实践中，"责权利相统一"的应用实际主要体现在组织结构设计、授权管理设计和利益分配机制设计上。以"责权利相统一"为指导的管理实践则重点要把握两点：一是"责权利"必须互相挂钩配比，使组织成员能够对等地有责有权有利，克服有责无权或有责无利的责权利脱节状况；二是责权利明晰，使组织成员明确知道其具体的责任内容、权力范围和利益大小。包括这其中还会涉及考核评价、奖罚兑现等具体管理环节的设置。

基于建筑业生产力的特殊性，我们认为，工程建设企业对于工程项目实践"责权利相统一"理念，包括了两个方面：一是企业与项目之间的责权利；二是完成项目过程中应当体现的项目管理本身所涉及的责权利。正是基于这样的认识，"方圆图"开创性地将项目效益划分为三个类别——项目经营效益、项目管理效益和项目结算效益。而且其划分标准主要是沿着工程项目生命周期的时间维度，以"一、二、三次经营"的概念为基础，根据工程项目效益来源形成的原因和责任主体不同来考虑的。所以，"方圆图"模型通过"三个效益"的划分，启示我们以此为依据，在项目管理过程中必须分清企业层面的责权利有哪些，项目层面的责权利有哪些，同时不同阶段对工程项目效益形成有着不同关键作用的核心团队（或岗位）的责权利有哪些。充分表达了"方圆图"体现"责权利相统一"的管理理念。

企业与项目之间的责权利统一。在我国建筑工程项目管理发展过程中，建筑企业与项目之间的关系，也就是两者之间责权利的科学划分一直是在随着我们对建筑工程项目管理的科学规律认识提升而不断科学化的。实际上，这个不断科学化的前提来源于我们对生产力理论的研究和认识进步。

项目生产力理论告诉我们，基于建筑业的特殊性，只有当建筑工程企业和工程项目两个层次都实现了项目生产要素的优化配置，才能有效体现项目管理运作机制的运行质量和实践效果。简单地讲，企业层次生产力是项目生产力的前提和条件，因为企业是建筑经济活动的责任主体，由此它拥有决定生产要素的占有、组织和配置的主导性；而项目生产力是企业生产力的落脚点，因为生产要素必须落到工程项目上才能最终实现配置和生产，进而形成现实的生产力。所以，两者之间的关系可以表述为：企业服务于项目，项目服从于企业。

讲企业层面服务于项目层面，就是企业法人层面要清楚认识到自己的前提条件与作用，把自己当作生产要素控制和调配的第一层面，在占有和控制生产要素的基础上，面向项目生产需要，充分发挥好科学调配资源的作用。企业总部在项目管理方面不断提高集约化程度，强调从项目信息跟踪、投标承接、签约履行到过程管控和结算收款等全过程，实现对项目全业务、全过程的服务和管控。并从管理项目的层面做好检查、考核、评价以及奖优罚劣工作。

讲项目服从于企业，就是项目经理部必须清楚地认识到，自己作为工程项目客观所具有的"三个一次性"（一次性的临时组织机构、一次性的成本中心、一次性的授权管理人）的特点。并按照这个特点自觉规范自身的定位。那种以所谓项目利益对企业的主体地位和利益发生对抗的思维和作法，显然都是不符合项目经理部本身客观属性的。企业与项目是委托和被委托、授权与被授权的关系。这一点，项目管理团队，特别是项目经理必须有清醒的认识：项目经理作为企业法人在项目上的委托人，在授权范围内行使职权，实施对工程项目的计划、组织、指挥、控制和协调管理，完成工期、质量、安全、环保和成本管理等各项目标，实现企业的决策意图和企业对业主的合约承诺。实际上，从建筑工程企业由项目经济承包制到项目经理负责制，再到项目经理责任制的改进历程，可以清晰地看到企业与项目之间的关系不断地科学化发展。

"方圆理论"正是基于前述在工程建设企业与工程项目之间必须"责权利相统一"的原则，认为"项目经营效益"在企业与项目之间的关系是：经营效益是以企业拥有的资质和品牌来实现的，企业才是工程项目承接的平台和主体。一个工程项目是否承接，或以何种合同条件承接，均是由也应由企业法人层面决策。因此，经营效益形成的"责权利"相对项目来说必须落到企业层面，具体由企业的决策团队和市场营销团队来完成。而"管理效益"和"结算效益"主要依托具体的工程项目管理平台形成，其"责权利"则相对地落到项目层面，具体主要由项目管理团队或具体和结算责任人员完成。同时，因为企业层次是项目层次的前提和条件，所以后两类效益的形成也是以企业管理为前提基础的，包括一个企业的整体管理还必须考虑企业整体发展状况、不同项目、不同人员之间的责权利分配公平、公正等因素。所以，企业对于"管理效益"与"结算效益"的评价、责任考核、利益分配也必须进行相应的调节与管控。

项目管理过程不同主体的责权利。我们知道，因为建筑工程产品具有生产周期长的特点。所以在工程项目管理上形成了"一、二、三次经营"的概念。这个概念是沿着建筑工程项目生产的时间维度，对工程项目有着不同阶段管理重点而进行的总结，我们认为它从本质上揭示了工程项目具有不同阶段的效益管理着力点。即"方圆图"从项目成本效益角度所表述的"项目经营效益、项目管理效益和项目结算效益"。而且，细分这三个效益的具体责任主体，我们发现，它们是由不同的主要管理团队（岗位）来承担的。这样，工程项目管理实践中要有效体现"责权利相统一"的基本原则，如有必要，也必须对整体工程项目划分不同阶段进行责任主体的责权利分配。如前所述，"项目经营效益"由具体市场营销团队（包括投标专业技术人员）完成，相应的，以"营销奖"来激励这批人。同时通过对"项目经营效益"的评价和切分，使不同工程项目在交给项目实施管理团队时基本不会有"肥瘦"差别，让企业内的各项目"起跑"于同一"起跑线"，再来"比赛"各项目在管理实施过程中的能力高低。而"结算效益"主要由具体的技术与商务专业人员完成，以"结算奖"来激励具体的结算效益实现人员。因为"结算效益"客观上存在一定的偶然性，我们把它也进行合理的评价和切分，使之与"管理效益"分开。那最后剩下的部分就是由项目管理团队来完成的"项目管理效益"，相应的以"成本降低奖"来激励以项目经理为首的项目现场管理团队成员。这样，就能让企业不同岗位的人员在具体项目管理工作中各尽其责、各施其才、各显其能、各得所利。

  总之,"责权利相统一"理念是"方圆理论"关于工程项目管理中实践管理执行的关键所在。将"方圆图"应用在工程项目管理的实践中,以其体现的"责权利相统一"理念告诉我们:工程项目管理首先要科学划分落实企业与项目之间的责权利,做到企业层面集权有道、分权得章、授权有序,项目层面则要做到用权有度。其次是必须科学划分和落实不同阶段、不同岗位的责权利,使相关人员的有效付出得到奖励,错误受到惩戒。对工程项目管理过程中完成接活、干活、算账收钱这些事的具体实施团队或人员用经营效益、管理效益和结算效益分别进行对应的考核奖罚,项目的最终管理目标实现就会得到有效的保障。

第二节 项目管理方圆理论模型图

一、"施工项目成本管理方圆图"解析

  "方圆图"外圆内方,虚实结合,是一个既稳固又极具张力的几何图形。它在形式表现上整体以"三实三虚""三方两圆"的几何线条构成的平面图形,并在相应的区域赋予不同的代表色彩,它系统地表述工程项目管理的几乎全部管理要素。它是在工程项目的管理实践中总结出来的、科学研究分析工程项目管理的一个几何模型。其标准图形如图 3-2 所示。

  可以看到,"方圆图"首先是从时间维度上涵盖了一个建筑工程项目自承接时的合同签订开始,到过程管理,到最终结算完成的项目全过程。同时通过整体表述几组成本概念、收入概念与效益概念之间的关系,形象地描述了工程项目的两个造价管理控制关键点(项目合同造价、项目结算总价)、三个成本管理控制关键点(项目责任成本、项目目标成本、项目实际成本)、四个施工现场管理控制关键点(工期、质量、安全、环保)和五个具体费用管理

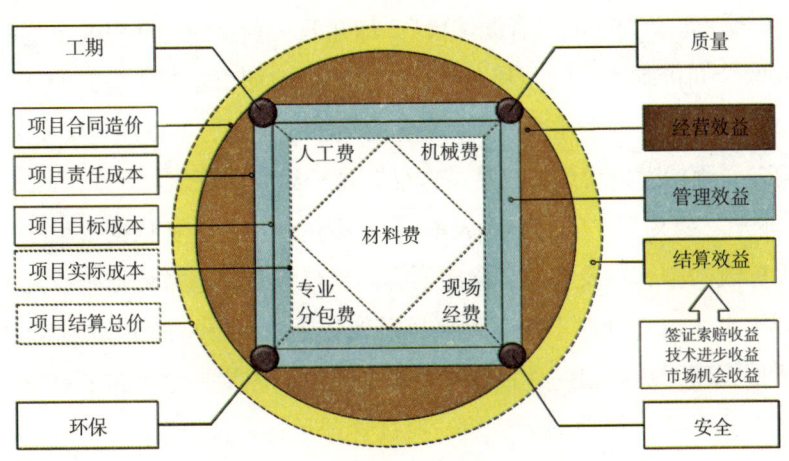

图 3-2 工程项目成本管理方圆图

控制关键点（材料费、人工费、机械费、现场经费、专业分包费），以及工程项目管理的三个效益着力点（经营效益、管理效益、结算效益）。

图形中的实线表示管理过程中相对固定的内容，而虚线则表示管理过程因管理情况变化而经常会发生变化的内容。图形中用咖啡色表示项目经营效益，用蓝色表示项目管理效益，用金黄色表示项目结算效益。这样，它将项目的合同造价、责任成本、目标成本、实际成本和结算总价，项目的经营效益、管理效益和结算效益，项目成本应重点管控的人工费、材料费、机械费、现场经费和专业分包费，以及项目现场管理工期、质量、安全和环保四个支撑点等工程项目管理要素——清晰地在一个外圆内方的图形中系统集中而又十分形象地展示了出来。

我们赋予"方圆图"具体几何图形与色彩的含义包括了以下几个方面：

第一，面向对接市场的两个"圆形"是一组收入概念。

"外圆"定义为"项目结算总价"。包括工程实体结算价、工程变更、签证索赔以及履约奖励等全部收入。因为它受项目过程管理中因素与结算管理水平的影响容易发生变化，而且必须在项目全部完成后才能确定其边界位置，所以用"虚线"表示。

"内圆"定义为"项目合同造价"。即建筑工程企业与项目业主签订的承包合同的合同价款额。因为其在项目开始时一般即由作为发包方的业主与作为承包方的建筑工程企业通过项目承包合同确定下来,所以用"实线"表示。

第二,面向对内管理的三个"方形"是一组成本概念。

"外方"定义为"项目责任成本"。是指建筑工程企业依据工程项目承接时的投标成本测算以及与业主确定的合同洽谈条件,通常依据企业的平均项目管理水平(也有针对不同工程项目以较先进水平要求的),由企业层面给工程项目管理团队确定的项目成本支出最大额。因为一般会在工程项目开始时,在企业对项目经理部下达的"项目管理目标责任书"(也称为"项目管理责任书""项目目标责任书""项目目标责任书"等)中被固定表现出来,且通常在项目没有较大变更或合同条件变化的情况下不予调整,所以用"实线"表示。

"中方"定义为"项目目标成本"。是指工程项目开始时,项目管理团队(项目经理部)依据合同条件、责任成本,并结合进场时的项目具体情形,在进一步优化项目管理方案的基础上,综合考虑项目管理团队实际完成责任成本的能力,预计项目超责任成本节余的目标后,详细编制的项目计划成本额。一般项目的总目标成本是在项目开始时在《项目策划》中的商务成本策划内容被相对确定,过程管理使用的月度/季度/节点类的目标成本也是在月/季/节点工作内容开始前,就以相应计划内容的形式被确定了或固定了。所以用"实线"表示。

"内方"定义为"项目实际成本"。即工程项目完成相应工作内容最终实际所形成的真实成本额。图形中将其划分为材料费、人工费、机械费、现场经费和专业分包费五个组成部分。因为项目实际成本一定会因不同的企业管理水平和不同的具体项目的管理能力变动,以及管理措施、方法的改进与否而体现出不同的结果,只有在工程项目完成后才能最终确定其边界。所以用"虚线"来表示。

第三,四大支撑点是一组现场管理目标概念。分别被定义为"工期""质量""安全"和"环保"。

之所以把它们表述为整个图形的"支撑",意在强调工程项目的这四个管理要素、管理目标是工程项目管理的重中之重,在"方圆图"的几何图形中,它们相当于我们建筑工程施工时的"定位角点",如果这四个角点定位"不正",那么依据其定位所画出的"方形"就会不"方",说明项目的内控管理出了或会出问题,进而以这些"方"为依据所画的外切"圆"就会不圆,说明项目的对外履约以及收入效益也是出了或会出现不尽如人意的结果。

第四,对三个效益的划分,图形中的三个效益分别为工程项目的"经营效益""管理效益"和"结算效益",是一组收益概念。

"经营效益",指因为工程建设企业具有资质、品牌等因素,由项目营销人员在项目承接时,即以施工承包合同条件和中标价的形式确定下来了的,某个项目在正常组织实施完成后就应有的预期效益。在图形中由"项目合同造价圆形"与"项目责任成本方形"所围成的部分来体现划分。我们将这块区域的颜色取定为"咖啡色",来源于我们营销活动中常出现的茶、咖啡等饮品的颜色,寓意是我们在项目的营销承接阶段,由企业层面主导的营销经营活动、营销经营行为所带来或形成的预期效益。

"管理效益",是指工程项目的项目管理团队通过不断加强和改进项目的过程管理,在企业下达的项目责任成本额的基础上,有效节约实际成本费用支出而得到的成本降低额收益。在图形中由"项目责任成本方形"和"项目实际成本方形"所围成的部分来体现划分。我们将这块区域的颜色取定为"蓝色",借用于"蓝领"概念中的"蓝"。寓意为工程项目现场一线员工的工作条件较为艰苦,这是由工程项目现场管理团队成员集体努力,来之不易的管理提升效益。

"结算效益",是指以工程项目技术管理与商务管理相结合,实际没发生或少发生了成本费用,但由项目部分具体负责的技术与商务人员通过一定的方法最终结算回来而产生的效益。一般我们认为包括三个部分:一部分是并不需要发生额外建筑成本,项目通过办理相关技术经济签证索赔得来的效益;也有一部分是现场实际并没有发生,但按照市场规则或合同约定的计价原则应当计取的收益;还有一些是按当期市场平均技术经济管理水平来看,这些成本费用应当发生，但由于项目采用了新技术、新工艺或新方法而使这些成本费用没发生或少发生，但按相应规则能从业主那里结算回来而形成的收益。在图形中由"项目结算总价圆形"和"项目合同造价圆形"所围成的部分来体现划分。我们将这块区域的颜色取定为"金黄色"。一方面是借用了交通信号灯中"黄灯"的概念，寓意工程项目和结算效益要估好、最大化，我们应当在有理有据的前提下，在可进可退、含混模糊的收益界面上尽努力去争取，去"抢一抢"；另一方面是用"金黄"这种阳光的概念，强调我们的工程项目管理一定要以追求"阳光下的利润"为导向。

第五，对五项成本费用的划分与排列。

成本费用科目划分：在这个图形中，我们对工程项目的成本费用划分列项没有按通常的现行造价规则将其划分为标准的七类一级科目，而将"其他直接费"和"间接费"合并为以往我们传统称谓的"现场经费"，同时将"税费"这项与工程项目过程管理行为关联不大的科目列入"现场经费"中的子科目，"周材费"列入"材料费"的子科目。这样，更有效地突出了项目成本管理的真正重点要素，体现出了"方圆图"作为工程项目管控的实践指导意义。

五项成本费用的顺序编排，在这个图形中也作了一些有意识的安排。我们安排"方圆图"的"阅读顺序"基本有两个规则：一是对于整个图形的阅读体会应该在这个"方圆图形"上自内而外；二是在分析图形的具体要素时应自左上角开始，沿顺时针方向进行。所以，这五项费用的第一项是项目实体成本占比最大的"材料费"，众所周知它是工程项目实体成本费的绝对主体，放在中心首位，而且占据最大面积；第二项则是放在外围的起始项——人工费，把它放到前面，寓意"人工费"的管控关键是在工程项目开始时，必须在劳务分包资源招议标选择引进的时候就把控好其履约能力的评定。而把"专业分包费"放在最后；则寓意专业分包工程费是以市场价格为基础，以专项分包合同来约定的，其管控方法与企业直接控制的材料费、人工费、机械费、现场经费等的管控方法是有所区别的。

通过这些线型、图形、颜色和定义的赋予，我们可以看到："方圆图"模型作为工程项目管理的工具，其组成系统、结构顺序和管理逻辑的设定基本上是经得起推敲的。而且，用这个图形能更直观、有效地理解一个工程项目的收入、成本与效益间的关系，反映各管控要素所呈现的数据上的合理性，进而可以由此思考、改进我们在项目管理过程中的既定制度是否有效、管理方法是否科学、降本增效是否已经做到了最大化。包括反过来检讨我们在项目承接时的投标成本测算、合同签订条件的质量等。

因为其以数据表现管理状态的直观性，"方圆图"的标准图形表现的是一个工程项目管理非常正常的状态。这种状态可用"项目结算总价＞项目合同造价＞项目责任成本＞项目目标成本＞项目实际成本"的不等式关系表示（为方便阐述忽略"等于"的情况）。这时项目投标时的中标价（合同签订价格）合理，有正常的经营效益。而且项目责任成本的下达与项目以此为依据确定的项目目标成本编制也比较合理，同时，项目的策划、过程管控与实施都在预期范围内。包括项目最终结算办理效果也很好，形成了一定的结算效益。但以前述的标准图为基础，"方圆图"针对具体的工程项目而言，还会形成其他几种因"造价线"与"成本线"位置不同而造成的非标准型"方圆图"。具有普遍管理实践意义的大体有以下三种：

第一种：用不等式表示为"项目结算总价＞项目合同造价＞项目责任成本"，但"项目实际成本＞项目目标成本"。至少可以反映该工程项目管理过程中几个方面的信息：整体说明项目承接时投标报价的投标预计成本和企业对项目下达到责任成本两项指标是比较合理正常的，保证了项目应形成的经营效益。同时，项目最终结算办理的效果比较好，形成了一定的结算效益。但项目在过程实际成本控制或者项目目标成本制订方面存在一定的问题。而问题的原因应该从两个方面查找：一方面，可能项目目标成本制订时对项目实际履约条件估计过于乐观，预期要求有些偏高，而实际实施过程中因相关内控因素影响不能完全实现原项目策划的一些思路和降本增效措施，或项目管理外部环境在过程中发生较大变化，而合同约定该类风险是由承包方承担，致使部分目标成本不能按计划控制到位，整体目标未能实现；另一方面，可能在实际成本管控过程中，项目策划措施就不合理，或本来策划措施可行，但管理责任人员主观努力不到位，致使既定目标不能实现。实践中诸如对外签证索赔错过时限或证据收集缺失等原因未办回；对内过程控制不力而造成质量返工、工期延误、安全事故赔付；材料设备进货没有货比三家高价采购；劳务成本不依合同随意涨价补价；临时设施不依策划随意高档多量配置；管理费用的开支不受控制等。虽然这种状态整体来讲项目有一定盈利，甚至还完成了企业的责任指标，但不应该是我们提倡表扬的榜样。实践中甚至有个别项目就是以项目责任成本为"外框"，在责任成本范围内最大化消耗和扩充项目实际成本，并在此过程中牟取个人或小集体私利，是企业管理应当警惕并予以预防和纠正的对象。

第二种：用不等式表示为"项目结算总价＞项目合同造价＞项目责任成本"，但"项目实际成本＞项目责任成本"。整体来讲，该项目最终结算办理效果较好，形成了一定的结算效益。但项目在过程中对实际成本管控上肯定存在较大问题，实际成本线已经覆盖掉部分经营效益，表明项目现场管理过程中不但没有成绩，反而"吃掉"了部分经营成果，虽然项目没有形成绝对亏损，但已经不能完成项目承接时的预期效益责任目标了。对于这种状态的项目，一方面，我们有必要回头检讨承接项目时的投标报价工作，是否项目的投标预期利润测算不准确，致使营销决策误判，或是当时本身就是主观上夸大了项目的经营效益额。另一方面，我们应该重点检讨项目实施过程中的成本管控行为，包括管理是否到位、策划措施是否科学，或者策划本来合理，但管理人员主观努力不到位等诸如前一种情形下同样的问题。这种情形下的项目虽然最终没有绝对亏损，从企业层面看是有所盈利的。但从项目管理的角度讲，这种项目过程效益管理基本是失败的。它不但会因为项目整体没有最终亏损而容易让我们的管理层忽略管理过程中的不足甚至个别可能损公肥私的问题，也会造成项目正常的成本降低兑现激励机制对大多数员工失效的结果。是必须引起项目管理者关注的一类问题项目。

第三种：项目实际成本线已经跨出了图形的"外圆"，用不等式表示为："项目实际成本＞项目结算总价"，即项目绝对亏损。我们应该彻底分析项目实施过程中各项管理行为，包括主、客观因素。包括项目从承接投标阶段开始直到最终结算的全过程。当然，项目管理的关键还在于过程管理上的功夫，对过程及时发现问题并跟踪纠偏，以杜绝这类项目出现。一旦形成，则应认真对待，追究必要的责任。

当然，"方圆图"有三个成本数据线与两个造价数据线，理论上它们在图形中的位置变化还会有多种项目状态存在，但因其实践中极少发生而对我们普遍的项目管理指导意义很少，这里不再一一罗列。

二、"投资项目成本管理方圆图"解析

对项目的投资者来说，如何在激烈的竞争中凸显自身优势，不断提升企业的综合实力，系统梳理投资项目的管理目标、核心管理要素、关键管理环节和以往存在的管理机制缺陷与系统管理的不足，持续总结经验，提升项目管理水平，成为当务之急。

"投资项目成本管理方圆图"遵循的四大理念内涵与"施工项目成本管理方圆图"的理念是一致的，这里不再重复阐述。通过"投资项目成本管理方圆图"（以下简称"方圆图"）管理模型，我们可以直观地分析所投资项目的管理过程，如项目模式、资金、进度、风险、成本、效益等管理目标的状态，检验项目全生命周期中的流程，以及制度是否合理、科学、有效，通过不同投资项目在不同阶段所反映出的对应图形变化检验项目过程管理所处的受控状态。

"投资项目成本管理方圆图"模型系统地表述了投资项目管理的几乎全部管理要素，是根据基础设施投资项目的管理实践总结出来的，一个可以用来科学研究分析工程基础设施投资项目管理的几何模型。其标准图形如图3-3所示。

可以看到，"投资项目成本管理方圆图"首先是从时间维度上涵盖了一个项目立项拓展开始，到施工建造，到结算回款完成的项目全过程。同时，通过整体表述几组成本概念、收入概念与效益概念之间的关系，形象地描述了工程项目的两个造价管控关键点（项目合同造价、项目结算总价）、三个成本管控关键点（项目责任成本、项目目标成本、项目实际成本）、四个项目过程

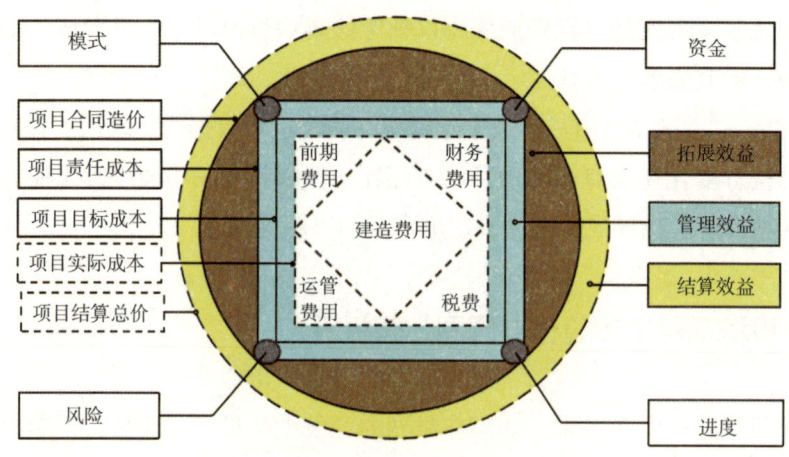

图 3-3 投资项目成本管理方圆图

管控关键点（模式、资金、进度、风险）和五项费用管控关键点（前期费用、建造费用、财务费用、运管费用、税费），以及工程项目管理的三个效益着力点（拓展效益、管理效益、结算效益）。

图形中的实线表示管理过程中相对固定的内容，而虚线则表示管理过程因管理情况变化而经常会发生变化的内容。图形中用咖啡色表示项目拓展效益，用蓝色表示项目管理效益，用金黄色表示项目结算效益。这样，将项目的合同造价、责任成本、目标成本、实际成本和结算总价，项目的拓展效益、管理效益和结算效益，项目成本应重点管控的前期费用、建造费用、财务费用、运管费用和税费，以及基础设施项目投资的模式、资金、进度、风险四个支撑点等工程项目管理要素——清晰地在一个外圆内方的图形中系统集中而又十分形象地展示了出来。

我们赋予"投资项目成本管理方圆图"具体几何图形与色彩的含义包括了以下几个方面：

（1）对接市场的两个"圆形"，是一组收入概念。

"外圆"定义为"项目结算总价"，包括项目建造费用、项目管理费及投资回报、利息收入及其他费用（如征地拆迁、保险费）等全部收入。因为它受项目过程管理因素与结算管理水平的影响容易发生变化，而且必须在项目全部完成后才能确定其边界位置，所以用"虚线"表示。

"内圆"定义为"项目合同造价"，即项目投资者与项目业主签订的投资建设合同的合同价款额。因为，通常情况下在项目开始时就作为投资方的投资企业通过项目投资建设合同确定下来，所以用"实线"表示。

（2）对内管理的三个"方形"，是一组成本概念。

"外方"定义为"项目责任成本"，是指投资者依据投资项目承接时的成本测算以及与业主确定的合同洽谈条件，通常依据企业的平均项目管理水平（也有针对不同工程项目以较先进水平要求的），由企业层面给项目公司确定的项目成本支出最大额。因为，一般会在投资项目开始时，企业层面牵头编制《投资项目实施策划》，对项目管理团队（项目公司）下达的"投资项目管理目标责任书"（也称为"项目管理责任书""项目目标责任书"等）中被固定表现出来，且通常在项目没有较大变更或合同条件变化的情况下不予调整，所以用"实线"表示。

"中方"定义为"项目目标成本"，是指投资项目开始时，项目管理团队（项目公司）依据合同条件、责任成本，并结合进场时的项目具体情形，在进一步优化项目管理方案的基础上，综合考虑项目管理团队实际完成责任成本的能力，预计项目责任成本节余的目标后，详细编制的项目计划成本额。一般项目的总目标成本是在项目开始时在《投资项目实施策划》中的商务成本策划内容被相对确定，过程管理使用的月度/季度/节点类的目标成本也是在月/季/节点工作内容开始前，就以相应计划内容的形式被确定或固定了。所以用"实线"表示。

"内方"定义为"项目实际成本"，即投资项目完成投资额所形成的实际成本额。图形中将其划分为前期费用、建造费用、财务费用、运管费用和税费五个组成部分。因为项目实际成本一定会因不同的企业管理水平和不同项目的管理能力变动，因管理措施、方法的改进与否而体现出不同的结果，只有在工程项目完成后才能最终确定其边界。所以用"虚线"来表示。

（3）四大支撑点，是一组投资管理需重点关注的要素。分别被定义为"模式""资金""进度"和"风险"。之所以把它们表述为整个图形的"支撑",意在强调投资项目的这四个管理要素及其管理目标是工程项目管理的重中之重,在"方圆图"的几何图形中,相当于投资项目时的"定位角点",如果这四个角点定位"不正",那么依据其定位所画出的"方形"就会不"方",说明项目的投资管控出了或可能会出问题,进而以这些"方"为依据所画的外切"圆"就会不圆,说明项目的对外履约以及收入效益出现了或有可能出现不尽如人意的结果。

(4) 三个效益的划分。图形中的三个效益分别被定义为投资项目的"拓展效益""管理效益"和"结算效益",是一组收益概念。

"拓展效益",指由项目拓展团队经过可行性研究论证,确定项目合作方式、条件并成功获取项目时确定下来了的。在图形中由"项目投资建设合同造价圆形"与"项目投资责任成本值方形"所围成的部分来体现划分。我们将这块区域的颜色取定为"咖啡色",寓意为在项目拓展阶段,由企业层面主导的经营活动、经营行为所带来或形成的预期效益。

"管理效益",是指投资项目的项目管理团队通过不断加强和改进项目的过程管理,在企业下达的项目责任成本额基础上,有效节约实际成本费用支出而得到的成本降低额收益。在图形中由"项目责任成本方形"和"项目实际成本方形"所围成的部分来划分体现。我们将这块区域的颜色取定为"蓝色",借用于"蓝领"概念中的"蓝"。寓意投资项目的项目管理团队经过艰辛努力,所获得的效益。

"结算效益",是指项目商务人员通过编制结算策划书,完善结算资料、做好成本对比分析、认真审查的基础上,提高结算书编制质量,由项目公司商务人员按照市场规则、通过一定的方法最终结算回来而产生的效益。"结算效益"一般包括三个部分:一部分是并不需要发生额外建造成本,项目通过及时办理计量,确认投资回报、利息、管理费收入计算基数及办理相关技术经济签证索赔得来的效益;一部分是现场实际并没有发生,但按照市场规则或合同约定的计价原则应当计取的收益;还有一些是按当期市场平均技术经济管理水平,这些成本费用应当发生,但由于项目采用了新技术、新工艺或新方法而使这些成本费用没发生或少发生，但按相应规则能从业主那里结算回来而形成的收益。在图形中由"项目结算总价圆形"和"项目合同造价圆形"所围成的部分来划分体现。我们将这块区域的颜色取定为"金黄色"。一方面是借用了交通信号灯中"黄灯"的概念，寓意投资项目结算效益要做到最大化，应在有理有据的前提下，在可进可退、含混模糊的收益边界上尽力争取；另一方面是用"金黄"这种阳光色的概念，强调要遵循追求"阳光下的利润最大化"这一原则。

（5）五项成本费用的划分与排列。

对于成本费用科目划分，在这个图形中，我们按基础设施投资项目的特点，将项目拓展阶段发生的征拆费、招标代理费等合并为"前期费用"。项目建设期、运维阶段成本费用划分为建造费用、财务费用、运管费用、税费。这样，更有效地突出了基础设施投资项目成本管理的真正重点要素，体现出了"方圆图"作为工程项目管控的实践指导意义。

关于五项成本费用的顺序编排，在这个图形中也作了一些有意识的安排。我们安排"方圆图"的"阅读顺序"基本有两个规则：一是对于整个图形的阅读体会应该在这个"方圆图形"上自内而外；二是在分析图形的具体要素时应自左上角开始，沿顺时针方向进行。所以，这五项费用的第一项是项目实体成本占比最大的"建造费用"，它是投资项目成本费的绝对主体，放在中心位置，而且占据最大面积；第二项则是放在外围的起始项——前期费用，把它放到前面，寓意"前期费用"的管控关键是在投资项目开始时，此阶段的征拆、招标工作直接影响项目的投资进度，决定了项目的投资节奏，并影响投资收益。把"税项"放在最后；寓意投资项目的税务筹划工作贯穿项目投资全过程，但更应关注最终的收官税务清算。

通过这些线条、图形、颜色和定义的赋予，我们可以看到："方圆图"模型作为投资项目管理的工具，其组成系统、结构顺序和管理逻辑的设定基本上是经得起推敲的。而且，用这个图形能更直观、有效地理解一个投资项目的收入、成本与效益间的关系，反映各管控要素所呈现的数据上的合理性，进而可以由此思考、改进我们在投资管理过程中的既定制度是否有效、管理方法是否科学、降本增效是否已经做到了最大化。包括反过来检讨我们在项目拓展阶段投资商业模式的合理性、可行性研究测算的准确性及合同签订条件的质量等。

因为其以数据表现管理状态的直观性，"方圆图"的标准图形表现的是一个工程项目管理正常的状态。这种状态可用"项目结算总价＞项目合同造价＞项目责任成本＞项目目标成本＞项目实际成本"的不等式关系表示（为方便阐述忽略"等于"的情况）。这时项目合同签订价格合理，有正常的拓展效益。而且项目责任成本的下达与项目以此为依据确定的项目目标成本编制也比较合理，同时，项目的前期策划、过程管控与实施都在预期范围内。包括项目最终结算办理效果也很好，形成了一定的结算效益。但以前述的标准图为基础，"方圆图"针对具体的投资项目而言，还会形成其他几种因"造价线"与"成本线"位置不同而造成的非标准型"方圆图"。具有普遍管理实践意义的大体有以下三种：

第一种，用不等式表示为："项目结算总价＞项目合同造价＞项目责任成本"，但"项目实际成本＞项目目标成本"。至少可以反映该投资项目管理过程中几个方面的信息：整体说明投资项目承接时合同价的预计成本和企业对项目下达的责任成本两项指标是比较合理正常的，保证了项目应形成的拓展效益。同时，项目最终结算办理的效果比较好，形成了一定的结算效益。但项目在过程实际成本控制或者项目目标成本制订方面存在一定的问题。而问题的原因应该从两个方面查找：一方面，可能项目目标成本制订时对项目实际履约条件估计过于乐观，预期要求有些偏高，而实际实施过程中因相关内控因素影响不能完全实现原项目策划的一些思路和降本增效措施，或项目管理外部环境在过程中发生较大变化，而合同约定该类风险是由投资者承担，致使部分目标成本不能按计划控制到位，整体目标未能实现；另一方面，可能在实际成本管控过程中，项目策划措施不合理，或本来策划措施可行，但管理责任人员主观努力不到位，致使既定目标不能实现。实践中诸如招标限价未执行到位出现供方高价中标；征拆未能按计划完成致使投资节奏放缓；投资周期延长导致管理费、财务费等开支不受控制等。虽然这种状态整体来讲项目有一定盈利，甚至还完成了企业的责任指标，但不应该是我们提倡表扬的榜样。实践中甚至有个别项目就是以项目责任成本为"外框"，在责任成本范围内最大化消耗和扩充项目实际成本，并在此过程中牟取个人或小集体私利，是企业管理应当警惕并予以预防和纠正的对象。

第二种，用不等式表示为："项目结算总价＞项目合同造价＞项目责任成本"，但"项目实际成本＞项目责任成本"。整体来讲，该项目最终结算办理效果较好，形成了一定的结算效益。但项目在过程中对实际成本管控上肯定存在较大问题，实际成本线已经覆盖掉部分拓展效益，表明项目现场管理过程中不但没有成绩，反而"吃掉"了部分拓展成果，虽然项目没有形成绝对亏损，但已经不能完成项目承接时的预期效益责任目标了。对于这种状态的项目，一方面，我们有必要回头检讨项目拓展阶段商业模式的合理性，是否可行性研究测算不准确，致使项目拓展阶段决策误判，或是当时本身就是主观上夸大了项目的拓展效益额。另一方面，我们应该重点检讨项目投资过程中的成本管控行为，包括管理是否到位、策划措施是否科学，或者策划本来合理，但管理人员主观努力不到位等诸如前一种情形下同样的问题。这种情形下的项目虽然最终没有绝对亏损，从企业层面看是有所盈利的。但从项目管理的角度讲，这种项目过程效益管理基本是失败的。它不但会因为项目整体没有最终亏损而容易让我们的管理层忽略管理过程中的不足甚至个别可能损公肥私的问题，也会造成项目正常的成本降低兑现激励机制对大多数员工失效的结果。是必须引起项目管理者关注的一类问题项目。

第三种，项目实际成本线已经跨出了图形的"外圆"，用不等式表示为："项目实际成本＞项目结算总价"，即项目绝对亏损。我们应该彻底分析项目投资过程中各项管理行为，包括主、客观因素。包括项目从立项拓展阶段开始直到最终结算回购的全过程。

第三节 分资制管理法

一、分资制的基本概念

所谓分资制管理法,是指按照"责权利相统一"的现代企业管理基本原则,对企业资金管理实行的一种管理方法和制度体系,从而实现企业资金管理的科学、合理、高效。它是借用国家税与地方税分开的"分税制"理念,针对建筑工程企业在资金管理方面提出来的一种管理方法。

"分资制"的基本内容表述为:费用划分开,资金分级算,收支两条线(图3-4)。所谓"费用划分开"是指把建筑工程企业的运营费用和工程项目的建造费用分开,企业运营费用是在企业层面,项目建造费用是在项目层面。也就是把现场经费和企业经费划分开,如果这两种费用不分开,就谈不上分资制管理。所谓"资金分级算",通俗地讲就资金分开核算,就是"中央税"要交到"企业总部","地方税"则留在"项目","中央税"是由企业层面运营的,"地方税"是项目层面运营的。而所谓"收支两条线"就是总部、分公司和项目部三级都要实行预算管理,资金分级核算,分支机构的费用由局总部拨给,不能从项目上直接划用。分资制管理的基本要点就是:"分"要合理,"分"是基础;"算"要精细,"算"是关键;"线"要清晰,"线"是保障。

从根本上来讲,我们认为实施这个管理方法应当有以下两个方面的基本认识:

第一点,我们已经知道,在产品生产中,工程建设行业与其他工业行业在实现生产力方面有着明显不同,在建筑行业中,现实生产力形成于工程建设企业与建筑工程项目两个层面,而企业层面的生产力形成是项目生产力形成的前提和条件,而且它是项目合约的责任主体,由此自然就形成了企业层面必须占有并行使资源配置权的要求,实质上也就是通常讲的"法人管项目"

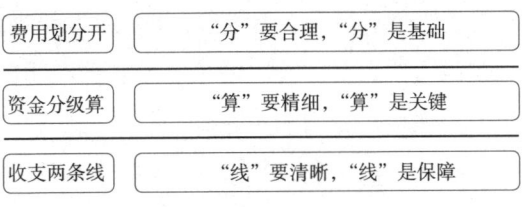

图 3-4 "分资制"管理法

的要求。那么，资金作为基本资源，显然应当把握在企业层面。而对资金管理的动作，简单划分就是"收"与"支"，所以，资金的"收支"管理要集中到企业层面。如果工程建设企业对企业层面的"法人管理"在资金管理上不作为，显然就违背了作为履约责任主体所必须遵循的"责权利统一"管理的基本原则，肯定不科学。同时，实践证明，如果在这种责、权、利不明确的企业管理条件下，其项目层面的管理一定是混乱的，企业对项目是没有管控能力的，而对基本生产单位——项目都没有管控能力的企业显然不可能是能够良性发展的建筑工程企业。这里是指要对"收"的钱为什么要集中得有一个基本认识。

第二点，对于资金的"支"，也就是怎么花钱。一是强调"收支两条线"，这是个传统的资金管理理念和方法，主要是讲"先收后支、以收定支"的要求，讲收钱与花钱的关系——项目收到钱是项目能花钱的前置条件。二是强调建筑工程企业资金的"支"还得做好两项基本工作，即把"费用划分开"和将"资金分级算"。为什么说这是资金"支"上的两项基本工作呢？这源于工程建设企业与项目的"两个中心"定义——企业是利润中心、管控中心，项目是成本中心、生产中心。企业作为利润中心，那么对于项目形成的、应当留存在企业层面的利润资金部分，就必须留存在企业层面，作为企业发展的"花销"；项目作为生产中心，其成本形成所必需的资金必须及时划归给项目经理部，作为项目生产活动正常进行的"花费"。这样，显然企业与项目两个层面的"费用"就得分开，而且要分得合理，才能让资金的"支付"管理科学有序。由此也就在核算上要求两个层级的资金使用要做到"分级算"，当然也就要"算"精细，否则，给项目"算少了"就会对工程生产建设推进不利，给企业"算少了"就是管理有漏洞、不科学,形成企业管理层面的资源浪费。这里是指对"支"的钱为什么要"分"清楚、要"算"明白得有一个基本认识。我们理解这几个管理动作之间的关系,是以"分"和"算"理顺企业和项目两个层面"支"的责、权、利最佳管理秩序,同时以"分"和"算"来促进企业和项目共同协作完成"收"的最好管理目标。

而在当前,国内建筑市场在工程结算和工程款回收上面临着"结算难""收款难""垫资烦""工程款拖欠烦"这"两难"和"两烦"问题,直接导致的结果是建设企业与项目在财务资金管理上的"三高",即:应收款项高、应付款项高和财务费用高,由此给很多企业造成营运资金周转困难、现金流量管理风险加剧、资产质量不高等管理结果,严重影响了工程建设企业的可持续发展。

所以,在企业资金管理实践中,面对"两难"和"两烦"等市场不利因素,我们围绕企业层面的管理内容,强调了财务资金管理方面"四个中心"的管理理念,即:企业管理以财务管理为中心,财务管理以资金管理为中心,资金管理以现金流量管理为中心,现金流量管理以经营活动净现金流量管理为中心。并借鉴国家"分税制"的成功经验,提出了本书所讲的"分资制"资金管理方法,进一步使"方圆图"所表述的工程项目管理要素得到了完善,健全了项目管理的责任体系。实践证明,"分资制"资金管理方法在项目管理中的应用,有效增强了企业层面配置财务资金资源的能力,更加促进了企业与项目两个层面的持续、快速、健康发展。

二、分资制的主要内容

分资制管理法既是提高工程建设企业资金管理能力的一个工具,更是健全资金责任的一种方法。是确保企业生存发展的"血液"即良性循环的管理制度。把握好"分资制"方法的实践应用,主要应当从以下三个方面做好管理实施工作。

1. 费用划分开

首先我们将企业资金分为企业总部运营资金和项目生产资金，通过"分资制"将资金和费用挂起钩来。由企业总部来开支的企业运营费用，包括上缴投资收益、本级管理费用开支、税金、对外投资等。这部分企业费用从工程项目创造的利润产生的现金流中来统筹；项目生产费用由项目经理部使用，主要包括"方圆图"划分的五类费用，即人工费、材料费、机械费、现场经费和周材费。

"分"是基础。我们讲将企业费用和项目生产费用分开，实际上就是要做好资金的预算管理，把资金按企业与项目必需的用途"格"成几部分，确保资金使用无论是在用途还是在相应的时间阶段上，都得有一个管控标准，不能想当然的有钱多花，没钱少花，干到哪里是哪里，那管理就会混乱，就会一团糟。这就好比我们的家庭生活中，吃饭的钱和买衣服的钱得要分开规划，不能让买衣服的钱占用了吃饭的钱，否则总有一天就得挨饿了。也只有"分"清楚了，才能便于对管理中可能出现的问题进行原因查找、责任追究，进而解决对应的问题。

"分"要合理。既然要"分"，就得讲"分"的标准，我们强调"分"的标准是合理，也就是分得要科学。怎么样实现"分"得科学合理呢？这就回到我们在前述章节阐述的"方圆图"提供的工具和方法。在技术层面得以"价本分离"作为工具，科学合理地确定项目责任成本额，进而落实"项目经理责任制"，通过企业层面对项目层面下达《项目管理目标责任书》的形式，给项目经理部下达包括成本、工期、质量、安全、环保、资金等管理责任指标，明确项目必须完成管理目标和组织生产活动应该使用的成本费用额度，当然，这其中还必须考虑到项目管理团队应有的奖励激励成本。这部分资金使用就是"分"给项目的"地方税"，在授权范围之内，项目经理以实现项目生产力最大化为目标进行灵活自由地支配。项目在此基础上所创造的、超出"地方税"的效益部分，在资金的表现形式上就应当是"分"给企业的"中央税"，即在此项目管理过程中应由企业层面留存的利润、资金。

2. 资金分级算

实际上，"资金分级算"与"费用划分开"是相互补充的要求，既然要"分"，就涉及要"算"；另外，所谓"算"，就是在"分"的基础上要把企业和项目两个层面的资金使用"算"清楚，进而有效建立资金在企业内部"存"与"支"的责、权、利关系。因为建筑工程项目具有生产周期较长的基本特点，其资金的"收"与"支"在其生命周期内是有着明显不平衡的特征的，在项目实施过程中，必然存在某个项目在不同时期的资金"富余"和"短缺"，同时在不同项目之间，也一定会表现出有的项目资金"富余"，有的项目资金"短缺"。"富余"的项目因资金集中管理的要求上存资金在企业层面，"短缺"的项目也不能就此停止生产活动，它需要企业层面予以投入。这样，我们就必须在"分"的基础上把资金"算"清楚，让"富余"的项目资金形成项目的收益，让"短缺"的项目投入资金形成项目的财务成本，这才是科学合理的资金管理方法。所以，在管理实践中，我们对于工程项目每一笔工程款的收入，都分为两部分：一部分是将上缴货币资金作为企业层面的运营资金来管理，剩余部分"算"为项目可用资金，集中到企业的结算中心。按"责权利统一"的原则，"算"清企业和项目各自权限内的资金，各负其责，各得其所，项目资金支付实行预算控制，按支出计划拨付。

"算"要精细。就是要做好资金精细化管理。我们在企业层面以企业发展战略为出发点，打好资金"盘子"，审慎理性地预测资金流入，充分估计现金流出，做好资金筹措计划，确保现金流不掉链。在工程项目层面以"以收定支"和"动态平衡"为原则，做好项目的资金策划工作。一是做好项目的标前资金策划，预估项目现金流量运行状况，分析项目承接对企业营运资金管理的影响；二是根据现场策划、施工策划和商务策划，做好项目的资金实施策划工作，分析项目资金盈亏时点和盈亏数量，通过供应链资源的优选和组织，解决资金缺口，力争项目全过程管理中实现日常现金最大正流。

"算"是关键。"分资制"管理法在本质上也是强调管理上的一种责任。把它作为"指挥棒"和"风向标"，通过考核，奖优罚劣，能激发全员资金管理的主动性和能动性。只有在企业和项目两个层级把资金"算"清楚的前提下，这种责任才可能明确，"指挥棒"的作用才会发挥充分。在项目层面，一是建立资金有偿使用机制，通过利息杠杆，传递资金管理责任；二是建立统一的资金支付平台，营造不同项目之间公平的管理环境，考核项目超额现金流量；三是将项目资金管理责任分解到岗位，并与项目工期、质量、安全、环保和成本等管理目标挂钩。在企业运营层面，将资金集中率、日均资金存量、经营活动净现金流量等关键指标与企业负责人的年薪收入甚至岗位聘任挂钩，强化"一把手"和总会计师的资金管理意识。

3. 收支两条线

收支两条线的管理要求实质上是资金集中管理的要求，通过资金收支两条线的规定，借助资金管理信息化平台，强化资金集中管理，形成倒金字塔形状的企业"现金池"，做大企业总部的现金流量和现金存量，提升企业的资金调剂能力、融资能力和资金平衡能力，进一步降低融资成本，为企业"优结构、提品质、强素质"提供财力支持。

"线"要清晰。资金的收取、支取分两个渠道，企业各成员单位设置收款账户和支出账户。收款账户由企业集团结算中心直接管理，支出账户由区域结算中心与所属单位共同管理。企业总部对成员单位的全部收入通过收款专户收集，所属单位的每笔资金收入必须实时划转至企业结算中心，所属单位的收款专户应保持为零余额，所属单位的所有支出都集中在支出账户支付。各单位的生产支出所需资金则由企业层面根据预算下拨至支出账户，由各单位自行结算。

"线"是保障。以"收支两条线"实现企业对资金的集中管理，它既是"费用划分开"和"资金分级算"的实施保障，同时它又进一步促进这两个要求得以实施得更标准、更科学、更精细化。"先收后支，以收定支"，是项目资金正常循环的必要条件，也是资金管理的红线。通过建立资金管理信息化平台，将收支两条线的内部管理理念嵌入资金信息化系统中，确保收支两条线有效实施和运行。

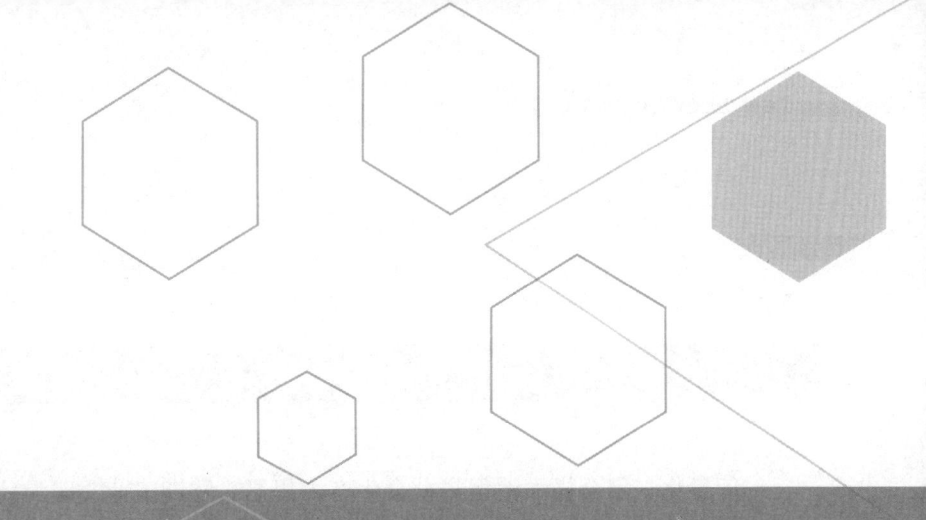

第四章

企业管理数字化

  建筑业作为一个具有悠久历史的传统产业，如何在伟大的第四次工业技术革命中实现凤凰涅槃，完成一次质的飞跃，跟上时代的步伐，是摆在我们每个建筑产业从业者面前的重要课题。工程建设企业要想高质量发展，必须要走好信息化、数字化这条道路，没有数字化，就没有现代化，也没有高质量发展。

第一节 建筑行业数字化发展历程与方向

信息化一定会极大地促进社会生产力提高。欧洲工业文明为什么比中国早、比中国发达？一个重要原因就是由于几百年前的铁路和航海能力远比中国的马车速度快、载重多，所以欧洲首先工业崛起了。当今时代，信息传送速度提升后，也将带来经济上不可估量的增长。有人说 5G 会不会让运营成本增加，大家用不起了？5G 的成本和能耗按每比特计算只有 4G 的 1/10，而 5G 速度在同等的能耗下是 2G 的一万倍、4G 的数十倍。任何一个产品的先进性并不意味着是高成本，更多的是高价值。1G 是语音通信的无线化，2G 是移动通信的数字化，3G 是移动通信的上网化，4G 是上网手机的娱乐化，5G 是将会改变社会生活，这就是技术进步。

一、企业数字化的发展历程

自 20 世纪 80 年代初，工程建设企业开始尝试使用计算机辅助办公，到 20 世纪 90 年代，局域网与专业系统的应用，再到 21 世纪初以来的互联网与管理信息协同化、集成化的应用，走过了 30 多年的发展历程（图 4-1）。建筑企业信息化大体经历了以下四个阶段：

1. "岗位级"应用阶段

通常称为"建设行业信息化 1.0"。这一阶段主要是为岗位服务的通用信息技术、计算机辅助办公、专业工具软件产品的应用。包括计算机辅助设计，文字、图表处理电子化（办公软件），计算机辅助结构计算、工程预算、钢筋下料、工程算量、模拟施工、3D 建模、测量定位、图像处理等。这是企业信息化的初级阶段，也可以称之为信息化的"小学阶段"。目前，不少企业的信

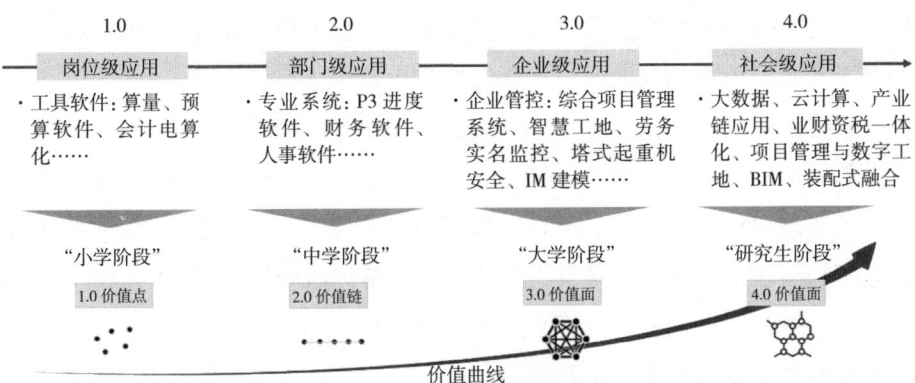

图 4-1 建设行业信息化发展历程

息化应用水平大体上处于这个阶段。

2. "部门级"应用阶段

通常称为"建设行业信息化 2.0"。此阶段信息技术与管理模块融合，局部的、专业部门业务管理子系统的产品较为成熟，应用比较广泛，显著提高了管理水平。企业应用的主要业务系统有：办公自动化系统、财务管理系统、企业门户系统、人力资源管理系统、视频会议系统、档案管理系统、项目管理系统、决策支持系统等。这个阶段，已经在零散的软硬件应用基础上实现了特定模块的集成，可以称之为信息化的"中学阶段"。目前，大部分大中型企业或者大部分总承包特级、一级资质企业和部分发展比较好的专业承包资质企业处在这个阶段。这一阶段又有"初中"和"高中"之分，"初中"阶段是初步实现了主要业务系统的数据管理；而"高中"阶段则是经过一段时间应用之后，逐步实现了对系统进行"定制化"的优化，同时，子系统之间的矛盾不断显现，对其进行变革升级的需求也越来越强烈。

3. "企业级"应用阶段

通常称为"建设行业信息化 3.0"。这是企业管理信息集成应用阶段，此阶段信息互联技术与企业管理体系整体融合，总体性企业数据贯通的集成应用基本实现，应用效果明显。行业内仅有少数优秀企业达到了企业级管理信息集成应用水平。这一阶段，可以称之为建筑企业信息化的"大学"阶段。这一阶段又有"大专"与"本科"之分，"大专"即浅层的集成应用；而"本科"的应用深度可以贯穿企业总部到项目基层，实现明显的集成效果。企业管理信息集成应用的难度和效果又视企业规模、管理跨度而有所不同，按规模可分为"十亿级""百亿级""千亿级"和"万亿级"企业。"千亿级"和"万亿级"企业在信息集成上的难度要大一些。

4."社会级"应用阶段

通常称为"建设行业信息化4.0"。这是信息化发展的方向，也是企业数字化转型的本质要求。这个阶段可以称之为"研究生"阶段，它是建筑企业乃至整个建筑行业信息化的发展方向和目标。如果再进一步细分，也可以把"研究生阶段"分为"硕士"和"博士"，"硕士"为"研究生（社会级应用）"的初级阶段，它以建筑产品生产建造全过程产业链数字化为主要特征；"博士"则为"研究生（社会级应用）"的高级阶段，它以建筑产品"投、融、建、运"全生命周期的生态圈数字化应用为基本特征。目前，少数优秀的企业集团，已经开始未雨绸缪，组织专门力量与IT产业的专业公司联合研究，在建筑产业全要素生态圈数字化和建筑产品全过程产业链数字化方面积极探索，寻求突破，这是值得推崇的。

总之，信息化1.0的"岗位级应用"，对于企业来说它所带来的是分散的"价值点"；信息化2.0的"部门级应用"，对于企业来说它所带来的是将各个价值点联通起来的"价值链"；信息化3.0的"企业级应用"，对于企业来说它所带来的是将各个价值链联通起来的"价值面"，会达到1+1>2的效果；信息化4.0的"社会级应用"，对于企业、行业来说它所带来的是将各个价值面联通起来的"价值网"。从价值点、价值链、价值面再到价值网，为企业所带来的生产力提升是大不相同的。

结合以上"四个阶段"的划分，我们企业一定要清晰地认识到本企业的数字化当前在哪里，又要着眼于何处。明确适合本企业发展战略的数字化目标、路径、措施，制定好顶层规划，实事求是地分步实施。毕竟，实用好用才是最重要的。

目前，建筑行业的信息化水平还不高，绝大多数建筑企业的信息化水平还处在"部门级应用"（信息化2.0）阶段，也有少部分优秀企业达到了"企业级应用"（信息化3.0）的初级水平，但信息化3.0应用的趋势十分明显，许多企业为此做出了不懈努力。而"社会级应用（信息化4.0）"则只是出现了萌芽，只有极少数的极其优秀的头部企业在这方面进行了可贵的探索，也取得了一些进展。

建设科技企业市场空间大，数字化在建筑产业中占比仅0.1%，按照复合的年增长率30%计，到2025年建筑科技化的产值应该达到千亿元，这将是一个规模庞大的产业。从国家角度来看，政策也正在全力推进企业数字化转型，因此，建设行业数字化改造和数字化赋能，将是一个重大的机会。

二、企业数字化的难题

当前，挡在我们面前的主要有"三座大山"（图4-2）：一是IT技术与企业管理的"两张皮"（包括IT企业与建筑企业之间、IT企业与IT企业之间、建设企业内部之间三个方面的不融合）；二是企业内部各部门之间的"部门墙"（集中体现为三个"不统一"：管理语言不统一、各业务系统规范不统一、平台顶层设计不统一）；三是企业各层级各专业之间的"数据篱"（主要表现为经济数据之间、经济数据与非经济数据之间、企业与产业链、生态圈之间的不互通）。企业信息化的主要课题就是融化"两张皮"，打通"部门墙"，拆除"数据篱"。

1. 要真正克服"两张皮"

建设企业信息化，就是将建设企业的运营管理逻辑互联网平台化，通过信息互联技术与企业管理的深度融合，实现企业管理数字化和精细化，从而

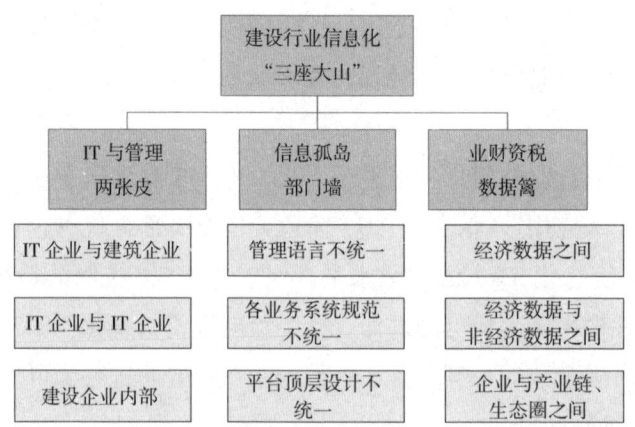

图 4-2　建设行业信息化的"三座大山"

提高企业运营管理效率，进而提升社会生产力。这里，厘清建筑企业的运营管理逻辑是前提，管理与技术的深度融合是关键，数字化和精细化是方法和途径，提高企业管理效率和提升社会生产力是目标和目的。

建设企业运营管理有着它的基本规律和基本逻辑，对于IT企业来讲，应该从需求端出发，少一些互联网思维，多一些实体经济思维，以实体企业为主，以满足实体企业的管理需求为目标。IT企业只有研究透建设企业和行业的需求，提供符合需求的产品，切实解决"两张皮"的问题，使建设企业得到健康发展，IT企业自身也才能得到持续发展。企业经营管理只有真正运用信息互联技术，才能切实提高工作效率和企业效益，才能极大地提高企业生产力水平。

2. 要坚决打掉"部门墙"

信息化是以一定的标准化为基础的。企业管理信息化必须通过管理标准化、标准表单化、表单数据化、数据信息化、信息集约化来实现。建筑企业要多一点互联网思维，要站在IT的角度去思考，既然要用这个技术，那就得适应技术规则的基本要求，要想在火车道上跑，就得把轮距做得跟火车轨道一样的宽度才能快速行驶。

由于工程建设行业的特殊性和多样性，我们在推行管理标准化的时候，不能仅仅在管理行为的标准化上花气力，更应当在管理语言的标准化上下功夫。具体来说，就是要把管理语言细化到管理信息因子，通过统一的数据编码，形成统一的计算机能懂的管理语言，为实现管理与技术的深度融合创造条件。管理信息因子标准化数据编码及其应用操作规范，可以归纳为两点：一是统一语言；二是统一信息交互规则。以管理语言的统一性满足管理行为的多样性。

在进行企业级信息集成应用顶层设计时，必须着重考虑好核心、基础和目标这三大问题，核心是商务业务财务一体化主数据管理，基础是成本过程管控为主线的综合项目管理系统，目标是满足全集团多组织高效运营的有效管控。只有能够满足核心、基础、目标这三个基本要求的信息化，才可以称得上基本实现了企业级集成应用。企业所有的业务系统都要在标准统一的主数据平台上进行信息互通、数据共享，才能实现各项业务横向与纵向高效协同集成。这里的关键要素是主数据标准必须统一，各业务系统数据必须与主数据系统互通。否则，各业务系统之间就会形成"部门墙"，数据不通、数据不准、数据不全的问题就难以解决，会长期制约着企业信息化水平的提高。

3. 要切实拆除"数据篱"

企业经营的基本逻辑是收支平衡。任何一家企业要想持续经营，最基本的要求就是要实现收支平衡。工程项目自中标签约开始，到最终结算完成，整个过程涵盖了各个管理环节，这些行为均围绕成本、收入及效益之间的关系展开。实现商务过程成本和财务收支核算的无缝连接，实现商务成本、财务核算、资金支付、税费缴纳等经济数据的完整、准确、一致，是企业信息化过程中必须面对、必须解决的基本问题。

工程建设企业信息化的当务之急是要搬掉"三座大山"，即克服"两张皮"、打掉"部门墙"、拆除"数据篱"。同时，要进一步转变思想观念，积极拥抱信息互联技术，加快 BIM 技术、云计算、大数据、物联网、智能化、3D 打印、区块链等现代信息互联技术的研究开发和应用，不断提高新技术的转化应用效率，进而提高社会生产力。

三、企业数字化的方向

据中国产业信息网数据显示，2018年我国建筑数字化投入占总产值的比重仅为0.10%，低于1.00%的发达国家平均水平，也低于0.30%的国际平均水平。总体上讲，目前我国建设行业数字化水平还有不少差距：

一是覆盖率低。建设行业数字化水平远远低于西方发达国家的行业数字化水平。发达国家建设行业超过80%的项目运用计算机技术，国内则不足10%，且不少企业以为线下流程线上化就是数字化。

二是人才缺乏。数字化管理人才需要具备企业管理知识、数字化管理知识，能够策划数字化方案并实施好数字化项目。

三是成果不明显。很多企业只看到表面现象，认为项目管理软件成本高，实施过程不会给企业带来直接效益，并且需要人员投入管理成本。但却不懂数字化技术逐步使用后带来的成本和管理风险下降后带来的核心价值。

四是数据孤岛林立。企业某些职能管理系统应用较好，例如：造价、财务、合同等，但是整体数据集成差，信息割裂。设计、施工、业主、供应商等项目参建方无统一的数据接口，导致产业链数据割裂，下游企业无结构化数据。

很多企业的管理者对智能化还持有怀疑和观望态度。有些地方可能把数字化带来的价值夸大了，有些数字化项目在实施中失败了，从而带来了负面评价。

要真正改变现有局面，除了运用先进的科学技术和数字化工具来为传统行业赋能之外，还需要思考，如何在采用技术手段的同时，对传统的管理模式进行革新，从根本上由粗放式管理向精细化管理转变，从而助力完成数字化转型。

建设企业和科技企业是建设行业数字化的主要参与主体，结合建设行业和建设企业的特点，建设行业数字化有三个基本方向：

1. 企业管理数字化

即运用数字化技术，实现以业财资税一体化为主要特征的企业运营管理目标，持续提升企业的运营质量和经营水平。

众所周知，目前建设行业的信息化应用水平是比较低的。有人说，建设行业信息化水平仅比农业产业的信息化水平略高一点儿，这可能悲观了一些，但是，建设行业信息化程度落后于整个社会的信息化水平，是一个不争的事实。到底应当如何评估当前建设行业的信息化应用，仁者见仁，智者见智，并没有一个统一的标准。本人根据自己亲身参与的100多家企业的实地调研和自己多年参与企业信息化工作的实践，提出了一个基本的划分方法，把企业信息化应用水平划分为四个层级：一是"岗位级"工具性应用阶段，即"信息化1.0"；二是"部门级"系统性应用阶段，即"信息化2.0"；三是"企业级"集成性应用阶段，即"信息化3.0"；四是"社会级"互联性应用阶段，即"信息化4.0"。客观地讲，目前不少企业还处在岗位级工具性应用阶段，也就是信息化1.0的水平上，甚至还有一些企业信息化才刚刚起步。全国只有少数优秀企业实现了企业级集成性应用，也就是达到了信息化3.0的应用水平，但企业级集成应用已经成为众多优秀企业追求的目标。也有个别优秀标杆性企业，开始了信息化4.0即社会级应用的探索实践。因为，大家越来越认识到，在信息科技时代，企业只有尽快消除各种信息孤岛，实现企业上下的互联互通，实现内部运营管理的信息共享，实现产业链、生态圈的数字化应用，才能提升企业运营管理效率，才能实现与社会信息的共享，才能跟上信息化社会发展的步伐。

要想实现信息共享，就必须花大气力攻克信息化企业级集成应用这个堡垒，而要达到企业级集成应用的目标，首先要明确我们需要什么样的信息化，或者说，我们需要信息互联技术帮我们解决企业运营管理的什么问题，需要什么样的信息化；在进行信息化顶层设计时，如何坚持"从实践中来，到实践中去"，清晰企业级信息化集成应用（信息化3.0）的内涵特征，着力解决信息化应用的基点、难点和重点问题。从而为产业链、生态圈的数字化奠定良好的基础。

2. 项目建造智能化

就是在项目的建造过程中运用数字化技术，提高人、材、机的运转效率，缩短建设工期，降低建造成本，提高工程质量，减少安全事故，不断提高项目建造的智能化水平。

建筑业在国民经济中占有着重要的地位，但又有着高能耗、低生产率的现状，而这些现实问题在工程项目建设中恰恰是需要智慧化才能解决的。建筑业目前面临的发展问题有劳动密集、现场生产、粗放型的增长方式、频繁出现施工风险与质量问题、管理水平低、缺乏先进实用的技术。由于项目分布广，地域跨度大，信息含量高，项目各参与方的信息沟通问题是工程项目实施的主要影响问题。智慧建造是一个新型的建造理念，要求建筑业发展走低消耗、低污染和可持续发展的道路，同时能应用信息化技术改革建筑业传统的生产方式，智慧建造理念的核心技术就是建筑信息模型（BIM）。智慧建造包括两方面含义：其一是走可持续发展道路，高效利用能源，节约能源，保护环境，减少污染；其二是利用先进的信息技术手段实现整个建造过程的智慧化，使各方协同工作，信息得到有效共享，实现共赢。

3. 产业生态互联网化

产业生态圈借助互联网的手段互联互通，在这个过程中会涌现出一批拥抱产业互联网的建设企业和科技企业，达成深度合作，这也是数字经济最有价值的部分。它包括建筑产品生产建造全过程的产业链数字化和建筑产品"投、融、建、运"全生命周期的生态圈数字化。

根据住房和城乡建设部等13部委共同印发《关于推动智能建造与建筑工业化协同发展的指导意见》，提出建立智能建造与建筑工业化协同发展的政策体系和产业体系，提高建筑工业化、数字化水平，建立建筑产业互联网平台，打造"中国建造"升级版和核心竞争力等一系列发展目标。建筑产业互联网，是破解行业痛点、优化提升产业链效率的有效路径之一。

目前，建筑产业互联网平台在全国范围来说还没有统一确定的定义。《中国建筑业信息化发展报告（2021）智能建造应用与发展》:建筑产业互联网章节中，根据建筑产业数字化转型发展趋势及要求，创新性地提出了其定义。建筑产业互联网平台要贯穿工程项目全过程，升级产业全要素，连接工程项目全参与方，系统性地实现全产业链的资源优化配置，最大化提升生产效率，赋能产业链各方。建筑产业互联网平台通过"协作、赋能与共生"将建筑企业组织、单位聚合在一起，发挥共享资源、相互吸引、相互补充的作用，形成一个集体利益共同体，为建筑产业企业提供一站式的数字化、网络化、智能化服务，从而助推建筑产业的转型升级。

近些年，企业要高质量发展甚至飞跃，走数字化道路基本成为共识。但是首先要选准方向，如果认知、思想和方向错误，那么走再多也是弯路。

第二节　企业管理与信息数字技术的融合

一、企业管理数字化的基本含义

所谓企业管理信息化，就是将企业的运营管理逻辑，通过管理与信息互联技术的深度融合，实现企业管理精细化，从而提高企业运营管理效率，进而提升社会生产力。这里，理清工程建设企业的运营管理逻辑是前提，管理与技术的深度融合是关键，数字化和精细化是方法和途径，提高企业管理效率和提升社会生产力是目标和目的。

如何实现信息互联技术与企业管理的深度融合呢？中华传统文化的哲学智慧给我们提供了良好的思维工具。关于企业管理与信息技术的融合原理，我们可以用一张形象的太极图（图4-3）来表达。太极图左侧相当于信息技术，右侧相当于企业管理，大道至简，最终的目的要实现技术和管理两者的深度融合，同时产生巨大的力量。

图 4-3　企业管理与信息技术融合原理太极图

世界上的万事万物，我们的先贤们把它归纳为阴阳二气，阴阳二气相伴相生，相对相融，生生不息，阴阳二气万物生。现代信息互联技术与企业管理就像自然界中的阴阳二气一般，相伴相生，只有相互融合才能产生巨大的动能。

自从进入工业文明以来，因为蒸汽机的发明、电气技术的应用、电子技术的推广以及信息互联网技术的普及，人类社会历经了机械化、电气化、自动化、信息智能化四次技术进步。每一次技术进步，对人们生活及生产方式都带来了巨大的变化。信息互联技术作为改变当今社会生活及生产方式的革命性技术，是每一个中国企业都应该高度关注的。

二、管理与技术的融合

当前数字化发展的阶段，技术语言与业务语言，存在着巨大的鸿沟，是制约数字化转型的一个巨大阻碍。传统企业的业务管理者关注的是业务模式、业务流程和业务痛点，而技术供应商、传统企业技术部门关注的是技术趋势、技术特点、技术能力。这两者交流，缺少一个转换的映射。比如对于业务管理者而言，他希望了解的是使用一个数字化产品，能否解决他的业务痛点，能否改善业务流程，能否带来新的收入；并希望确认使用这个技术能够达到他的目的；但更多的技术供应商，介绍的是自己产品符合技术趋势，介绍产品特点，介绍技术能力。

随着技术不断地与管理融合，也会对未来的技术和管理产生影响，会出现管理工作的技术化，如 ERP 取代管理的计划和资源组织职能，管理就是决策，决策可以由算法替代，管理的控制也可以自动化等，而反之，随着管理手段的多样化，技术的研发与应用也会随之而不断衍化，比如 BIM 技术、大数据技术、AI 技术、VR 技术（虚拟现实）、AR 技术（增强现实）、5G 技术、物联网技术等。

加快工程建设行业的信息化进程，就必须大力推动管理与技术的深度融合，实现信息数据互通。这是工程建设企业十分重要、十分紧迫的任务。

建设企业运营管理有着它的基本规律和基本逻辑，这一点本书第一章第三节中已做过阐述。"建设企业的一二三"，反映了建设企业运营管理的主要方面和主要内容，把这些主要的东西抓住了、抓好了，企业就能持续健康发展。企业信息化应该也必须优先解决这些企业管理中的主要问题和主要矛盾，现代信息互联技术只有真正应用到企业生产经营的实践中，才能发挥它应有的提高生产力的作用。企业经营管理的实践，只有真正运用信息互联技术才能切实提高工作效率和企业效益，才能极大地提高企业生产力水平。

企业管理与信息数字技术的融合，不是将管理制度和工作流程在信息系统中简单直接地反映出来，而是两者创新与变革的结果，是结果 1+1＞2。

1. 思维观念的变革

管理信息化过程就是实现信息技术与管理工作结合的过程。将管理工作用信息化的语言表达出来，就要求软件提供商了解企业的管理思路和模式，而企业也要了解信息技术，从提高效率、效益、效果的目的出发去构建管理信息系统，这就要求我们要从管理和信息技术两个角度去理解信息化工作。信息化实施的过程是一个"边施工边设计"的过程，是一个以制度为"图纸"深化设计、优化流程与管理的过程。从这个层面上说，信息化过程是一个对信息化思想重新认识的过程。

2. 管理方法的创新

管理信息化是实现企业管理目标的工具，工具的使用要以提高办事效率、加强管理、解放生产力为目标，不是线下的工作搬到线上处理的过程，要实现这个目标需方法创新。企业如果基于传统的管理模式去建立信息系统，所能得到的好处非常有限，而只有通过充分利用信息技术建立新型管理模式，才能够得到最佳解决方案。如：在施工项目管理中，有相当一部分单位已使用了各种软件，把原来用手工填写的表格，现在用计算机来输出；原来需要计算器计算的现在由计算机计算。在这种情况下，"只不过是简单地从纸上搬到计算机上"，为项目的运营管理带来的价值微乎其微。信息系统中也存在同样的问题，部分业务线把传统管理模式的流程整理出来，再硬搬到信息系统中实现，这样致使流程达到十几甚至几十个节点，在这种情况下，虽实现了信息的存储、信息的查询、信息自动处理但增加了过程处理的周期，反而增大了工作量，提高不了企业管理的效率。传统的管理方法为了控制过程的各种风险增加过程环节的管理，如果利用现代信息技术实现工作流程的可视化、实时记录、跟踪和控制，过程中传递的节点可以让计算机来完成，完全可以优化过程流程进而达到管理效率的提高。信息化实施的过程也是企业管理流程再造的过程。

3. 工作习惯的改变

传统的工作方式用笔手写，而今天所有的工作用电脑输入指令完成，传统方式的资料分类整理、查找都由人工完全，而现在有了信息化只需输入关键字，查找的工作由计算机完成。领导所需要的分析报表，传统的方式是由人工统计完成后提交给领导，而有了信息化各类数据都在系统中，领导要分析统计数据，只需输入查询条件由计算机自动查找完成。这些都需要我们工作习惯做出改变才能真正发挥信息化的作用。如，开机先上平台，要事、急事优先处理；本机不需保存很多文件，数据中心查询很方便；收发文件实现上下互动；传递内部资料在平台上直接建群组即可等。部门之间、上下级之间的工作部署更透明。信息化为各项工作办理过程实现了"有据可查"，工作皆可追溯。集团内部资源共享更加高效，如各种文档，可以通过借阅、传阅等方式共享。

只有实现管理和技术的深度融合，变为一体，才能产生巨大的生产力，技术只有用到生产实践中去，才可能是生产力，如果技术只是停留在理论阶段，不能用于生产实践，就不是生产力。这也是技术应用得好坏的检验标准，是信息技术应用成败的试金石。

三、企业管理标准化

企业管理的标准化是企业信息化的基础，信息化反过来可以促进管理的标准化。没有一定的管理标准化为基础，信息化就很难进行，强行上信息化，也必然会造成无谓的浪费，甚至返工重做。

我国建设企业的管理标准化大体经历了四个阶段：第一个阶段是以规范化管理为主要特征的管理标准化，如工作文件汇编、管理手册等（也可以称之为管理标准化的1.0版）；第二阶段是ISO 9000质量和安全职业健康认证为主要特征的管理标准化，如程序文件、标准手册等（也可以称之为管理标准化的2.0版）；第三阶段是以卓越绩效模式为主要特征的管理标准化（也可以称之为管理标准化的3.0版）；第四阶段是在以前管理标准化成果的基础上，将管理标准进行可数字化升级，形成可数字化的管理标准手册（可以称之为管理标准化的4.0版）。企业管理标准化水平，只有达到管理标准化4.0版的水平，才有可能真正实现与信息化的深度融合，从而实现企业管理的精细化。可数字化的管理标准化是对企业以前众多的管理流程、工作与工序标准、运营管控报表等进行梳理，统一管理语言，统一度量衡，以满足信息技术应用的基本条件，形成一套企业统一的、完整的、可数字化的、可操作性强的企业运营管控标准手册，才能为信息化提供一个良好基础。

上述关于企业管理标准化发展历程的划分方法可以说明两点：一是管理标准化是一个不断发展变化的，是一个逐步由低层级到高层级提升的过程；二是管理标准化只有到了可数字化的4.0水平，才能够满足信息化的要求，才能实现标准化与信息化的"深度融合"。也就是说，如果企业管理标准化达到了可数字化的4.0水平，就能够比较容易实现管理信息化了，而管理的信息化反过来会固化优化企业管理标准，促进管理标准化水平的提高。

建设企业既然要用数字化技术，那就得适应技术规则的要求，要想在火车道上跑，就得把轮距做得跟火车轨道一样的宽度才能快速行驶。

关于管理标准化，由于工程建设行业的特殊性和多样性，管理语言标准化就非常重要，而不能仅仅在管理行为的标准化上花气力。具体来说，就是要把管理语言细化到管理信息因子级别，通过统一的数据编码，形成统一的计算机能懂的管理语言，为实现管理与技术的深度融合创造条件（图4-4）。管理信息因子标准化数据编码及其应用操作规范，可以归纳为两点：一是统一语言；二是统一信息交互规则。以管理语言的统一性满足管理行为的多样性。

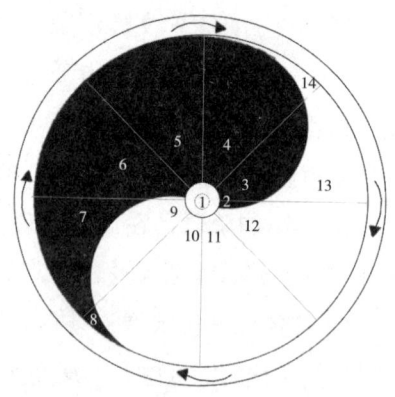

图4-4　管理信息因子融合原理

建设企业管理信息因子标准化数据库，要实现管理语言的统一，就必须首先实现管理的标准化。需要指出的是，我们提出的管理标准化并不等同于管理的整齐划一。目前，对于建设企业管理信息化的几个基本概念，在平常使用时比较混乱，需要做一些厘清：一般地，从管理元素的分解上讲，概念从大到小应当是：社会大数据—企业私有云—企业运营平台—业务系统（系统之下可以有若干个子系统）—管理模块—工作单元—场景—节点—管理信息因子（图4-5）。社会大数据是个大概念，而管理信息因子则是最小的管理元素，管理标准化就是对管理信息因子进行标准化数据编码，形成管理信息因子标准化数据仓库，来为企业各层级管理人员服务。通过对管理信息因子标准化数据进行不同的管理元素组合，为不同的管理人员服务，服务的对象从最低层级到最高层级依次为：岗位—小组—业务部门—项目部—分公司—法人公司—集团公司—产业集群。每一级别都可以从下一级别管理者和管理信息因子标准化数据库中提取管理信息因子，以满足管理需求。

建设企业管理数字化，就是通过这种管理元素的分解和组合完成企业管理与信息数字技术的深度融合。在这种融合过程中，最为关键的是建设管理信息因子标准化数据库，并且要制定与之相配套的管理信息因子标准化数据应用操作规范及数据维护管理办法，以指导数字化的具体实施。

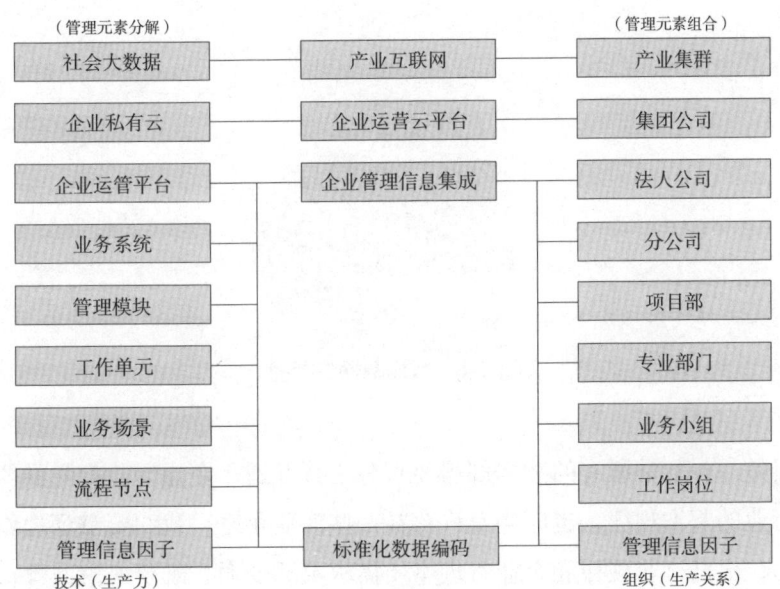

图4-5　建设企业管理数字化技术路线框架图

四、管理数据的融通

企业管理信息化要实现信息互联技术与企业管理的深度融合，达到信息和数据的深度互通，从而大幅度提升建设行业的信息化水平。而无论是区块链、大数据、云计算，还是雾计算、边缘计算，或者是移动边缘计算和移动云计算，它们都离不开"计算"，而"计算"的对象是"数据"，企业数据的核心部分则是企业运营管理的各类数据，是事物、过程、场景、行动源头产生的"原数据"。

本书把工程建设企业"原数据"分为三类：经济数据、非经济数据、产业链数据，这些"原数据"必须具备真实性、唯一性、精准性、有效性。原数据的这四个属性，要求我们在进行管理动作时，所使用的管理语言必须是统一的，是能够被相关方理解的，是可以用来交流互动的，最终都要在组织层面融通。数字化的核心是数据，数据融通三圆图诠释了数据的通与不通、共性与个性、对立与统一的特点（图4-6）。

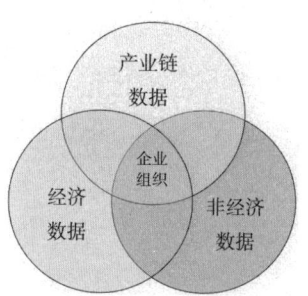

图4-6　数据融通三圆图

但是，并不是所有的数据都需要百分之百互通，企业运营有时候要遵循一些行业的基本规律，也应当允许存在一些商业秘密。我们要辩证地看待通与不通，根据行业规律和企业管理本质需求灵活变通，既要考虑共性，又要照顾个性，它们是对立的统一。所以，企业管理信息化必须进行管理语言的标准化，必须制定统一的管理信息因子的数据编码规则，并且制定一套具体的应用操作规范，才能真正地理解和运用好"融通"，把握好边界和度。

数据包括经济数据和非经济数据，经商要算清账，第一层经济数据得要穿透；第二层经济数据与非经济数据之间要穿透；第三层企业内部跟组织之间的数据要穿透；第四层企业与产业链、生态圈之间的数据要穿透（图4-7）。所有的穿透要体现在项目管理上，工程项目是我们建设企业的产品，每一个产品的完美交付和数字化应用都要以商务、业务、财务一体化数据管理为核心，以成本过程管控为主线的综合项目管理系统为基础。

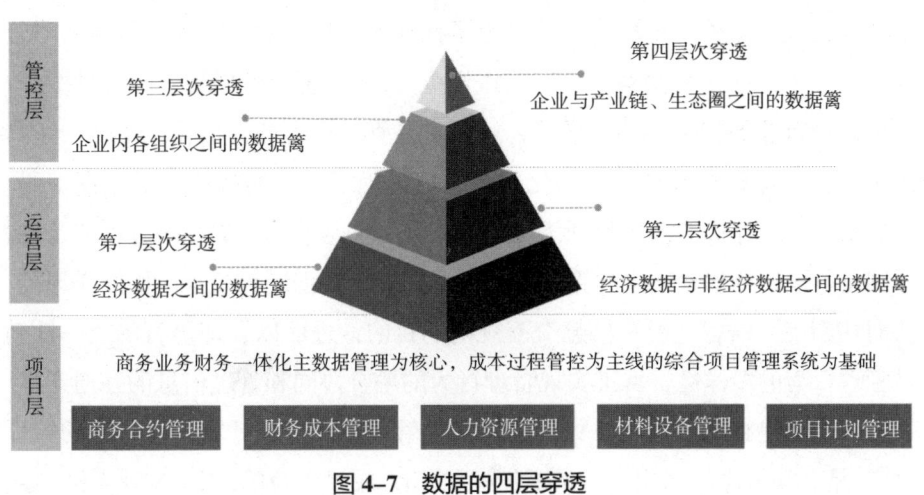

图4-7　数据的四层穿透

五、管理数字化的"四化方法"

实现企业管理与信息技术深度融合的有效途径是"三化融合"。"三化"是指标准化、数字化和精细化，标准化是基础、是前提，数字化是手段、是工具，精细化是目的、是结果。一定要把精细化作为最终的目的，因为我们搞信息化也好，搞标准化也好，是为了什么？就是为了提高企业的管理水平，实现精细化管理。而"四化方法"，即管理标准化、标准表单化、表单数字化、数字集约化则是实现三化融合的必由之路。

第一步是管理标准化。标准化是企业管理水平发展到一定阶段的产物。我们在进行管理标准化的过程中必须十分注意把西方的东西"中国化"，把普遍的原理"企业化"，把过去的东西"时代化"，把高深的理论和专业的定律"通俗化"。企业管理的标准一定不能搞成晦涩难懂、佶屈聱牙的东西。需要特别指出的是，我们说的管理标准化，不是要求管理行为的整齐划一，而是管理语言的标准规范，只有实现了管理语言的统一，才能实现管理的有效沟通。统一管理语言不能仅仅在统一管理行为上打转转，更要在统一管理语言上下功夫。

管理信息因子是最小的管理元素，管理标准化就是要对管理信息因子进行标准化数据编码，形成管理信息因子标准化数据仓库，并编制统一的"管理信息因子标准化数据编码应用操作规范"，来为企业各层级管理人员服务。由于建设行业的特殊性和多样性，就要求在管理语言的标准化上下功夫。具体来说，就是要把管理语言细化到管理信息因子上，通过统一的数据编码，形成统一的计算机能懂的管理语言，为实现管理与技术的深度融合创造条件。要制定科学、合理、适用的管理信息因子标准化数据编码及其应用操作规范，从而达到统一语言、统一信息交互规则的目的，进而以管理语言的统一性满足管理行为的多样性，真正实现管理行为的融合协同和管理信息的互通共享。

第二步是标准表单化。如何把众多的管理标准变成计算机能够懂的管理语言，是必须解决的问题。一是要把标准"化"成工作表单，二是实现人机"零"距离。不能信息化搞一套，日常管理却是另一套。甚至信息化输入输出的表单与平时管理者工作中要用的各种报表之间互相矛盾，同样一件事，工作人员要重复录入两三遍，这样就增加了工作负担，降低了工作效率，加大了企业成本。

第三步是表单数字化。数字"化"标准，就是把管理标准"融化"到计算机软件的运行程序中。把表单分成基础表单、工作表单、流程表单、台账表单，通过信息化巩固了标准化管理的成果。信息化将输入和输出"链"起来，实现互联互通、无缝连接。

第四步是数字集约化。数字"化"集成，就是企业内部纵向各职能线条、横向各业务单元信息化的总集成，实现集团企业的纵向横向互联互通，业务财务互联互通，线上线下互联互通，通过"互联互通"实现数据"实"利用，大大提升了企业的精细化管理水平。

第三节 企业数字化顶层设计

我们必须加快推进信息互联技术在企业管理实践中的应用，尽快实现现代信息互联技术与传统建筑产业的深度融合，降低建筑业的能源消耗，增强建筑企业的素质，提升建筑产品的品质，提高建筑产业的生产力。而要实现上述目标，企业首当其冲地就必须进行数字化顶层设计，做一个符合企业实际和长远发展需要的数字化建设规划。

一、数字化规划

许多企业做信息化的愿望十分强烈，盲目上马，一个系统接一个系统，一个软件接一个软件，上线很快，但没有一个统筹规划。久而久之，企业内部系统繁杂、平台众多，由于管理语言不统一，技术语言不一致，各系统之间信息无法交互，信息孤岛林立，"部门墙"现象十分严重，信息系统不系统，信息平台不互通，甚至不断地推倒重来，耗费了大量的成本和精力。可以说是"辛辛苦苦建孤岛，扎扎实实反复搞"。企业信息化如果没有统一的顶层设计和统一规划，就像建筑施工盖房子，没有设计图纸就盲目开工，必然造成大量重复劳动，误工返工，资源浪费巨大，最后什么都做不好、做不成。

1. 坚持"三有原则"

在进行企业数字化规划时，必须坚持有用、有效、有根的"三有原则"。"有用"是指企业数字化要以"用"为本，以企业管理实际需要和实际应用为出发点和落脚点。那种为了做样子给上级看，为了满足政府行政管理要求（如特级资质信息化达标）的信息化都是错误的、没有益处的，都应该坚决改正。"有效"是指在数字化的过程中一定要坚持以提高管理工作效率、降低管理成本、提高企业管理效益为目的和标准。那种为了信息化而信息化，"繁琐哲学"，重复劳动，为了所谓"达标考核"，华而不实，搞花架子，甚至弄虚作假的信息化有百害而无一利，既不解决实际管理中的问题，又造成人财物的重复投入，是劳而无功、劳而负功，更谈不上提高效率和效益了。"有根"是指企业数字化一定要落到实处，落到工程项目上。建筑企业的产品就是一个个工程项目，工程项目管理得好坏，是衡量企业管理水平高低的试金石。只有将信息互联技术实实在在地应用到工程项目的管理实践中，实现生产要素在工程项目上的优化配置，才能提高企业的生产力，才能说企业信息化取得了实效。

2. 确定数字化基本目标

信息互联技术被称为自人类进入工业文明以来的第四次重大技术革命，它在生产与服务领域中的实际应用必将带来社会生产力的巨大提升。可以说，提高工作效率，降低生产成本，提升社会生产力是衡量信息互联技术应用效果的最终标准，或者说，检验信息互联技术应用效果的唯一标准是生产力的提升与否。就建筑行业来讲，应用信息互联技术的最初目的和最终目的都是也只能是为了提高建设企业的管理效率和效益，进而提升建筑行业的生产力，这就是我们的初心。我们说不忘初心，就是在建设企业信息化的进程中不能忘记生产力标准。唯有如此，企业的数字化才是有意义的，否则，就是舍本求末，不得要领。

建设企业在数字化过程中，千万不能被所谓的"新词儿"所忽悠。要切忌囫囵吞枣，听来几个"新词儿"，就去盲目跟风，云里雾里，不知就里，一会儿"大数据"，一会儿"云计算"。一个经营规模不足百亿的企业，整天还在为把工程项目上的数字弄清搞准而头痛发愁呢，但却在那里张口闭口"云计算""大数据"地说个没完，岂不是"空谈误国、空谈误企"吗？表面轰轰烈烈，实际虚无缥缈，最后是"水中月，镜中花""竹篮打水一场空"，不仅没有效果，还白白地浪费了钱财，失去了大好机遇。

3. 确定数字化系统架构

对建设企业而言，企业一体化系统错综复杂，又缺乏信息技术与专业人才，因此，绝大多数企业会选择专业的软件服务商提供服务，采用"平台＋产品＋二次开发"的信息化建设模式。软件服务商的产品为适应不同类型的企业，产品独立灵活、针对性强，在实施过程中要结合不同类型的企业进行系统设计与重组架构。建筑行业软件除了CAD制图、预算等工具类软件外的管理软件可划分为业务系统类（人力资源、财务管理、资金管理、综合项目管理系统）、数据统计分析类（报表、决策系统）及办公软件类。其中业务系统主要是解决业务办理、过程管理，业务逻辑关联较强，但数据统计功能相对较弱；数据统计分析类系统具有较强的数据抽取计算、灵活的统计分析功能，没有业务过程管理流程；办公软件类具有较强的流程引擎功能，有业务管理过程但关联性较弱，统计功能较弱。因此，建设企业数字化在系统架构时要充分了解各产品与组织管理职能的需求，进行系统性设计与架构。

4. 确定数字化系统部署方式

企业数字化系统在部署方式上通常采用集中、分布与集中相结合的两种方式。集中部署方式通常在集团统一数据库下部署同一套系统，内部不同公司或项目都使用同一系统，对业务标准化程度较高；分布与集中部署相结合的方式指集团制定统一的主数据标准，内部不同公司架构相同或不同的软件系统，然后通过报表或决策分析系统从各组织单位系统中抽取数据进行分级汇总，实现集团上下纵向与部门之间横向数据互通的模式，满足集团数据集成一体化管控需要，项目或公司之间可存在较大的个性化业务管理。

对于大型建设集团企业可采用分布与集中相结合的方式（图4-8）。在集团总部统一编码体系，对核心的业务、财务等数据进行统一管控和集中管理，对于一些下属单位具体业务办理所使用的细节信息，是可以采用本地化部署的，集团统一管理的数据库定期同步实现数据仓库的集成。应当是兼顾效率和集团管控的更加可行的方法。对于一些细节性的信息或业务，是集团根本不需要看，也无人去关注的，则没有必要盲目追求系统的大集成与数据的大集中。否则，会造成信息系统使用效率的下降，对互联网带宽需求的提高，从而增加不必要的信息化投资。集成与分布要与实际的管控结合，要把好尺度，并不是集中一定比分布好，反之也不成立，集团一体化系统的部署方式应该根据自身的管理职能选择合适的部署方式。

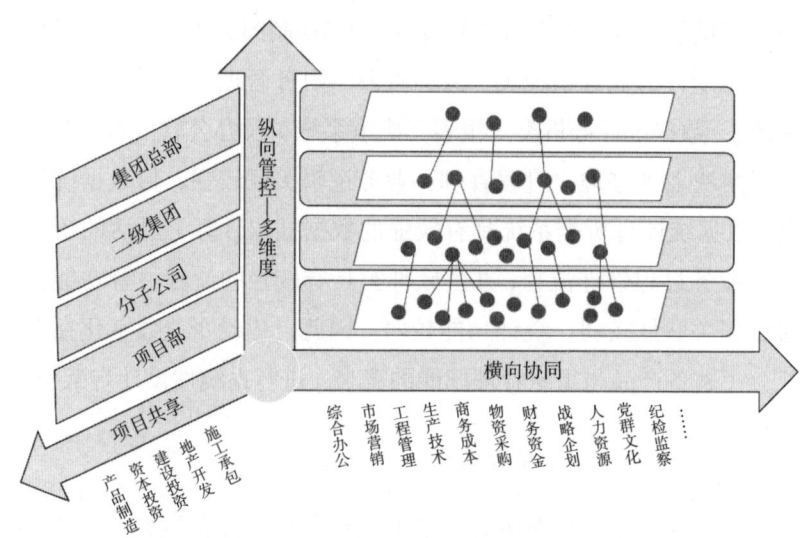

图 4-8　集团企业管理信息一体化系统组织架构图

二、企业组织职能与信息交互

建设集团企业的组织架构根据规模大小、企业特点采取三到四级管理模式，每一级组织的职能权责，不同的企业会有所差异，但基本上还是大体相同的，是有规律可循的。在进行信息化顶层设计时，应当充分考虑建筑企业的运营管理特点、组织特征和信息传递方式，实事求是地灵活运用信息互联技术，使组织运营效率得到提升。

工程建设企业通常由公司总部、子公司或分公司及项目三个层级构成。集团总部的职级主要是以制定战略与运营控制为核心的管控，对分子公司指标实施监控、负责对各分子公司进行审计监察与业绩考核，重点实现人、财、物及信息的管理。分（子）公司是连接总部与项目的纽带，在总部的战略指引下，形成各自的战略与经营计划，对项目进行有效的管理。其主要职能是业务管理和运营协调,行使业务决策、业务管理及本单位信息管理,直接参与对项目的管理,在总部统一标准管控条件下充分发挥个性管理。项目是基本单元,是利润的主要来源,是成本中心,主要以业务运作为主要职能,重点对项目业务过程进行管理。

1. 理顺各层级组织之间的责权利关系

建筑业通常使用项目责任制,项目责任制里项目部到底有多大的责任,其对应的权利有哪些、享有的利益如何,现在要说明白还确实有些不清晰;建筑公司有一些授权的区域分公司、专业分公司、地区经理部等,其授权的范围、大小,以及责权利有些模糊,做信息化平台就要把责任权限界定到位,这些东西原有管理制度如果不明确,就需要理顺重新给予界定。这些涉及权限的事是特别难办的,都是需要高层领导推动才办得了的,比如分包采购合同的签订、项目有关费用的支付,权限界定就很重要,否则影响信息化的运行效率。

2. 理顺同一个层级组织内部各部门线条之间的责权利关系

企业组织关系错综复杂,有线条管理、有事业部管理;有综合管理部门、有业务管理部门;有监督部门、有支持部门,要做信息化就要把各自之间的责权利关系说清楚,把各自职责权限的界限划出来,才能设计出信息化模型与流程,这样一来,如果原来这些事分得不是很清晰,要协调的麻烦事就来了,如管理流程的设计经过哪些管理节点,就意味着谁有什么样的权利,或者谁的权利大一点,谁的权利小一点,如果涉及保留哪个节点删除哪个节点就更不好办了,这些也需要高层领导的参与和推进。

3. 理顺一个组织内部各岗位之间的责权利关系

主要是基层组织内部岗位之间的责权利。各项工作到底是由谁来发起、传给谁、谁复核、谁审核等都是非常具体的,而且职权还要与其上级组织层级进行交叉组合。为什么说管理信息化给一部分人无端地"创造"了很多工作,主要是管理流程设计时无端地把这部分人拉进流程，想摆脱都不行，实际上这些所谓的工作都是无效的工作，是应该简化优化的。在信息化环境下理顺这些关系，实际上有些岗位是要被优化掉的，信息化如果不能做到高效就是在这个环节出了问题。

总之，实施企业管理数字化，就必须打破企业内部传统的组织边界，实现数据共享与管理高效协同，提高工作效率，为企业运营管控服务。在实施时，要厘清不同组织的管理职能、分级分类系统架构以及信息交互规则和流向。

三、企业级管理信息共享平台的基本要求

在进行企业级信息集成应用顶层设计时，必须着重考虑好核心、基础和目标这三大问题，核心是商务业务财务一体化主数据管理，基础是成本过程管控为主线的综合项目管理系统，目标是满足全集团多组织高效运营有效管控。只有能够满足核心、基础、目标这三个基本要求的信息化，才可以称得上基本实现了企业级集成应用。企业所有的业务系统都要在标准统一的主数据平台上进行信息互通、数据共享，才能实现各项业务横向与纵向高效协同集成（图4-9）。这里的关键要素是主数据标准必须统一，各业务系统数据必须与主数据系统互通。否则，各业务系统之间数据不通、数据不准、数据不全的问题就难以解决，会长期制约企业信息化水平的提高。

企业级管理信息集成共享平台应该达到以下三个基本要求：①核心是商务业务财务一体化主数据管理；②基础是成本过程管控为主线的综合项目管理系统；③目标是满足全集团多组织高效运营有效管控。只有满足核心、基础、目标这三个基本要求的信息化，才可以称得上基本实现了企业级集成应用。

1. 以商务业务财务一体化主数据管理为核心

收支平衡是商业经营的基本逻辑。任何一个企业要想持续经营，最基本的就是要实现收支平衡。建设工程项目自中标承接开始，到最终结算完成，整个过程涵盖了各类管理行为，这些行为均围绕成本、收入及效益之间的关

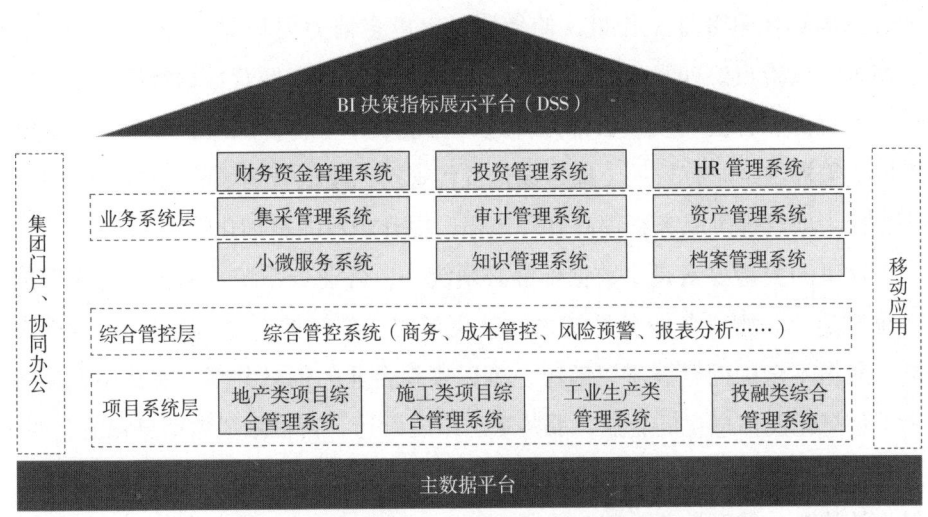

图 4-9　管理数字化"企业级应用"规划设计图

系展开。如何厘清现场管理与收入、成本、效益间的关系,实现商务过程成本和财务核算成本的无缝连接,实现企业商务财务经济数据的完整、准确、一致,从而实现企业经营的基本逻辑——收支平衡、集约增效,是企业信息化过程中必须面对、必须解决的基本问题。

要通过管理信息化集成系统的深度应用,加强过程管控,杜绝管理漏洞,提高工作效率,降低运营成本,增加企业效益。一是要实现流程在线办理。项目材料、分包、设备与周材租赁四类业务的合同、结算、支付在线审批、自动结算,并通过资金支付倒逼业务规范管理,解决无合同不结算,支付不超合同比例付款。二是要实现业务在线办理。物资总控计划、需用计划、废旧材料的线上调拨与处理,分包合同签订、变更、结算、支付,设备与周材的进场、停租、出场、结算等业务实现在线办理,从而加强成本过程管控,提高工作效率。三是要实现台账报表自动生成。物资入出库流水、对账单、结算单,分包与租赁合同、结算及支付等台账,物资与分包等成本报表实现自动归集,商务人员成本分析直接从线上取数,成本报表编制、商务与物资管理统计、计算、整理等日常工作均由系统自动完成,从而大大减少业务管理人员的具体事务性工作量，使他们腾出更多精力去开源，去关注盈利点、亏损点、风险点。四是实现远程在线稽查。项目生产经营数据在线共享，实现公司总部、分公司及项目部三级远程在线成本分析，风险自动预警，为管理层决策提供及时有效的支撑，强化过程管控，降低管理风险，同时更方便、快捷地为项目提供服务，提高管理效率，提升企业的精细化管理水平。

这里的关键要素是主数据标准必须统一，各业务系统数据必须与主数据系统互通。否则，各业务系统之间就会形成"部门墙"，数据不通、数据不准、数据不全的问题就难以解决，难以实现企业的信息共享。实践中，那些为了信息化而信息化的企业，那些缺乏顶层设计、盲目跟风做信息化的企业，都吃尽了"部门墙"的苦头，他们在企业信息化上虽然花了不少时间和金钱，但收效甚微，甚至是负收获。

2. 以成本管理为主线的综合项目管理为基础

商务成本和财务成本的成本子项科目的名称、内涵和核算规则的不一致，是业务财务"一体化"的一大难题。要实现"业务财务一体化"必须首先实现管理语言的统一，必须搞好管理信息因子标准化数据库的建设，这里边最为核心的是商务财务一体化所需要的管理信息因子标准化数据（图4-10）。

要根据业务财务一体化集成的需要，建立商务造价工程量清单成本子项与财务会计核算成本子项的对应逻辑关系，制定最末级科目之间的对照标准并形成统一模板，在物资采购、商务合约、财务核算、资金支付等不同的管理环节中，实现材料费、人工费、机械费、现场经费和专业分包费等五大成本核算在口径与内涵上的统一，完善信息化数据编码体系，完成管理语言与信息语言的统一，实现管理与信息的融合。企业管理信息化过程，包含了市场营销、合同管理、项目策划及实施、工程结算到竣工验收的项目管理全过程。其中，在市场营销阶段主要以客户管理、招标投标管理为重点，在项目实施阶段，主要以合同为主线，项目五大成本过程管控为核心，实现劳务、物资、机械、周材、专业分包从合同管理到结算管理及付款管理的全过程管控。其中，物资实现从物资总控计划、月度计划、实际计划、采购、入库、出库、盘点

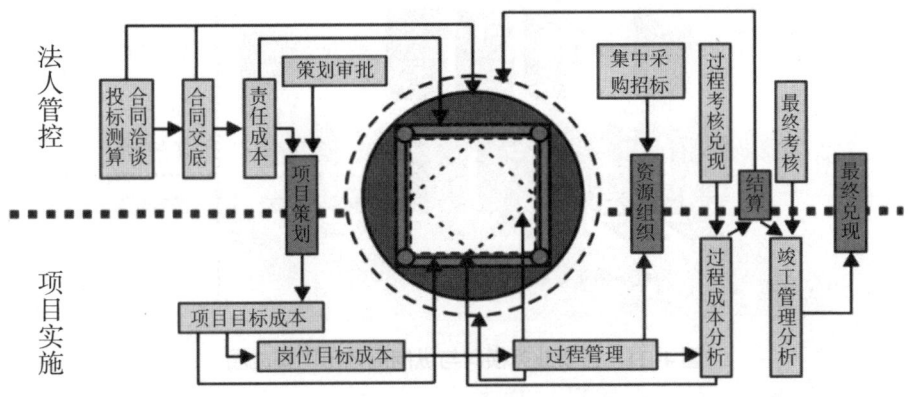

图 4–10　项目成本管理职能关系图

以及结算到支付的闭环管理，实现分包从合同评审与签定、过程与最终结算、成本分析及支付闭环管理，实现设备与周材租赁从合同评审与签定，设备周材进场、出场、停租、成本归集及支付的闭环管理，实现从主合同、产值报量与审核、到收入列收到收款管理的闭环管理，最后实现从预算收入、责任成本、目标成本到实际成本的统计分析等核心内容。同时项目的运行成果可以从商务的口径和从财务的口径两方面及时、精准反应，实现管理者由原有的事后到事中管控的转变。

3. 以满足全企业多层级高效运营、有效管控为基本目标

所有的业务系统都要在统一标准的主数据平台上进行信息互通、数据共享，才能实现各项业务横向与纵向高效协同集成（图 4–11）。这里的关键要素是主数据标准必须统一，各业务系统数据必须与主数据系统互通。底座平台一定要采用 IT 企业的成熟产品，主数据系统要由 IT 企业和建设企业联合建设，集团门户、OA 协同等业务系统可直接采用 IT 企业的成熟产品，再加一点儿少量的二次开发。人力资源、财务资金等业务系统在采用 IT 企业的产品时，二次开发的工作量会大一些，商务成本、集采与供应链、综合项目管理等系统必须以建筑企业为主、IT 企业为辅进行开发建设，BI 决策系统等则需要建筑企业提出明确的管理需求之后才能进行，IT 技术提供服务支持。

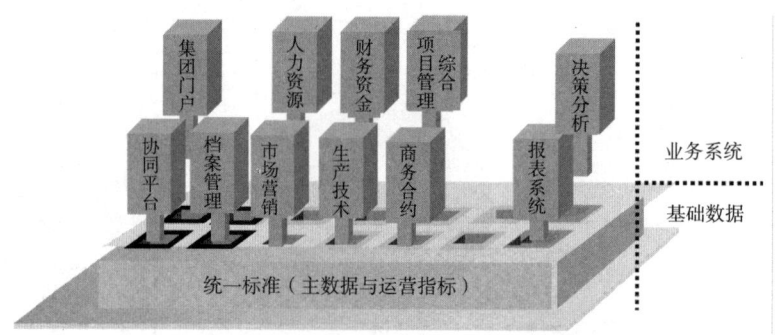

图 4-11　各项业务横向与纵向高效协同集成图

企业级信息化集成应用的关键在于"联"和"通"。企业通过管理标准化、信息化、精细化这"三化融合"，达到五个"互联互通"，从而实现全企业多层级高效运营、有效管控的基本目标。一般来说，建设工程企业的组织架构包括企业总部、区域分公司、项目经理部这三级组织机构，对于集团性企业来讲，一般设有集团总部、子公司总部、区域分公司和项目经理部四个管理层级，每一级组织机构的战略定位、职能职责、管理权限以及对信息的需求和管理目标、方式等都有所不同，企业级信息化集成应用平台必须根据整个企业各层级组织的不同特点和不同管理需求，实现信息资源互通共享、管理协同高效、管控到位有效，这就要求必须实现五个"互联互通"：一是集团企业上下的互联互通，二是商务财务资金互联互通，三是线上线下要互联互通，四是各个业务系统的互联互通，五是上下产业链条互联互通。

为了实现五个"互联互通"，需要从企业总部层面分层、分类统一建立报表决策分析模型，充分应用信息化技术，确保所有数据从源头、报表业务、决策系统来，实现数据一次录入、分级分类及时汇总分析的整体要求。主要有三层架构：第一层为业务系统，服务项目管理者，实现业务过程管理，完成基础数据的采集，反映项目运营状况。第二层为台账报表系统，服务于分子公司及企业层级业务管理者。实现数据从各业务系统自动抽取数据，及时反映分公司及全公司项目运营情况。第三层为决策分析系统，服务于分支机构和企业总部决策者。利用图形可视化界面，基于各层面的经营成果系统进行自动数据分析与预警，实现公司各层级分级汇总管理与管控要求，做到资源共享、敏捷管控的目的。

四、数字化体系构建

数字化技术体系与安全体系是企业数字化建设的基础设施，它包括三个方面，即：新型 IT 体系、数据治理体系、信息安全体系。

（1）新型 IT 体系（图 4-12）。传统的 IT 体系，要么是完全依赖外部 IT 公司，要么是基本靠自建，要么是外部内部结合。这里所说的新型 IT 体系特指在一个好的技术平台上，使企业拥有低代码自主研发的能力，这就把企业和外部 IT 公司在合作不确定性上建立了确定性，再通过数据中台的方式，形成企业的"数据湖"。

混合云也是未来的发展方向，这里的混合云不是传统的部署方式上区分公有云、私有云，而是从企业应用的角度，一部分核心系统部署在私有云，一部分业务系统使用 SaaS 厂商的外部云，两者再通过接口打通、数据回流的方式进行协作。

低代码开发	数据中台	混合云
无须编码（0代码或无代码）或通过少量代码就可以快速生成应用程序的开发平台。允许终端用户使用易于理解的可视化工具开发自己的应用程序，而不是传统的编写代码方式。 ✓ 上手快 ✓ 开发快 ✓ 运行快 ✓ 运维快	数据中台是信息化系统业务与数据沉淀的载体，是实现数据赋能新业务、新应用的中间、支撑性平台。是新型信息化应用框架体系中的核心	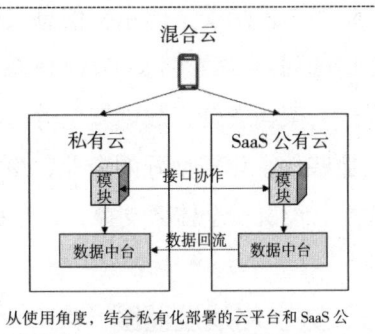 从使用角度，结合私有化部署的云平台和 SaaS 公有云产品，通过接口协作和数据回流的方式实现业财一体化、社会化协作和数据完整性的目标

图 4-12　新型 IT 结构

（2）数据治理体系（图4-13）。数据是企业的核心资产，但是资产如何保值、增值，就需要很多技术支持，比如数据标准化、元数据、主数据管理，扩展性高、性能稳定的大数据平台，加上强大的数据指标加工能力，实现数据驱动管理，技术赋能企业发展。

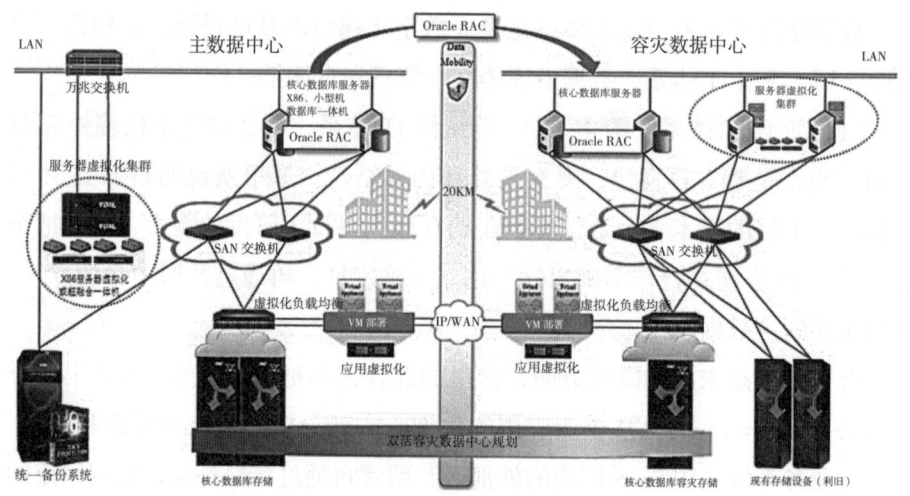

图4-13 双活容灾数据中心规划

（3）信息安全体系。信息安全是数字化转型和产业互联网升级都必须要考虑的问题，数字化的安全体系包括网络安全、业务监控、办公安全、终端安全、架构安全、数据安全等方面。企业数字化过程要十分重视安全，尤其是那些数字化转型好的企业，更要注重安全。付出极大成本所建立的数字化成果，没有安全体系支撑，一旦碰到了"坏人"，是会出大问题的。

五、数字化建设蓝图

数字化建设蓝图是企业数字化建设的指引，企业应当根据企业实际认真组织专业人员进行编制。

在编制数字化建设蓝图时，要注意企业信息化规划中各项实施内容的转

化、落地,重点把握以下几个方面:

一是做好主数据管理。以企业管理标准化为纲领、主数据管理系统为工具,实现企业管理信息共享平台"管理信息因子"的标准化、可数字化,保障各信息系统间的数据共享、高效集成。

二是做实项目系统层。按照各专业版块项目管理的逻辑,以商务财务一体化主数据为基础,以项目成本管控为主线,构建不同专业板块涵盖项目管理各个环节的综合性管理平台。

三是做专业务系统层。围绕全集团共性业务、共享服务、共享资源等内容构建,实现管理的集约化、标准化与规范化,实现各类资源、服务在全企业范围的共享。

四是做强综合管控层。以项目管理层的应用为基础,围绕商务、成本、风险预警等内容,分级分权搭建管理报表体系,实现对各专业版块各个项目运营情况的实时、动态的统计与分析。

五是做优生态圈互通。构建与外部合作伙伴、上游供应商、下游客户之间的协同、互动平台,实现企业生态圈与社会生态圈之间的互联互通,并最终形成内外协同、互惠互通的社会级信息共享平台。

在选择数字化技术架构时,要按照轻前台、强中台、快后台的思路,融合移动互联网、大数据、云计算等技术,搭建一套高效、先进、安全、智能的综合管理信息共享平台(图4-14)。

轻前台:通过小微门户的方式提供各种登录通道,实现角色"窗口"式办公的目的。通过"角色窗口"业务模式的打造,可以按角色对企业业务模式重新定义,提高效率,支撑公司战略转型。

强中台:通过核心业务层和运营共享层两类业务系统,处理公司所有板块的各类业务,为前台提供服务支持。通过集团综合共享服务体系的搭建,加强对业务的管控力度、标准化业务操作规范,起到对前端业务单元强有力的支撑作用。

快后台:系统功能众多,数据分布复杂且增量较快,这是大型集团化公司所面临的问题。因此,为保障数据的快速处理和数据的快速获得,后台必

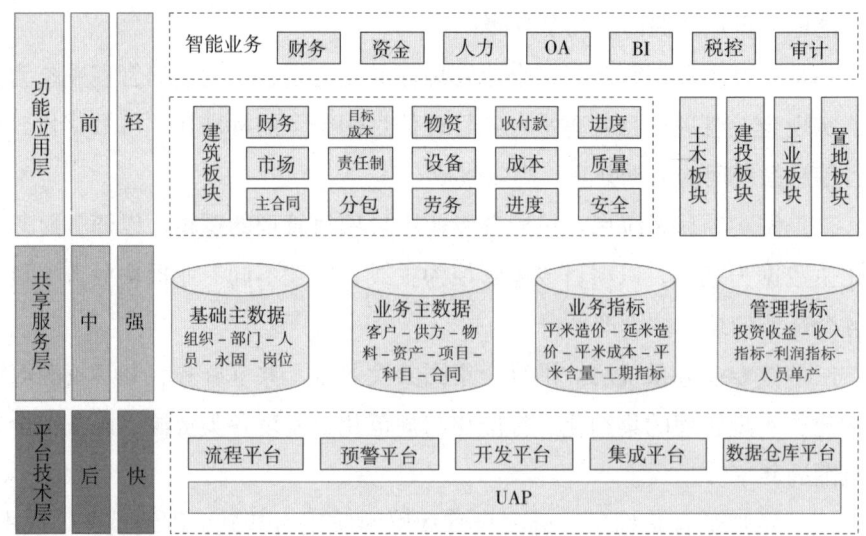

图 4-14 云平台应用架构图

须利用先进的技术手段和实施保障足够强大和稳定。

在进行数字化业务系统具体建设时,一要按照"一平台、多系统"和"总体规划,分步实施"的原则推进。在统一的平台上规划建设人力、财务资金、商务成本、行政、法务、品牌文化、综合运营等综合管理应用系统,实现基础管理信息、各类经营业务管理信息、分析评价与决策信息、外部业务对接信息的统一管理,同时,做好业务系统与财务系统的打通,满足业务追溯、结算控制方面的需要。最终,满足各专业版块间的信息互通和服务共享,实现在生产经营过程中的协同增效。

二要充分运用企业大数据,提高数据分析和决策支持能力。将公司的投资、生产、经营、成本、价格、客户、财务、人力资源等各种经营、管理的基础数据录入系统,分类存储形成企业数据库,为公司经营、管理决策服务,提高管理效益。

三要以商务业务财务一体化为核心,通过主数据实现系统间的联通,横向打通各产业集团的业务开发价值链。实现跨部门、跨业务流程的优化与信息共享,最终通过大数据分析应用,高效多维度满足企业管理与发展的信息需求，为企业的战略推进及科学决策服务。

四要优化公司治理体系，明确各级组织的职能定位，建立适配的组织管控体系和清晰的权责关系。以信息管理平台为依托固化各类业务的管理流程、业务处理规则和控制规则，保障各个层级权利和义务的对等实现，达到扁平化管理的目标，提高各业务单元间的协同效率和业务的运作规范，增强提高企业管控能力和决策效率。

第四节　企业数字化策略

一、思维模式更新

企业数字化转型涉及企业经营组织的变革、职能权责的调整和利益格局的变动，必然伴随着思想观念的冲突、管理机制的改革，这需要通过思维的更新来带动。

思维模式可以分为线性思维、ERP思维、跨界思维和生态思维。不同的思维方式会影响企业数字化的进程。

1. 线性思维模式下的数字化

在线性思维模式下，企业信息化是围绕"岗位级应用"和"部门级应用"展开的。这一阶段先是为岗位服务的通用信息技术，如计算机辅助办公、专业工具软件产品的应用，包括计算机辅助设计、文字、图表处理电子化（办公软件）、工程预算、钢筋下料、工程算量、测量定位等；后来随着信息化应用的加深，局部的、专业部门业务管理子系统的产品逐渐成熟，应用更加深入广泛一些。信息化应用的主要业务系统有：办公自动化系统、财务管理系统、企业门户系统、人力资源管理系统、视频会议系统、档案管理系统、项目管理系统、决策支持系统等。这一阶段初步实现了主要业务系统的数据管理，逐步实现了系统"定制化"的优化。与此同时，子系统之间的矛盾也越来越显现，对其进行变革升级的需求也越来越强烈。

2.ERP 思维模式下的数字化

由于"岗位级""部门级"应用带来的问题与矛盾不断出现，且企业发展与企业管控需求的不断变化，"企业级应用"逐渐成为工程建设企业追求的目标，ERP 思维应运而生。在 ERP 思维模式下，追求从上而下的精准求解，强调因果关系，要求信息高度对应统一，企业信息化集中部署，实现"大一统"管控，企业运营管控能力大大提升。但是，这种集中式、集成式的信息系统平台，信息量越来越大，死机宕机现象频发，数据的使用效率并不理想，企业信息化应用面临诸多困惑，企业信息化应用水平越来越满足不了企业管理与发展的需要。

3.跨界思维模式下的数字化

ERP 思维的局限性及实际工作中的困惑，引发了"跨界思维"。由于我们所处的物理世界和商业环境并不是完全的精确求解，不能一味地强调因果，而"跨界思维"则体现了近似求解，只看关联，不问因果，它是一种"大数据思维"。

怎么才能突破"ERP 思维"的局限呢？这里引入"餐桌理论"，以引起大家的思考（图 4-15）。

"餐桌理论"中包含：食材、供应商、后厨、餐桌和食客，还有一些看不见的内容，比如当地经济状况、餐馆选址、风俗习惯等。在这样一个场景下，食客是多种多样的，餐桌上的菜会有多种版本，也有主餐和酒水的菜单之分，菜谱也不是一成不变的，它还会时常变化升级，后厨的分工随着餐馆经营范围的变化而改变，食材供应商又有各种差异，比如大小、服务能力、地域特征等，在这样的场景里，四种角色基于一张餐桌产生了联系。

类比到信息化，各种各样的信息化系统也是以"菜单"为入口。在"餐桌理论"下，食客是中心，不同的食客代表了不同的 IT 需求方，不同的需求

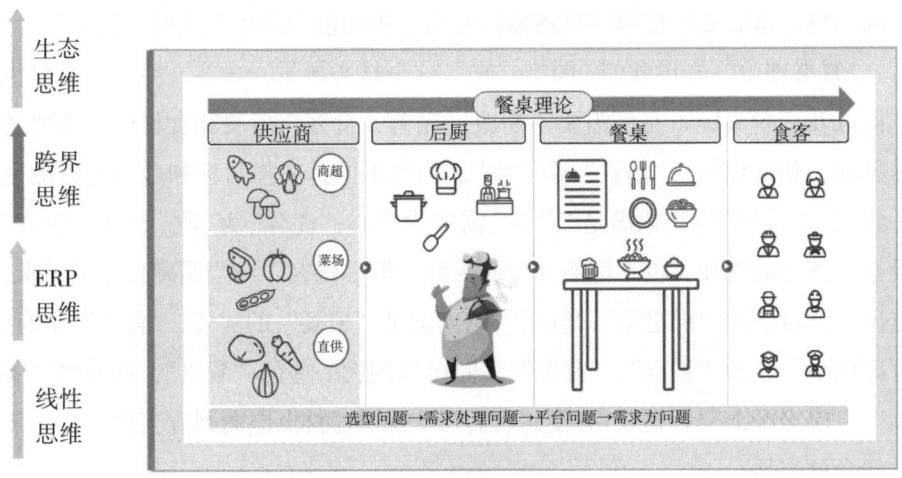

图 4–15　数字思维的餐桌理论

方所产生的需求需要交由后厨处理，后厨既包括各类 IT 企业，也包括建设企业内部的 IT 部门。后厨一方面要处理各类需求，进行加工整合，还需要联系食材供应商，餐桌就是后厨和食客所交汇的地方。可以类比为数字化转型的平台，平台会促进需求的循环，但是一个封闭的平台反倒会限制企业的发展。所以"餐桌理论"的另一个重要问题就是平台，ERP 阶段是选系统，而跨界阶段就要选平台。那些对需求方友好的科技平台，它以较低的成本，更好地满足不同部门、不同合作方的需求。就像芯片的发展，新一代的工艺不仅先进，性能更优，而且耗电量会更低。当有了一个可扩展的平台后，后厨也要与之配合，利用新的平台思路处理需求问题，当出现颠覆性的技术突破时，甚至会改变原来的分工结构。

好的科技平台，是可以让"食客"直接参与管理平台的二次开发建设中，而不是仅仅依靠专业的"后厨"把管理平台建设好，这种科技赋能也是非常直接、非常重要的。针对新的平台，原有的供应商产品和供应商优势都需要重新审视，因为数字化转型不是一日之功，在长期合作的过程中，有些供应商的生命周期非常短暂，有些老旧的系统无人问津。在"餐桌理论"中，那些已经冷掉的"菜"，可以回锅重新翻炒，也可能被淘汰，或者在餐桌上直接定向加热，这需要依赖那些具备监控能力、重构能力的更先进的"餐桌"。

"餐桌理论"告诉我们：围绕"吃"这个核心场景，食客、后厨和食材供应商以及"餐桌"本身都需要不断改进完善，食客、后厨和食材供应商要各尽其能，相向而行。"场景"是"吃"，角色不同，工作目标和最终的目的是一致的。"厨师"应当以满足"食客"需要为中心；"食客"为"吃"而来，"食客"没必要都变成厨师，也不可能都变成厨师，但"食客"应当明确自己的需求，点出适合自己的"那盘菜"；"餐桌"应当满足"聚餐"的需要，"食客"少时，可以用小一点的"餐桌"，"食客"多时可以用大一些的"餐桌"，必要时"餐桌"上应当配上"转盘"，方便"食客"夹菜；食材供应商则应当供应合乎需求的食材产品。

跨界思维模式下，要求我们的食客、后厨、供应商都要具备"跨界思维"，一切从长远需求出发，多思考相关方诉求，敢于牺牲眼前利益，放眼于更长远的利益，把生意做好、做大、做长远。这不仅需要战略眼光，也需要自身强大的能力和"先进"科技平台的协同。

4. 生态思维模式下的数字化

生态思维模式下，合作共赢为根本，以数字化为手段，加快产业协作为基础，产学研多方共同推进产业升级为目标。通过模式创新、科技创新、思维升级，在产业互联网下达到多种诉求相互融合，实现各自企业在生态链上经济效益的放大。随着数字化技术的不断迭代升级，未来会以轻量化的 APP 为主要发展方向，结合 ERP 系统，不仅可以复用现有成果，也可以借助轻量化应用把整个生态蓝图补充完整。彼此之间，既能合作，又可以保证自己本身的商业核心数据保存在企业内部，各种服务、数据、能力以 APP 为载体，彼此之间相互交融。

二、企业管理主导与 IT 技术服务

大家记得，早些年"互联网+"是如同今天"数字化"一样的热词，叫"互

联网+"更多的是一种以技术为主建设信息化的逻辑体现。我认为，我们建设行业应该是"+互联网"而不是"互联网+"。我们是传统企业，不可能变成互联网企业，但我们要运用信息互联技术为管理服务，赋能企业发展，提高生产效率，提高社会生产力。这一点，人们的认识是逐渐转变、逐步提升的。

近年来，在建设企业信息化的实施过程中，信息化建设主导者出现了三种情况（图4-16）：第一种是部门采购为主的情况。它的信息化组织由多家相互独立、相互割裂的"供应商"组成，不同系统之间经常出现功能重复的问题，系统间难以打通，数据难以整合。第二种是IT企业为主的情况。它虽然形成了可以借鉴的行业案例，并制定了比较全面的数字化蓝图，但IT企业很难深度理解实体企业的业务发展战略和管理逻辑，并非真正的甲方视角和思维，更多的是IT思维，不够关注管理，没有以赋能为目标。第三种是实体企业主导的情况。它的特点是围绕企业战略和业务目标，甲方负责平台级产品规划、乙方负责模块级产品的实施与落地。

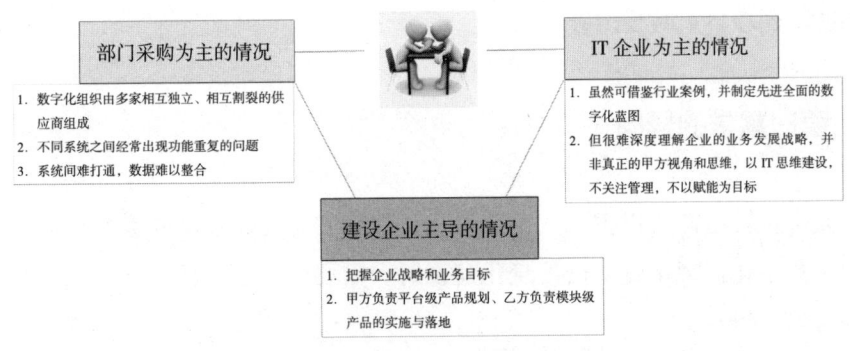

图4-16　数字化建设实施的三种情况

可喜的是，近些年通过行业信息化协会的不断推动，企业家的积极探索，IT企业的不断融合，行业逐渐出现了更多成熟、成功的案例。总结这些案例时发现，建设企业自己主导、IT企业深度参与的情形越来越多了，这正体现了信息科技为管理服务，回归赋能的本质。

为什么有些企业在上了信息化系统之后，管理效率还是提不上来？一是因为有些企业在执行数字化战略时缺乏顶层规划，导致上了多重系统，但是系统直接割裂。不仅员工在各个系统之间跳转，学习使用系统上要花不少时间，还有可能各个系统的数据口径不一致，导致数据无法在各个系统之间流通，最后数据用不起来。业务用不起来，IT人员则花大量时间排查数据逻辑、数据口径问题，最后花钱买了系统却多了一堆麻烦。为了应对这个问题，一是要在系统建设前期就做好规划解决数据孤岛问题，二是可以采购PMIS系统来进行整合提升决策效率。

传统建筑行业的一大痛点是难以预测生产要素。我们为什么要讲数字化转型？在如今的存量低利润时代，我们更要讲精细化运营。美国的雷达里奥运用数字化手段记录自己和旗下投资经理的每一次投资决策，作为未来辅助决策的手段，在此系统上建立了世界上最大的对冲基金。这就是数智化，让数据提供洞察，辅助决策。同样的手段也可以运用在建筑施工企业的管理中，比如以项目为中心收集各生产要素的数据，并记录实际使用情况。那在以后类似的项目上就能更准确地预测各生产要素的需求，并结合运筹学，将人员动态匹配到项目上减少闲置。

三、管理需求的导向

数字化转型需要以投入产出为考量，以切实帮助企业经营为目标，而不能为了数字化而数字化。做信息化建设时，需要分解企业的基层需求与高层管理需求（图4-17）。

基层需求的核心是以用为主，做到实用、好用、爱用、易用。"实用"就是功能实用，能满足员工需求但不过度建设。"好用"是系统能够快速响应、高效工作。"爱用"是能满足用户的需求痛点。"易用"是指系统界面的交互友好，用户体验愉悦度高。

具体到系统设计层面，应遵循"三个导向"，围绕"六点需求"展开。"三个导向"分别是减输入、增输出、提速度，每一种导向则围绕两点需求推进，

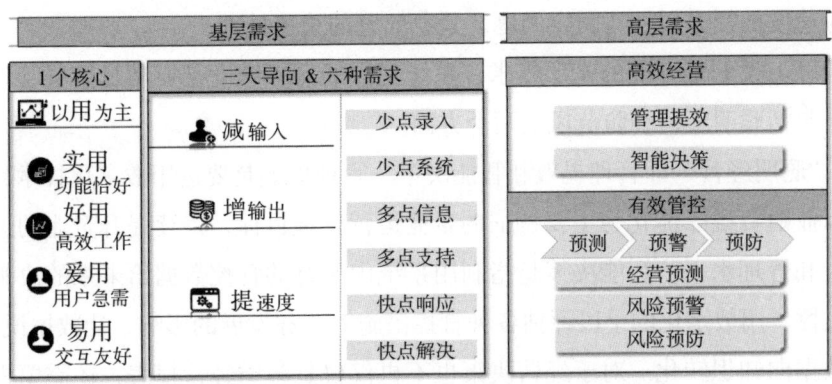

图 4–17　企业管理基层需求与高层需求

解决好这"六点需求"是企业数字化的关键。

第一个导向是"减输入"。指"少点录入""少点系统"。建设系统时要充分考虑表单的复用和数据的流通来减少线上表单录入、线下表单填报和数据重复收集的情况，真正解放"表哥、表妹"。"少点系统"是指减少重复功能和系统入口。某些公司因为系统建设的历史原因，没有统一规划导致各业务系统各自为政，完成一个业务流程往往要横跨多个系统不断切换，用户体验差。系统建设要避免用户反复登录、重复录入，最好通过一体化的协同门户工作台，方便快捷地进入各系统模块，节省时间，提高工作效率。

第二个导向是"增输出"。指的是"多点信息""多点支持"。建设好用、实用的系统就要能为一线员工提供更多的分析信息并消除部门的信息壁垒，做到信息真正的互融互通。系统建设要攻克信息化建设的"三座大山"中的"部门墙"和"数据篱"。"多点支持"指的是有完善可迭代的系统操作指引，可帮助员工快速掌握系统，并且能在问题发生时得到更多支持和帮助。建设系统的人和使用系统的人往往不是同一工种，导致系统建设者所特有的 IT 角度和实际工作的业务角度往往有偏差，所以系统建设者需要多一些努力与付出，所设计的信息系统尽量贴合员工实际需求，并保证友好的体验与感受。"多点支持"便是以用户为核心提供支持。

第三个导向是"提速度"。指的是"快点响应""快点解决"，也就是系统响应速度的提升以及对突发问题、紧急问题的快速处理。

以上说的是企业的基层需求，系统建设的另一维度是要满足高层管理需求，包括聪明经营和防范风险两个方面。

"聪明经营"即管理提效和智能决策。管理提效是要运用数字化技术，实现以业财资税一体化为主要特征的企业运营管理目标，持续提升企业的运营质量和管理水平。智能决策是指利用系统中所有的管控数据给未来的决策提供支撑，用数字化的手段评估各种管控措施对业务发展的影响，让数据说话，让数据向知识转化。对于经营决策也不再仅仅是各类经营报表，还需要提供经营建议，从而实现经营决策智能化的效果。

"防范风险"，包括经营预测、风险预警和风险预防。经营预测是指结合企业各类执行数据、经营数据、外部数据，通过强大的算力和匹配的算法模型，得到本企业的各类经营分析成果；风险的预警和防范则通过项目生产经营数据在线共享，实现公司总部、分公司及项目部三级远程在线成本分析，风险自动预警，为管理层决策提供及时有效的支撑，强化过程管控，降低管理风险，同时更方便、快捷地为项目提供服务，提高管理效率，提升企业的精细化管理水平。

四、价值挖掘与创新

数字化建设需要持续投入，要从价值的视角出发，处理好价值和管理、管理和落地、价值和创新的关系（图4-18）。

建设企业的信息化应用可以分为岗位级、部门级、企业级、社会级，也就是我们常说的信息化应用1.0、2.0、3.0、4.0，而对应的价值就是：1.0价值点、2.0价值链、3.0价值面、4.0价值网。企业级的价值面是一个复杂的多面体，由各种价值链联通起来，社会级的价值网类似于DNA的结构，它是由很多的价值面联通起来的。

从管理到落地，可以将企业内部的各类系统经过抽象后统称为该企业的"一朵云"（平台），这个"云平台"的组成包括：系统（系统之下可以有

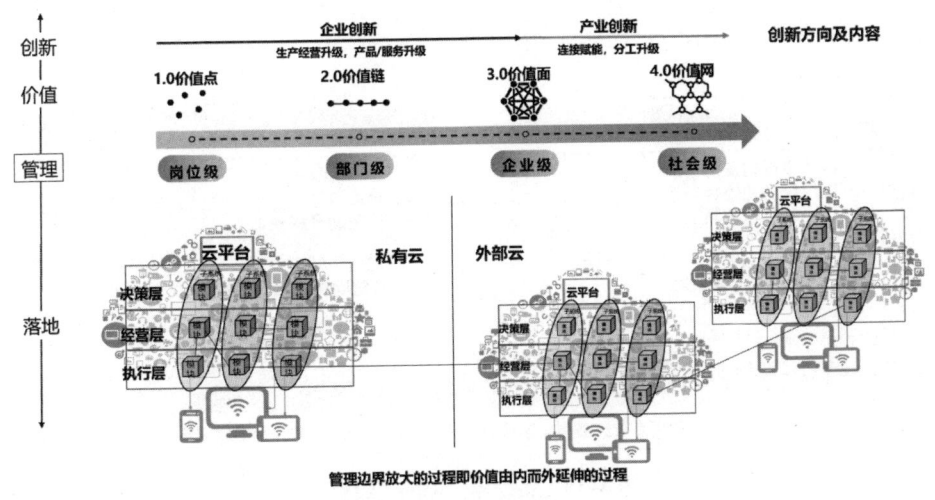

图 4-18 价值延伸

子系统)、管理模块、工作单元、工作场景、管理节点和管理信息因子。从图 4-18 中可以看出系统内部的模块间、系统之间的模块间都是有关联的。企业的"云平台"部署在私有云,而生态伙伴的"云平台"部署在外部云,每朵"云"之间借助模块的关联形成了一个合作体系。随着这种体系落地的过程,实现了价值向外的延伸,也实现了管理的向外延伸,管理边界的放大过程就是价值由内而外延伸的过程。数字化转型不仅仅是"一朵云"落地,云和云之间互联互通。

数字化转型的另一个重要方面就是创新。在企业创新上,可以结合价值点、价值链、价值面的重组,迭代完成"进化",企业创新可以是生产经营升级,产品和服务升级;在产业创新上,可以结合价值面、价值网的重组,迭代衍生完成"进化",产业创新可以是连接赋能、分工升级等。

创新能够带来价值。如何下定决心创新,怎么发现转型创新所带来的价值,找到转型与价值的"奇点"尤为重要(图 4-19)。先从企业内部来看,转型创新分为岗位级重构复用、部门级协调整合、企业级多样创新。创新并不是要推倒重来,我们可以借助现有成果,针对"岗位级"的系统在创

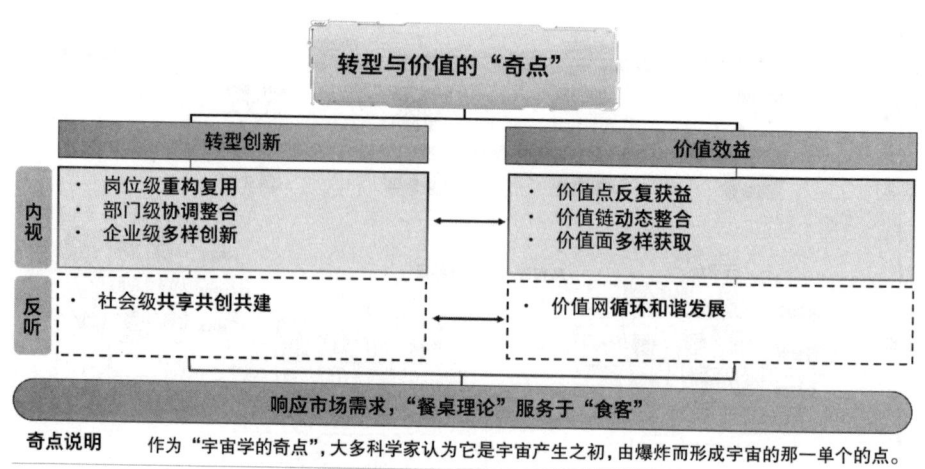

图 4-19 转型与价值的"奇点"

新过程中重构升级,岗位的价值就可以反复获益;部门级的创新可以是更加精细、更加全面地协调整合,部门的价值可以在动态整合中获益;"企业级"的创新可以体现在多样性、多元化上,即产品服务多样化、经营模式多元化等方面,企业的价值可以从多样化的发展中获益;企业创新所带动的社会创新可以表现为共创共建共享,要达到这种目标,就必须使 IT 企业和传统企业更深度地合作,在社会生态体系中,所有的参与方都要从循环和谐发展中获益。

转型创新需要把市场需求放在第一位,IT 企业要想创新,就必须服从于"餐桌理论",明确所有的技术需要服务"食客",不能仅从自己的角度出发。这种以价值为指引的转型创新才可以保证生态和谐,长久发展。

企业的发展,可以借助数字化的手段,合作共赢。数字化转型的未来是高度分工、共建共赢的,在新型 IT 架构体系下,未来的系统可以是积木式、分布式的,高性能、高响应、低成本、低门槛将是科学技术发展的方向。

第五节　企业数字化的组织实施

一、企业数字化顶层设计的"四个师"

企业管理标准化达到可数字化的程度以后，在启动企业管理信息化时，还必须统筹顶层设计。要想做一个好的企业管理信息化顶层设计，必须具备四个条件，也就是要有"四个师"：一是要有一个好的规划设计师。规划设计师一般应由企业主要经营管理者（董事长或总经理）担任。规划设计师要思路清晰，目标明确，态度坚定。企业要搞一个什么样的信息化，必须由主要经营管理者提出明确的管理需求。就像建房子，我们是要建宾馆酒店？还是办公写字楼？还是公寓住宅楼？事先必须明确，过程中不能来回变。这个大楼准备建成什么档次？低档、中档、高档？事先也必须明确清晰，建造过程中不能变来变去。在做信息化顶层设计时，要重点考虑企业的经营结构、组织结构、管理体系、运营机制、员工素质以及信息技术选型、技术框架与技术路线、实施团队、资源保障等多种因素。二是要有一个好的管理架构师。管理架构师一般由企业分管领导担任，有时是由企业主要经营者和分管领导共同担任这一角色。管理架构师如同建房子的建筑设计师，他要提出房子的设计风格、功能布局、开间大小、装修档次等。管理架构师要具备较高的专业素养，既要懂建筑企业的运营管理，又要对信息技术有一定了解，还要具有强烈的创新意识、饱满的工作热情和足够的执行能力。三是要有一个好的IT架构师。IT架构师一般由IT专业架构师或企业信息中心主任担任。IT架构师必须具备很强的专业技术能力和勤勉务实的职业操守。IT架构师就像建房子中的结构工程师，建筑师做出建筑图，结构师就要根据建筑图完成结构图设计。一个好的建筑必须有好的建筑图和好的结构图，两者要做到无缝链接融合。四是要有一个好的建设操盘师（或者项目经理）。企业在进行顶层设计时就要明确系统建设操盘师，也就是信息化实施工作小组组长。一般情况下，企业在实施信息化时都会成立一个协调领导小组、负责重大决策、工作部署、资源协调等，同时还会成立一个信息化实施工作小组，来负责具体工作落实，这个工作小组组长就应该是信息化建设的操盘师。规划设计师、管理架构师、IT架构师和建设操盘师这"四个师"是决定企业管理信息化成功与否的基本条件。这"四个师"主要是从角色职能上来讲的，并不是"一是一""一对一"的关系，有时可以兼职，有时则需要共职，实行"一人两师"或者"一师两人"，但这"四师"的基本功能是不可缺少的。

只要有了一个可数字化的企业管理标准化作基础，加上"四个师"的基本条件，就一定能够制定出一个科学合理的、符合企业实际的、具有可操作性的企业信息化顶层设计，再加上扎实推进，假以时日，就能够实现企业管理与信息互联技术的"深度融合"。

二、企业数字化的"三只手"

企业信息化是一场企业管理的革命，涉及企业运营管理的各个方面，必然伴随着思想观念、运营机制、工作方式等的冲突和改变，以及管理机制的改革。因此，当我们明确解决了企业信息化的方向目标、基本思路、基本路径、工作重点、着力点、关键点、突破口和焦点之后，建筑企业信息化能否真正推进实施，能否达到预期效果，成功与否在于企业的"三只手"。这"三只手"就是：思路清晰、态度坚定的"一把手"；执行有力，勇于创新的"发烧友"；业务精通、任劳任怨的"操盘手"。

企业管理信息化是一场企业管理的革命，涉及企业经营组织的变革、职能权责的调整、利益格局的异动，必然伴随着思想观念的冲突，管理机制的改革，没有"一把手"的战略决心和强力推动，是难以有所行动的。并且"一把手"还必须"思路清晰，态度坚定"。思路清晰是说"一把手"在谋划企业管理信息化时要有一个清晰的目标，明确自己的管理需求和实现管理需求的基本路径以及实现信息化目标的资源保障；"态度坚定"是说在信息化推进过程中"一把手"不能左右摇摆，不能轻易改变决定，否则就会"半途而废"，还不如不搞。"发烧友"是指企业领导班子中的分管领导,"发烧友"可以是1位,也可以是2～3位(主要是分管信息化、商务合约、财务资金的领导)。"发烧友"首先要对信息化有所了解,要热心企业信息化工作,充满激情,执行力强,对企业忠诚勤勉,并且还要勇于创新、善于沟通。"操盘手"是指企业信息中心等部门的负责人,"操盘手"一般来讲应当有1～4人(信息中心主任、商务合约部经理、财务资金部经理、人力资源部经理),可视企业具体情况的不同,依需要而定。"操盘手"要业务精通,熟悉信息互联技术和商务财务业务知识,熟悉企业工作流程和企业管理标准,熟悉企业运营特点、管控目标、人员状况、企业文化等基本情况;并且还要"任劳任怨",不仅"任劳",勇于吃苦,不怕困难,善于解决问题,还要"任怨",在遇到别人的不理解,甚至抱怨时,能够坦然面对,耐心解释,不改初心。

在具备了"三只手"以后,企业就要对信息化作出总体规划部署,分步实施,动员全体员工热情参与,协调企业内外部力量,精诚团结,各司其职,各尽其职,充分沟通,密切合作,攻坚克难,共同推进。只有这样,企业管理信息化才能收到好的效果。

三、数字化建设实施的"四人组"

除了上述的"四个师""三只手"之外,在信息化建设具体实施时,还必须组建"专业四人组"。这是指在信息化建设实施阶段,为保证信息化建设的顺利进行,应当抽调主要业务条线的行家里手组成专业实施推进小组,由于经济主数据是企业信息化的核心,所以专业推进小组中必须包括信息业务操作员、商务业务操作员、物资业务操作员和财务业务操作员,包含这四个方面的业务操作人员的"专业四人组"组成以后,企业要先对"专业四人组"进行专业化培训,不仅让他们知其然,还要让他们知其所以然,他们不仅要成为具体业务的操作员,还应当成为具体业务和信息化业务的老师。在信息化建设的具体实施中,"专业四人组"到各个工程项目上边操作示范,边进行专业培训,逐个项目进行信息化推进,就会达到事半功倍的效果。

有了"三只手""四个师",再加上"专业四人组",企业上下共同努力,坚持不懈、持续推动,企业信息化建设就一定能取得好的效果,实现企业高效运营、有效管控的基本目标。

数字化转型战略的制定要从企业实际情况出发,不做"无源之水、无本之木",不做"空想家"。要结合企业实际制定转型专项规划、明确转型目标和重点、设计商业模式、评估各种影响因素、勾画产业生态蓝图。转型专项规划分为三种:一是短期规划,二是中期规划,三是长期规划。每项规划都需要明确转型目标及重点事项,针对重点事项找到关键路径,针对关键路径进行资源测算,做好资源保障;结合各种静态假设、动态假设,勾画出相应的商业模式,制定实施策略与措施;还需要思考本企业在产业生态环境中所处的位置和目标,或者开辟新的领域,创造新的模式,寻找新的路径。

企业在数字化建设与转型时,需要制定实施方案、纳入年度工作计划、明确新体系下的责权利、动态跟踪和闭环管控,构建数字时代核心竞争力。数字化能力是企业的一项核心能力,要将企业各项能力和数字化相结合,利用数字化这个支点,放大企业的生产能力。

四、企业数字化的投与产

建筑企业的数字化投入普遍偏低,舍不得投入就很难见到成效,就像"十月怀胎,一朝分娩",这是一个持续投入的过程。不能急于求成、一蹴而就,也不能断断续续、一曝十寒。

而在加大投入之前,需要严肃认真地论证企业的数字化规划与选型,要找到一个适合自己的方案,有的选择依靠IT企业,有的选择自建IT团队,这都要结合企业自身实际情况,具体问题具体分析。选型一旦确定,再推倒重来的成本将是巨大的,而广大的软件企业也要看到这里的商机,要让自己的数字化底座可以更好地服务建筑企业,降低使用成本与时间成本。

企业专业人员根据规划与选型框算出数字化投入的项目计划与预算计划,不仅要算细账,更要算大账,有的软件产品引入的时候,成本是不高的,但是后期的维护成本非常高。数字化过程是一个持续投入的过程，要用更长远的时间跨度去计算投入，而且企业的投入要和数字化产出相挂钩，要充分考虑提高员工的生产能力，提高企业的管理效率，提高企业的盈利能力等。如果信息化的投入无法为企业带来真正的好处，那这种投入就是无效投入，甚至还会对企业造成不良影响。所以，在进行数字化选型决策时，企业管理层要十分重视，IT专业人员要将所有可能的利弊罗列出来，最后充分研究决定，这不仅仅是IT专业人员的事情，更是企业高层管理者和全体管理人员的事情。

近些年，企业要高质量发展甚至飞跃，走数字化道路基本成为共识。没有哪家企业不注重数字化投入，只是这个投入该投向哪里，能够帮助企业创造更大的价值？如果要想投入产出比高上去，就必须让企业看到数字化投入的必然性和价值所在，也就是所说的重塑建筑产业生态，建立建筑产业互联网平台，中国建筑企业在数字化转型上面所得到的收益才更加值得期待。

企业的数字化建设要实事求是、量身定制。因为每家企业都有各自的特点和需求，比如企业战略不同、管理策略不同、人员结构不同、企业规模与管理成熟度不同、企业文化不同，甚至每位管理者的管理风格不同，所以数字化的需求必然有所不同，数字化建设很难完全照搬。数字化给企业带来的好处，有的时候是可以快速见效的，而有些时候却需要管理层更大的决心与耐心，持续性地投入资金、人员和时间后才能见效。因此，寻求数字化赋能的捷径，最好的实践是从企业本身的管理需求和战略目标出发，主动拥抱数字技术，明确数字化目标，统一规划，分步实施。所以说，数字化转型与升级是一个"绵绵用力，久久为功"的过程。

数字化赋能是建设行业高质量发展的必由之路。有的人喜欢说数字化转型，而我比较喜欢数字化赋能，因为"数字化赋能"明确了转型的方向，更强调了建设企业数字化的目的。还是那句老话"谁掌握了信息数字技术，并在企业实践中持之以恒地应用，谁就拥有更好的未来"。

第五章

项目管理数字化

工程建设企业的产品是工程项目，工程项目是建设企业的利润来源，是企业赖以生存和发展的基础。因此，建设企业一切管理工作必须以工程项目作为出发点和落脚点。企业信息化建设也必须把"着力点"放在项目管理上，放在工程项目的质量、工期、成本、安全、环保等管理目标的完成上，放在业主、企业和社会各方对工程项目的目标诉求的全面实现上。一个好的工程项目必须做到质量优、工期短、成本低、安全环保好。也就是说，建筑施工企业必须以施工承包合同为依据，坚持工期为纲、质量为本、安全为重、环保为要、成本为先，通过对工程项目实施有效的过程管理，全面达到合同要求，实现业主、企业和政府等相关方对工程项目的目标要求，而项目管理数字化的过程就是通过信息数字技术的应用，使企业的项目管理更加稳定、更加科学、更加透明、更加高效的过程。

第一节 项目过程成本管理数字化

企业数字化应当遵循最基本的商业经营逻辑，以工程项目生产要素最优化配置为目标，以成本管理为主线的综合项目管理为基础，着重抓好成本过程管控这条"主线"。

一、项目成本过程管理数字化的实际意义

首先，通过项目成本管理的数字化过程，实现业务横向与纵向协同高效。过去，财务账套细且繁，手工录入多，表格页面密密麻麻，工作时间长，极易出现差错。而数字化平台建设之后，业务和数据通过后台自动传递与统计，实现"做一不二"，不仅提高了工作效率，而且大大降低了出错概率。管理信息系统中各个业务线的每张表单都依据企业管理标准化手册进行优化，并且每张单据都依据管理需求设置了固定的审批流，项目经理和公司领导可用手机终端实时审批，1天内即可完成，大大节约了审批时间，提高了工作效率。项目商务结算办理、成本报表与分析，公司总部可对项目进行远程在线分析考核。业务（商务、物资）在线办理结算后，可自动生成财务凭证，财务人员可将更多精力由成本核算转移到财务资金管理。材料人员只需在物资进场时及时入库与出库、设备进场与出场时进行登记，系统便可自动生成物资费用明细表、汇总表及对账单，节省了商务、财务、物资及供方人员统计数据和重复对账的工作。

其次，业务数据和管理信息的互联互通，使得成本管理及时、公开、透明，实现降本增效。公司深入应用协同平台，创设零星人工（机械）、合同外签证模板，联通信息管理系统快捷的数据分类整理汇总功能，使得成本管控真正做到日结月清、及时锁定。通过纵横对比，把各项目零星用工（机械）、

钢筋节约率、废料率、周转材及租赁周转材、间接费晒一晒，形成预警机制，找出不足，不断提升项目管理水平。

再次，通过及时准确、分级分类统计、自动预警，实现以数据说话，精准管控。决策图表中的数据源于日常应用的日积月累，不仅准确，还可在线比对，公司领导可实时查阅比对、决策使用。"成本管理方圆图"中的项目合同收入、目标成本、实际成本、利润率等经济指标，能够真实反映项目实际情况。

第四，通过固化管理流程，实现过程管理公开、透明，杜绝漏洞。管理有痕迹，流程不可逆，结果可追溯。从合同到结算，从结算到付款，均由各业务关键岗位审批，各业务表单相互关联，相互穿透，相互制约。通过信息化工具应用，刚柔并济，以刚性保障公司运行管控，坚守底线；以柔性解决项目一事一议的实际需要，服务履约。通过系统设置，实现商务管理中超合同额无法办理过程结算，物资管理中超合同单价无法录入，信息系统中设置控制性条件，不符合条件就无法进入下一步操作流程，以此强化现金流管控落地，既实现了商务财务管理"两个不能"（没有合同不能办理结算、没有结算不能申请付款），资金支付"四个无法"（无合同无法支付、超合同比例无法支付、无计量无法支付、无计划或者计划审批流未完成无法支付），又根据行业特点，设立了绿色通道，避免了死板硬套。如项目特殊情况，需要追加付款、临时性支付时，启用《专项资金支付审批单》，一事一议，保障项目履约。

二、项目成本管控流程

作为建筑产品的工程项目，它的生产建造过程可以分为两大过程：一是工程项目的人、料、机、管等生产要素物化为建筑产品的过程，也就是建筑产品生产成本的形成过程；二是伴随建筑产品物化过程而产生的商业买卖关系的债权债务、资金收支的货币化过程，也就是资金流动的过程。建设企业数字化，就是通过信息互联技术的应用，将这两个物化过程和货币化过程完整地融合在企业信息化集成平台上,经过计算机自动取数、自动运算、自动显示结果,实现集约化管理的过程。这种信息化的过程可以实现经营效益、管理效益、结算效益等三种效益的区分核算考核,可以实现合同预算收入、责任成本、目标成本和实际成本等四算对比分析,还可以实现材料费、人工费、机械费、现场经费和专业分包费等五大成本的分类核算,从而使企业管理的责任体系和绩效考核体系固化到企业管理数字化系统中,使企业管理更加精准、节约、透明、高效,使工程项目的过程管理落到实处。

工程建设企业必须重点关注项目的成本和效益,因为它是施工企业持续生存发展的必要条件。因此,项目管理是建设企业管理的基石,成本管理是项目管理的基石,项目过程管理要以成本管控为主线。要想搞好成本过程管理,就必须厘清企业层面和项目层面的职责分工,建立完善的成本管控体系(图5-1)。

项目从施工项目市场营销立项开始,到中标承接、开工实施,到最终结算完成,涵盖了各类现场管理行为,这些行为均围绕收入、成本及效益之间的关系开展。如何厘清现场管理与收入、成本、效益间的关系,并分析现有项目成本控制和创效管理是否合理和有效,是项目施工过程管理的重点。"项目成本管理方圆理论"涵盖了从市场营销、合同管理、项目策划及实施、工

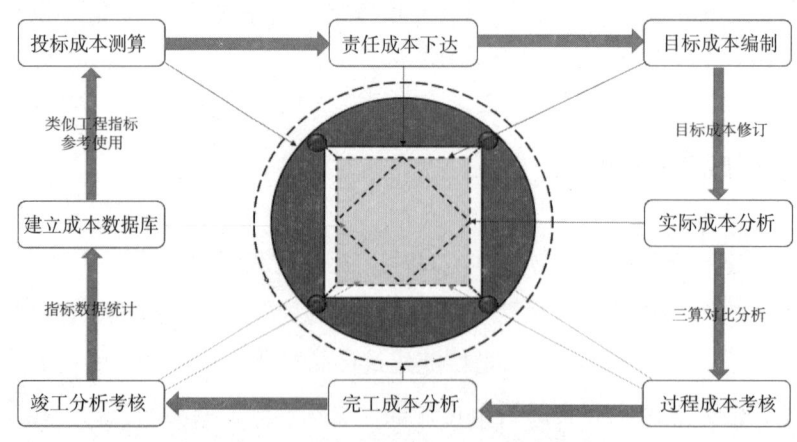

图5-1 工程项目成本管控流程图

程结算到竣工验收的项目全过程内容。在市场营销阶段主要以客户管理、招标投标管理为重点。在项目实施阶段，主要以合同为主线，项目成本管理五大费用为核心，即实现劳务、物资、机械、周材、工程分包从合同管理到结算管理及付款管理的过程管控。其中物资管理实现从物资总控计划、月度计划、实际计划、采购、入库、出库、盘点以及结算到支付的闭环管理；分包管理实现从合同评审与签定、过程与最终结算、成本分析及支付的闭环管理；设备与周材管理实现从合同评审与签定，设备周材进场、出场、停租、成本归集及支付的闭环管理；收入管理实现从主合同、产值报量与审核，到收入列收到收款管理的闭环管理；成本管理实现从目标成本、责任成本到实际成本的统计分析等。项目的运行成果，业务条线可从项目"成本管理方圆图"中及时、精准反应，做到了由事后到事中管控的转变（图5-2）。

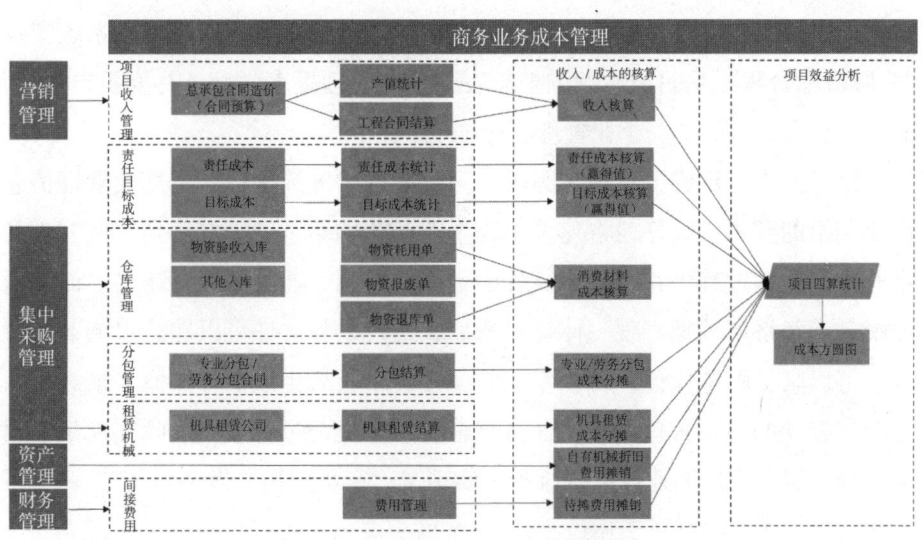

图 5-2　项目成本管理方圆图数据流

三、项目成本管理的"四算对比"

"成本管理方圆图"从时间维度上涵盖了一个建筑工程项目自承接时的合

同签订开始，到过程管理，到最终结算完成的项目全过程。同时，通过整体表述几组成本概念、收入概念与效益概念之间的关系，形象地描述了工程项目的两个造价管理控制关键点（项目合同造价、项目结算总价）、三个成本管理控制关键点（项目责任成本、项目目标成本、项目实际成本）、四个施工现场管理控制关键点（工期、质量、安全、环保）和五个具体费用管理控制关键点（材料费、人工费、机械费、现场经费、专业分包费），以及工程项目管理的三个效益着力点（经营效益、管理效益、结算效益）。

"四算对比分析"是指项目的责任成本、目标成本、实际成本与项目对业主的预算收入之间进行定期对比分析，及时研究制定应对策略措施，实现企业降本增效的管理目标。项目成本对比分析最基础的数据信息库，通过信息系统实现总包合同评审、总包合同变更评审的网上办公，各业务部门同时评审，大大缩短了评审花费的时间。分包招议标管理、分包合同的评审、签订也都通过信息化实现了职责分清、各部门协同高效工作。通过信息系统实现"实际成本台账""项目盈亏预测汇总表""成本管理报表""商务月度报告曲线"的自动获取，从而提高企业管理的精细度。

以"工程项目成本管理方圆图"为核心的"方圆理论"在企业管理信息化实践中的应用，较好地将建设工程企业运营的基本逻辑贯彻到企业管理和企业信息化的过程中，收到了良好的效果，得到了业界的广泛认同。商务业务财务等经济主数据实现一体化贯通后，通过财务凭证可以在线追溯业务过程，可以联查财务凭证，自动生成的凭证经审核后生成财务账簿，最终反映出项目管理的经营管理结果，连通资金费用审批与过程成本、收支流量、财务核算、资金管控的业务工作流程，实现了"全员应用，做一不二"，避免了重复劳动，大大提高了工作效率。

成本管理模块包括目标管理、成本过程管控、预结算管理、成本管理总结与还原等几方面内容。图5-3为某建筑央企在运用方圆理论进行项目管理的实际工作中，工程项目管理情况在企业管理信息化平台上的适时展现，它是应用信息数字技术由计算机自动生成的。从展示图中可以及时准确地看到工程项目的管理运营情况，它将项目的合同造价、责任成本、目标成本、实际成本和结算总价，项目的经营效益、管理效益和结算效益，项目成本应重点管控的材料费、人工费、机械费、现场经费和专业分包费，以及项目现场管理的工期、质量、安全和环保四个支撑点等工程项目管理要素——清晰地在一个外圆内方的图形中系统集中而又十分形象地展示了出来。最终的成果应用信息技术自动生成。成本管理模块包括目标管理、成本过程管控、预结算管理、成本管理总结与还原等几方面内容。

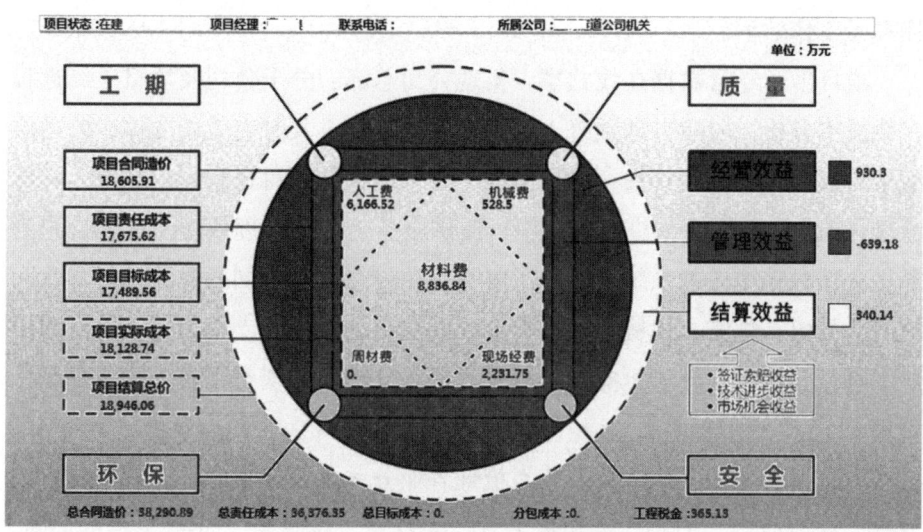

图 5-3　某项目成本管理方圆图展示

四、成本管控流程的在线审批与优化

通过系统地梳理标准化流程，充分运用数字化规律和特点，编制流程优化方案及模板，实现所有管理流程上线。如项目材料、分包、设备与周材租赁四类业务的合同、结算、支付在线审批、自动结算，并通过资金支付倒逼业务规范管理，解决了无合同不结算，支付不超合同比例付款。各类业务审批由原来找人员签字，改成线上审批，从项目到公司审批的时间可以缩短三分之二。

同时，利用信息技术特点对线上流程及相关业务流程进行了系统性的优化与合并，实现纵向流程和横向流程打通与共享，可以减少业务工作流程三分之一，从而大大提高管理效率。

业务在线办理及远程在线稽查。从基层入手将原有纸质工作表单取消线下模板，实现所有工作表单上线办理，如物资总控计划、需用计划、废旧材料的线上调拨与处理，分包合同签定、变更、结算、支付，设备与周材的进场、停租、出场、结算等业务的在线办理，加强了成本过程管控，提高了工作效率。

项目生产经营数据在线共享。实现公司总部、分子公司及项目三级远程在线成本分析，风险自动预警，为管理层决策提供及时有效的支撑，公司层面聚焦效益强化过程管控，能更全面、有效地掌握项目过程运行状况，降低管理风险；并更方便、快捷地为项目提供服务，提高管理效率。比如公司商务人员随时随地通过系统全面地了解每个项目总承包合同的具体执行与收入情况，分包、物资、租赁等支出类合同的执行、结算、支付情况，并对项目成本进行分析，到现场更能找准问题，深入分析，实现对项目成本更精细化管理。

台账报表自动生成。分层分类梳理各业务线条管理报表，实现系统自动取数，在线应用。如物资入出库流水、对账单，结算单，分包与租赁合同、结算及支付等台账，物资与分包等成本报表自动归集，一个项目料账员从原来只做一个项目的料账到可以轻松地完成2～3个项目的料账工作，项目商务人员进行成本分析时直接从线上取数，成本报表编制工作缩短三分之二。一线商务与物资管理人员原有的统计、计算、整理等日常工作由系统自动完成，从而腾出更多精力开源，去关注盈利点、亏损点、风险点，促进了项目精细化管理。

第二节　项目现场生产管理数字化

项目管理的效果如何取决于项目的过程管理，而过程管理水平的高低则取决于工作协同的好坏。所以，项目的过程管理必须围绕项目管理目标，明确具体工作目标、工作时间、工作标准、责任人的工作任务。以流程管理为基础，以消息推送为手段，将工作任务按照项目进展，在合适的时间，推送给责任人、参与人、协作人，能够提醒并指导项目的工作协同。从不同维度看，横向现场管理协同涵盖人员、进度、物料、安全、质量、环境、设备管理等；横向项目经营协同包括预算、执行、检查、分析等；从组织维度看包括了业主方、设计方、供应商、监理方、分包方等各方的协同；纵向协同是指从集团、子集团、分子公司直到项目部的制度管理、流程管理、监督检查、决策分析等。结合智慧工地、BIM、PM系统、物联网、智慧大屏等数字化手段真正实现跨组织机构、跨专业、跨工种、跨岗位的全方位工作协同。

一、现场生产管理数字化的紧迫性

建设企业的产品是一个个工程项目，每一个工程项目的生产建造过程都必须在项目现场完成。同时，由于工程项目生产建造过程周期长、涉及面广、质量安全要求高，在组织管理上迫切需要实现数字化，具体讲：一是实现各项业务活动的横向互动，各项审批处理的异地协同；二是实现资源管理的系统集成；三是项目管理的及时受控，关键业务活动通过信息化实现"过程管控、审批流转、监控预警"；四是减少手工填报，提高工作效率，提高数据的准确性和及时性；五是标准化与信息化实现深度融合，信息系统紧密贴合标准化手册，信息化促进标准化落地。

信息化推动标准化工作逐步完善，将合同数据、项目数据、机构数据、人员数据、物资数据等多个系统都会使用的基础"元数据"进行归纳，建立了主题数据库，并对所有系统都开放，实现不同系统间的数据共享、数据同源。不同系统各司其职，对所负责的数据进行操作和更新，各系统数据流跨系统有序流动。实现线上线下工作的有机结合，建立刚柔并行的控制方法，减少了管理风险发生的概率。

柔性控制：项目启动令正在审批中，允许发起财务的支付保证金流程，但是必须经过总经理审批。还比如项目超工期、超成本等均进行预警提示，可以继续业务操作。

刚性控制：签订合同的劳务、机械、材料各种分供商必须是经过考察进入合格分包、分供商名录的企业。必须有合同才能进行月报量，支付金额不能超过累计报量等，环环相扣，把风险降到最低。

刚柔并济：如预算管理、合同总量的管控均实行刚柔结合的控制方式，过程中是刚性的，总量是柔性的，经过一定权限流程审批后，总量可以调整。

二、项目生产管理数字化

施工现场管理主要是以综合计划管理模块为主线，将施工现场的各项工作串联起来，提高项目工期履约能力，加强各部门间联动，提高总承包管理能力。通过移动应用APP入口，施工现场完成危险源识别、整改单下发、工期进度确认、施工图纸查看等工作，提高了各岗位管理人员的工作效率。施工生产计划实行三级节点（一、二、三级节点）的计划管理体系。目标是提高项目工期履约能力，加强各部门间联动，提高总承包管理能力。主要功能含计划编制、计划考核、计划提醒、计划预警等。

综合计划模块的特点：一是各级进度计划软关联。二是自动推送工作任务到责任人。三是移动端进行完工确认。利用手机端APP，可以在现场拍照确认完成情况，使用便捷。四是集成工期影响因素。对工期影响因素进行分析，统计分析每时段、每区域公司、每施工阶段影响履约的主次要原因，各级单位有针对性地采取措施，推动工期履约。五是预警平面化展示。通过一张图，展示不同公司、不同预警级别数据。更加醒目、直观。

技术质量管理模块包括科技、标准规范、施工组织方案、双优化、试验、质量、图纸和设计变更、计量、预警、资料等方面模块，实现了无纸化办公，所有相关资料系统存档实时可查。如项目技术方案管理，项目总工制定项目技术方案总体计划，公司层面审批后按计划进行方案报审，根据方案类型进行逐级审核，最后系统按分配给各业务部门的权重自动生成评分。在施工过程中可进行方案计划补充，最终形成所有方案台账，系统可通过统计和预警，提醒项目总工其项目应完成的施组和相关技术方案及其要求。

工期管理模块包括项目基本信息、项目策划、工期管理、重点工程管理、总承包管理、相关方管理、回访保修管理、施工现场门禁劳务管理、总承包管理等功能。项目经理月度报告创新：在按时上报基础上，每月5日前完成月报评价，针对月报内容，由主管部门进行填报评审，重点项目直接由上级业务部门经理评审，一般项目由各分公司业务部门进行评审，为及时了解项目状况提供可靠依据和渠道。运用过程管控数字化管理模块可掌控项目在建、停工、复工、竣工状态，可适时查阅《项目每日情况报告》；评审《项目经理月度报告》《监理例会纪要》。

安全管理模块包括安全人员台账、风险管控、教育交底、安全检查、安全会议、应急管理、项目经理安全积分等几方面内容。通过信息系统实现安全管理信息自动汇总，形成台账。对项目施工中的安全隐患及时预警，对于安全人员、安全隐患实施统计分析。针对安全管理与质量管理，专门对过程检查与整改工作进行业务分析和统计，形成专项检查模块，有利于过程检查与整改。项目通过日检、周检，可针对某项内容发出整改通知，指定"接收人""自检人""验证人"和"完成期限"，若整改工作未落实或超出"完成期限"，就会形成预警报告，由公司层面进行监督，这一设定使整改内容逐一落实，形成闭合管理。

三、智慧工地

随着科技的发展，BIM、5G、VR、AI等技术将改变项目管理的方式。智慧工地结合 BIM 技术、IoT、移动通信、AI、大数据、云计算,并通过 PC 端、手机端、机器人端等终端来驱动施工现场管理升级的技术手段。智慧工地通过对施工现场人、机、料、法、环等关键元素全面监测和实施互联,来实现工地的数字化、在线化、智能化,从而提升效率、减少人为疏漏。

智慧工地可以有效提高施工过程中的信息获取效率。它可以智能化地排查工地安全质量隐患、收集材料供应、施工进度、成本费用、资源配置的信息。它能化被动为主动,提高监理效率、降低安全事故、做到事前预防。也因此,住房和城乡建设部及各级行政部门对建设工程行业的信息化建设高度重视,纷纷出台支持"智慧工地"的政策。

一般而言,智慧工地在四个方面为建筑企业赋能,达到安全、绿色、智能的目标:一是节省事务性工作,减少人力成本提高管理效率;二是通过多方位数据来预防安全事故,及时预警;三是通过联控监控强化过程管控,节约管理资源,减少人力管理的疏忽;四是积累数据资产,构建风险防控体系。智慧工地的赋能主要体现在安全管理、质量管理、绿色施工等方面。

安全管理包括对人、机的管理。比如,智慧工地通过 VR 来进行安全教育和交底,让施工人员沉浸式体验违规操作可能给自身带来的伤害,从而将安全意识和规范牢记心中。特种设备监测包括监测塔式起重机、升降机设备及其驾驶员的实时状态。解决传统塔式起重机的盲吊现象,减少塔式起重机操作安全事故。深基坑监测能实时监测基坑开挖阶段、支护施工阶段、地下建筑施工阶段及竣工后周边相邻建筑物、附属设施的稳定情况。脚手架监测能监测脚手架架体的压力变化、倾斜角度、位移变化等非常规性变化,从而防止生产安全事故的发生。智能水电管理可以预防电箱违规开启并及时反馈告警信息。还能监测生活区的用电情况,提前感知员工是否违规使用电磁炉、热得快等设备。利用安防视频监控、全景视频监控、飞行视频监控结合图像识别技术,对于人员安全、火灾隐患、危险区域等做出告警。

质量管理模块支持施工管理员通过手机智慧工地 APP 功能进行现场完成,也可以在检查之后通过管理平台进行信息的录入,实时监测施工工地建设状态,防范风险于未然。施工工地潜伏危机,工人在这样的环境下施工,若遇到突发事件不能准确知道受困人数以及施工人员的具体位置，将会拖延救援工作，工人的人身安全得不到保障；施工现场与生活区没有隔离和安全防护措施，外来人员擅自出入工地，使项目的正常施工受到严重干扰；工地的建筑材料、设备以及工人的财产得不到保障。这些问题在智慧工地的解决方案面前，统统不是问题，质量管理这一模块很大程度上可以避免此类问题的发生。

智慧工地通过丰富的传感器和管理闭环来提升质量管理。传统施工的质量管理多通过工人肉眼检查，凭经验和直觉判断。传统方式的弊端也很明显，肉眼判断效率低，对人员经验要求高，而且不可避免地会有疏漏。现在已经可以通过智能终端，比如手机的红外传感器监测，并在手机上通过热力图成像，清晰地显示建筑结构缺陷。更可以结合无人机，快速大量地对建筑结构进行内外排查。从而使质量管理效率提高，成本降低，维度提升。并且结合智慧工地的相关系统能形成管理闭环。与传统纸质模式相比，智慧工地能对发现问题、分配任务、整改、销项等多个环节进行管控和分析。管理者能对问题的责任人，问题出在哪个环节、分类、分包做到一目了然，从而提升质量管理的效果。

绿色施工模块包括环境监测、降尘管理。环境监测包括扬尘监测单元、噪声监测单元等，环境监测可以和降尘系统联动，达到雾化降尘的目的。在城市快速建设进程中，施工工地随处可见，随之带来的大量扬尘、噪声和工地污水等施工废物。

在施工过程中，由于施工运输人员/设备粘带泥土、建筑材料逸散以及施工机械等造成扬尘和噪声污染极其严重，这些已经严重影响了城市的空气质量，甚至影响到周围居民的正常生活，也是政府监管部门亟待解决的民生问题。在施工过程中产生的扬尘、噪声污染和工地废水，一直是导致施工工地与附近居民产生矛盾的主要原因，也是政府环境监管部门的重点关注。为了有效监控施工工地扬尘污染、噪声和工地污水，接受市民的监督和投诉，共建绿色环保建筑工地，有必要建设工程环境自动监控系统。

在视频监控、气象监测、环境监测、边坡监测等终端信息采集的基础上，建设应急管理系统,实现对应急预案的管理、应急事件的接收上报、应急处置方案制定以及应急资源管理等方面的功能,并通过应急事件、应急资源等信息的共享,实现与应急办、公安交警等部门的应急会商处置和协调联动。应急调度系统主要由应急资源管理、应急值守、应急响应管理和应急模拟演练等子模块构成。

通过以BIM、云计算、物联网、智能设备、大数据等为代表的当代先进技术的综合应用,建筑施工行业正行驶在"智慧工地"的快车道上,实现"绿色、智能、精益和集约"的精细化管理,实现绿色、智能和宜居的智慧建筑必将成为建筑行业发展的方向。未来智慧工地将实现企业之间数据共享,监管数据自动上报,从而提高行业的整体效率。

四、现场综合管理与信息共享

施工现场管理的数字化是公司管理数字化的重要组成部分。综合管理的内容涵盖施工生产管理、商务和财务等经济类活动、人力资源管理、行政办公、党群工作等企业管理的各个方面(图5-4)。现场综合管理信息系统包括综合类模块(检查考核、知识管理、绩效管理)和业务模块(施工计划、技术质量、安全环保、物资、商务、财务、人力、行政办公、党群等)项目日常管理的各个方面。它以人资系统的组织机构、职务、职位、人员信息为基础,实现各信息模块的单点登录,数据自动集成应用。现场生产管理系统、相关方系统、智慧工地平台,是数据的采集端和接收端,兼有一定的管理、预警功能。通过数据交换池,可将数据共享给综合管理系统和BA系统,实现中高层对项目的管理,辅助高层做决策支持。信息集成应用加快了管理进程及反馈速度,提高了标准化管理的效率、深度、成效。

施工现场管理的数字化,促使项目管理从依赖于人转变为依赖系统,从关注内部员工转变为关注利益相关方,从面向职能的部门管理转变为面向目标的流程管理,从静态的岗位管理转变为动态的角色管理。将属于员工个人的经验转变为属于公司可复用的知识,从事后的考核激励转变为全过程的预防与驱动。

数字化建设促使项目管理人员必须注重过程管理,实现数据可追溯,确保业务活动透明可视;必须注重信息收集,实现过程自动预警,利于公司监控,便于项目部及时发现问题进行纠偏;必须注重资料积累,加速知识在公司内传播的速度,形成企业知识库;必须注重数据分析,直观发现管理中存在的问题,为提高企业的决策水平提供了强有力的支持;必须注重考核评价,实现考核过程公开透明、考核结果实时查看。

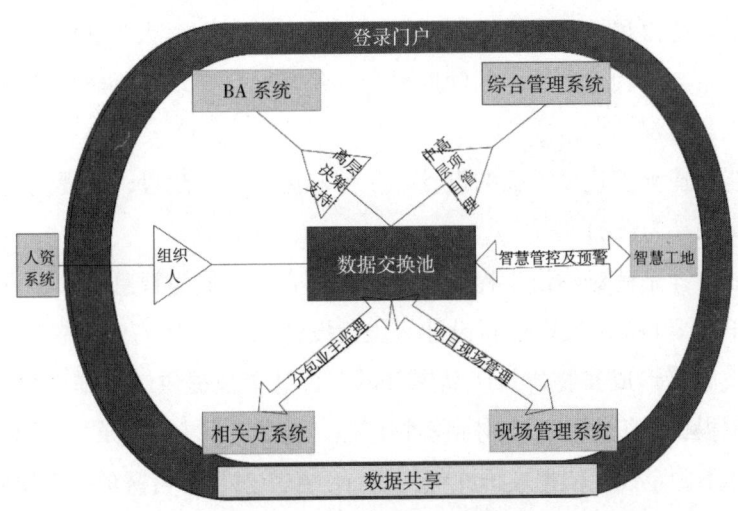

图 5-4 现场综合管理数据流图

第三节 智能建造与BIM技术应用

目前,我们对管理数字化的熟悉度和应用深度要高于数字化场景应用。数字化场景应用,是要利用一些相对成熟的技术,应用到实际场景中,解决企业的实际问题,这些技术拿来之后,企业还要做一些必要的二次开发、应用与联通的工作。

一、智能建造

"智能建造"是指在工程建造过程中,充分应用 BIM、物联网、大数据、人工智能、移动通信、云计算及虚拟现实等信息技术与机器人等相关设备,通过人机交互、感知、决策、执行和反馈,尽可能地解放人力,从体力替代逐步发展到脑力增强,达到安全建造的目的,提高建筑的性价比和可靠性,解决建筑行业低效率、高污染、高能耗的问题,提高工程建造的生产力和效率,提升人的创造力和科学决策能力。智能建造是大数据、人工智能等信息技术和智能设备与工程建造技术的深度融合与集成,是实现绿色建造的技术支撑手段。

智能建造涵盖建设工程的设计、生产和施工三个阶段,以提高建造过程的智能化水平为目的。

智能设计是针对建设工程的设计阶段而言的。成为智慧设计,意味着要实现以下主要目标:实现创新设计、优化设计和高效设计。传统建筑生产过程是围绕直接形成实物建筑产品展开的,设计单位提供二维平面设计图纸,施工单位根据图纸来施工,得到实物产品。建筑产品是三维的,具有较高的复杂性和不确定性,依据二维图纸的设计、施工过程不可避免存在错漏碰缺,造成建筑品质缺陷和资源浪费等问题。未来的建筑产品必将从单一实物产品发展为实物产品加数字产品,甚至是加智能产品。智能生产是针对建设工程的生产阶段而言的。成为智慧制造意味着:实现优化制造、高质量制造和高效制造。提升建筑行业生产效率、实现建筑行业集约化发展、借鉴工业化发展路径已经成为共识。实行建筑工业化的关键是要在工业化大批量、规模化生产的条件下,提供满足市场需求的个性化建筑产品。以装配式建筑为例,建筑部品部件将在工厂化条件下批量化生产,不仅可以有效降低成本,还可以提高质量。构件运送到施工现场再拼装成不同功能的建筑产品,以满足市场对建筑产品个性化的要求。这种建造方式与定制化的传统建筑施工有很大不同,从建筑模块化体系、建筑构件柔性生产线到构件装配,都不再是单纯的施工过程。而是制造与建造相结合，实现一体化、自动化、智能化的"制造+建造"。

智能施工是针对建设工程的施工阶段而言的。成为智慧施工意味着：实现高质量施工、安全施工以及高效施工。随着技术的不断成熟，具备新型传感、智能控制、多机协同、人机协作的建筑机器人将辅助和替代"危、繁、脏、重"的施工作业，利用智能塔式起重机、智能混凝土泵送设备等智能化工程设备，提高工程建设机械化、智能化水平。

智能设计、智能生产和智能施工，彼此之间不是割裂的，而是高度协同的，利用智慧建造技术，构建全方位的生命周期管理，实现项目管理的精细化和企业管理的集约化，是实现建筑行业跨越式发展的必然趋势。未来的智能建造会在降低使用成本、节省企业开支、创造更大价值上进一步深化，进而成为企业的标配之一。

"十三五"期间，全国建筑业增加值年均增长5.1%，占国内生产总值比重保持在6.9%以上，建筑企业签订合同额年均增长12.5%。2020年，建筑业从业人数达5000多万人。在过去几十年，建筑业的发展已有了长足的进步，但是，建筑业依然存在发展质量和效益不高的问题，集中表现为发展方式粗放、劳动生产率低、高耗能高排放、市场秩序不规范、建筑品质总体不高、工程质量安全事故时有发生等，与人民群众日益增长的美好生活需要相比仍有一定差距。"十四五"时期是新发展阶段的开局起步期，建筑业将从追求高速增长转向追求高质量发展，如何利用先进的科学技术进行建造的全过程智能化，是建筑业未来发展的必经之路。

二、数字孪生技术应用

数字孪生是以数字化手段创造物理实体的虚拟实体，通过数据和算法模型，实现对项目成本、进度、性能和风险的模拟、验证、预测分析，最终实现建造过程中全部元素可建模、全部数据可采集、全部决策可仿真的目标。一方面，数字孪生能够支持制造的物理世界与信息世界之间的虚实映射与双向交互,从而形成"数据感知 – 实时分析 – 智能决策 – 精准执行"实时智能闭环;另一方面,数字孪生能够将运行状态、环境变化、突发扰动等物理实况数据与仿真预测、统计分析、领域知识等信息空间数据进行全面交互与深度融合,从而增强制造的物理世界与信息世界的同步性与一致性。

数字孪生模型为物理实体塑造了一个大脑。成熟的数字孪生技术具有与物理实体的互操作性、可延展性、实时性、保真性和闭环性。一般来说,数字孪生技术通过传感器收集物理实体的外观、状态、属性、内在机理等数据并按时间维度进行建模,形成数字世界中的孪生模型。该模型与物理世界的实体能实现动态、实时的双向映射和交互,因此,双方在状态、相态、时态、几何结构上高度仿真。数字孪生模型的设立是为了监控、分析物理实体的状态数据,并为优化参数和智能决策提供基础,最终为管理者做出数据驱动的决策提供依据。

对物理世界的全面感知是实现数字孪生的重要基础和前提,物联网通过射频识别、二维码、传感器等数据采集方式为物理世界的整体感知提供了技术支持。通过 VR/AR/MR 技术的支持,可以使虚拟模型真实呈现物理实体以及增强物理实体功能。VR 技术利用计算机图形学、细节渲染、动态环境建模等实现虚拟模型对物理实体属性、行为、规则等方面层次细节的可视化动态逼真显示;AR 与 MR 技术利用实时数据采集、场景捕捉、实时跟踪及注册等实现虚拟模型与物理实体在时空上的同步与融合,通过虚拟模型补充增强物理实体在检测、验证及引导等方面的功能。数字孪生有了 AI 的加持,可大幅提升数据的价值以及各项服务的响应能力和服务准确性。

数字孪生凭借其准确、可靠、高保真的虚拟模型,多源、海量、可信的孪生数据,以及实时动态的虚实交互为用户提供了仿真模拟、诊断预测、可视监控、优化控制等应用服务(图 5-5)。

数字孪生按照成熟度可分为五个阶段:

(1)基础数字孪生:数字孪生的初级阶段是传统的信息化。由于数据收集的手段较为落后,通常是由激光扫描仪或摄影测量技术获取的单点数据。这一阶段的数字孪生技术仅能简单描述物理实体的几何维度,完成数据的录

码头运行　　　　　　　　　　　　楼宇建设

变电站运行

数字孪生
- 数字孪生是对物理对象进行实时数字化表示的概念
- 通过先进的建模与仿真工具，实现对项目成本、进度、性能和风险的实时分析与动态评估
- 全部元素可建模、全部数据可采集、全部决策可仿真

图 5-5　数字孪生

入和存储，并且需要人力介入操作物理实体和更新数字孪生模型，未能实现闭环。

（2）被动数字孪生：在基础数字孪生的基础上，这一程度的数字孪生增加了时间维度，可以展示随时间变化的物理实体 3D 模型。这一阶段的数据是以时间为切片的 3D 可视化展示。但由于这一阶段模型使用的是滞后的历史数据，模型缺乏时效性，所以无法确立物理实体与数字模型的相关性。

（3）动态数字孪生：这一阶段的数字孪生，通过采集传感器的实时数据，保证了数字孪生模型的动态实时性。这一阶段的数字孪生模型真正建立了与物理实体的映射关系。物理实体上的变化将实时反应在数字孪生模型上。然而这一步的信息流是单向的，数据的传输方向仅从物理实体到数字孪生模型，不能通过操控数字孪生模型来改变物理实体，仍需要人力介入。不过这一程度的数字孪生突破了时间、空间和环境对物理实体监测过程的限制。

（4）半智能数字孪生模型：与上一级相比，此等级的数字孪生模型能实现物理实体与数字模型信息的双向流通和交互。设计工程师通过计算机辅助工程工具生产实体的 3D 模型，这样的智能化模型能自动解析数字孪生体的构成要素（BOM，模块），并进行流程拆解，从而改变物理实体。此阶段的数字孪生模型有着较为成熟的控制逻辑，能够运行输入的指令，并将信息传输到物理实体，实现物理实体和数字孪生模型的闭环。这一阶段的数字孪生模型能与物理实体双向交互，无须外界人力操控，进一步突破空间和环境的限制。

（5）智能数字孪生：这一阶段数字孪生可预测一段时间内的运行轨迹和状态，支持物理实体的智能决策与风险预判。这一成熟度的数字模型有着与物理实体的实时性、保真性、闭环性、可互操作性。所以可以通过数字模型模拟物理实体在未来的状态和轨迹，并通过预测不同假设下数字模型的行为从而辅助决策，提前防范风险。

在实际应用场景中，数字孪生一般有以下应用：基于数字孪生的物理实体设计验证与等效分析；基于数字孪生的物理实体运行过程可视化监测；基于数字孪生的物理实体远程运维管控；诊断与预测；智能决策；基于数字孪生的物理实体全生命周期跟踪、回溯与管理。

在建筑施工行业，结合 BIM 模型、数字孪生技术的"数字孪生建筑"可以赋能建筑的全生命周期管理，在规划、建造、运营等阶段为企业降本增效。

数字孪生建筑能结合建筑状态、人流信息等多种参数呈现建筑管理信息，来达到降本增效，预判潜在危险的目的。在硬件层面上，数字孪生建筑通过各种传感器数据来感知建筑运行状态，及时提醒需要维护的设备和空间，预防风险。在软件层面上，数字孪生模型可模拟人流行为，在内部空间设计、商业运营、安全应急方案等方面赋能。结合建筑状态和人流行为建立的仿真模型，再通过云端和边缘计算自动调节空调、电梯等耗能设备，为企业降本增效，也减少碳排放。数字孪生技术还能建立模型预警其他潜在风险，比如恶劣天气对建筑的潜在影响，并结合人流模拟提供最优应急预案。

数字孪生结合 BIM 技术在前期规划阶段主要有以下应用：

场地分析：传统分析方法存在依赖主观因素、无法处理大量数据等问题，而 BIM 结合 GIS 技术可对建筑物空间数据进行建模，支持在场地规划、交通路线、建筑布局等方面的决策。

功能分析：对于项目投资方来说，可通过数字模型直观评估设计方案的布局、视野、照明、安全、人体工程学、声学、纹理、色彩等方案，颗粒度甚至可以细致到局部的某一细节。投资方可以通过比较多套方案，分析数字模型提供的成本、工期数据，寻找最优解决方案。对设计师来说，也可通过数字模型与各方互动，接受反馈并修改设计。

空间分析：设计师在功能规划阶段就能基于模型预判设计、工期不合理之处，避免后期返工。

公用设施分析：在城市规划数据库的设计基础上设计管道布线，能优化管网布置，避免实际的经济损失。

信息模型构建：通过完善信息模型整合设计、建造、管理中的数据、过程和资源，提供产品全生命周期的管理效率。

数字孪生在建设实施环节的应用场景：

施工策划：施工策划是建设实施环节中最重要的一环。管理者基于数字模型将施工方案、施工组织设计可视化，能提高方案编制辅助、方案模拟验证、方案优化、方案敲定等方面的效率。

造价控制：数字孪生模型能快速准确地获得工程基础数据，实现施工单位的精细化管理。减少各生产环境的浪费，为实现限额领料、消耗控制提供技术支撑。

进度管理：由于施工项目的工程规模不断扩大、复杂程度不断提高，动态的项目管理变得极为复杂。而数字模型集合了建筑全生命周期的数据，能动态反映整个建筑的施工过程，降低管理难度。总包能基于各阶段的数字模型掌握施工进度，制定合理的施工计划。并在一些施工的重点环节提前预测施工可行性和工期，比如深基坑支护分析、专业综合管线铺设。另一方面，投资方能通过模型直观地了解施工安装环节的时间节点和安装工序。施工方可以对原有安装方案进行优化和改造，提高施工效率和施工方案的安全性。

数字孪生在建筑运营维护中的应用：

物业管理：物业管理人员可通过数字模型实时监控建筑的状态，全面了解建筑的物理状态、设备安装使用情况和运营维护情况。以往的物业管理通常按照某个固定的频率进行巡视，效率较低并且对风险也只能做到事后维修。物业的数字化能提高管理人员效率，与固定频率巡逻相比，可以根据数据优化巡逻的时间和路径。不仅如此，传感器可以在周围发生异常时第一时间通知管理人员化被动处理为主动告警，管理人员甚至还可以通过设定风险预警值来主动预防风险。数字模型能在各个维度优化物业运营，实现降本增效。

能源监控：数字孪生技术通过对建筑物能耗、内外部气流模拟、照明、人流数据的分析，优化能源参数，提高建筑物的性能。

安全应急：结合 BIM 模型和外部环境、人流等参数，数字模型能分析逃生时的人流动线，预测最佳疏散路线。

模型维护与互联：建筑施工行业现有的交付方式未能整合建筑全生命周期的数据资产。管理方使用时需要花大量时间在查找信息上，还有各种信息不一致的问题。现在可以借助数字孪生模型集成设计蓝图、技术信息、物业维护等信息，方便管理者查阅和分享信息，消除信息孤岛。并且还可以结合物联网技术，打通物理世界和数字虚拟世界，动态记录建筑的实时状态。

借助"数字孪生"技术，实物产品与数字产品有机融合，形成"实物+数字"复合产品形态，通过与人、环境之间动态交互与自适应调整，实现以人为本、绿色可持续的目标。类似于工业产品制造过程中的"虚拟样机"，数字建筑产品将允许人们在计算机虚拟空间里对建筑性能、施工过程等进行模拟、仿真、优化和反复试错，通过"先试后建"获得高品质的建筑产品。"数字孪生"中数字产品与实物产品一虚一实、一一对应。得益于新技术与建造的应用场景的深度融合，未来的智能化建造会在降低使用成本、节省企业开支、创造更大价值上进一步深化，进而成为企业的标配之一。

三、BIM 技术应用

BIM（建筑信息模型）是一种利用信息技术和数字模型设计、施工、管理的方法，作为智能建造的重要手段之一，为项目全过程精细化管理提供强大的数据支持和技术支撑。

BIM 在我国已发展了近十年时间，目前正在由以建模为主的"1.0 时代"步入以业务深度应用为主的"2.0 时代"，支撑建设过程的各个阶段，实现全程信息化、智能化，为项目全过程精细化管理提供强大的数据支持和技术支撑，提高工作效率，减少不必要的返工和浪费。

设计阶段，利用 BIM 开展多专业三维协同设计，提前进行管线碰撞检测、管线综合、净高分析等工作，减少"错漏碰缺"问题；根据 BIM 模型可视化特点，检查设备房空间布置是否优化，后期检修是否便利；利用 BIM 模型核查与捷运、行李隧道、综合管廊等复杂边界关系，提前发现上述工程在空间接口、专业接口等方面存在的问题，提高设计产品质量，加快设计成果的稳定。

造价控制通过 BIM 模型，对设计及施工图阶段的主要项进行工程量统计、对比，并提供方案决策参考，从而达到投资控制的目的。施工模拟各工程招标文件中对 BIM 技术应用提出具体的要求，包括施工深化模型、三维可视化交底、施工场地布置模拟、复杂施工工序模拟等。同时编制施工阶段 BIM 应用指导手册，以指导 BIM 在施工过程中的应用，发挥 BIM 在施工过程中的作用。

实践中，BIM 技术在施工建造中的应用主要集中在以下几个方面：

1. 工程量统计

在 BIM 模型创建完成后，通过对模型的解读，能够分析出各施工流水段各材料的工程量，如混凝土的工程量。在钢结构中，通过对模型的分解，直接根据模型对钢结构构件进行加工。

2. 施工过程模拟

在制定完成施工进度计划后，通过软件把施工进度计划与 BIM 模型相关联，对施工过程进行模拟。将实际工程进度与模拟进度进行对比，可以直观地看出工程是否滞后，分析滞后的原因，以确保工程按计划完工。由于施工过程中数量巨大，通过人工管理很难实现精细化运营。借助 BIM，可以准确地计算出工程中的相关数据，从而降低工程中的浪费。

3. 可视化交底

通过 BIM 的可视化特点，对施工方案进行模拟，对施工人员进行 3D 动画交底，提高交底的可行性。结合 3D 动画技术、复杂节点施工模拟，帮助管理者了解施工对象的难度、模拟整个施工过程，合理安排施工进度。

4. 节点分析

通过对设计图纸的解读，对复杂节点进行 BIM 建模，通过模型对复杂节点进行分析。比如复杂的钢筋节点，在模型建立后，对模型进行观察，找到钢筋的碰撞点，对钢筋的布置进行优化；也可以模拟模板支撑体系的受力状况，以确保模板支撑体系的施工安全。

5. 综合管线碰撞检测

在施工过程中，往往会出现预留孔洞未预留，机电、设备管线安装时发生碰撞。面对这些情况，传统施工过程中所采取的措施就是在墙体、楼板上再次开凿，安装管线时相互交叉而减少楼层实际使用空间。在设计图纸下发后，根据设计图纸，对建筑物进行综合建模，把预留孔洞在三维模型中显示，直观地显示出各个位置的预留孔洞，防止遗忘。在结构、建筑、机电、设备模型都创建完成后进行合模，分析出各碰撞点，与设计进行沟通，对设计图纸进行修改。在工程前期解决了管线打架问题，节约了工期，确保施工的顺利进行。

6. 投标报价分析

BIM 能够模拟出建筑细节，提升设计方案的可视化结果，快速计算工程量，提高计算准确度。与传统凭借自身直觉和经验相比，给成本测算提供了更科学的依据。

7. 监理整改

在现场质量检查时，监理可在移动端 BIM 云平台上查看模型，与现场实体进行对比。拍下施工中存在的问题，在 APP 中标明发生问题的位置推送给负责人，将工单指派给具体工人。在工程整改后，检查人员和监理结合原有问题对整改处进行检验，后续有问题也方便溯源。

8. 建筑装配式

随着国家对建筑装配式的大力推广，在建筑产品设计和 PC 构件、钢构件、门窗幕墙等构件的加工、制作、安装上，BIM 和物联网技术的应用取得了一定成效。实现了：一是对预制装配式建筑构件的动态空间定位、动态监控及信息实时管理；二是 BIM 模型及实体构件信息通过云端、物联网及移动端在生产、运输及安装各参与方之间的有效传递；三是各参与方高效地进行信息交流和协同工作，以优化施工现场布置，指导施工现场管理。

BIM 数据的应用场景和方向还有很多，并且相信未来也会不断地拓展挖掘。其核心本义便是 BIM 数据等完整性数据颗粒只是应用的基础，需要在充足的云计算算力、强大云计算三维数据引擎的支持下，结合其他 IOT 数据、地理地质数据、CIM 数据等多类信息源，交叉运用以还原、模拟、预判物理现实，从而为生产生活做出更加深入的应用。

第四节　现场施工作业管理

一、建筑工人产业化

《中国制造 2025》行动计划，对我国向制造业强国转变提出了清晰的路径。而其核心观点之一，就是升级产品品质，培育精益求精的工匠精神，增品种、提品质、创品牌，促进制造业升级，努力改善产品和服务供给。建筑产品和服务是由从事产品和服务工作的人创造的，没有精益求精的"工匠精神"，就不可能创造出高品质的建筑产品，而精益求精的"工匠精神"和高素质的产业工人队伍，是要经过长期培养的，必须建立起一套运行有效的长效机制来促进工匠精神的重拾和弘扬。

但就当前建筑行业的现实情况看，在倡导"工匠精神"和建筑工人产业化方面存在不少问题。在价值观引导方面，对"工匠精神"的宣传不到位、褒奖不到位。例如，中建五局19岁青年员工邹彬在第43届世界技能大赛砌筑项目中获得优胜奖，作为一个世界性的技能专业奖项，无论是国内和行业内对其的宣传，还是配套的奖励政策等，都存在不少需要改进的地方，培育工匠精神的长效机制仍待建立和完善。

国内目前对人力资源的管理，更注重企业领导人员、管理人员方面，而对操作层（工人）这一层面存在着普遍的忽视或轻视。企业领导人员、管理人员的重要性当然无须赘言，但建筑作业工人对于建设企业和建筑产品来讲，是同样重要的。以高附加值的瑞士钟表业、意大利皮包业等为例，其主要价值点之一就在于工人的精细化作业，若没有大量的顶尖技术工人，这些产业也断难生存，遑论成为国家的"名片"。再以我国香港地区的建筑工人为例，其优秀者的日薪可达2000～3000港币，高于普通管理人员，这一现象在欧美也很普遍。而国内的建筑业工人主要以未经过系统培训的进城务工人员为主，无论是社会、企业，对其职业生涯发展、个人素质提升的关注都较少。而且随着国内"人口红利"和低成本劳动力优势的减弱，这些问题将更加突出。为真正改变这种状态，就要采取切实有力的措施。

一是要大力倡导"工匠精神"。使全社会形成"品质化""精细化"的生产观念。工匠精神的内涵是：精益求精、严谨细致、耐心专注。拓宽宣传渠道，大力褒奖典型企业、典型人物，一方面，将传统的小规模"点"式宣传扩大为有计划的系统性宣传；另一方面，积极应用新媒体，使"推动式"宣传可以转化为"主动式"宣传，从而实现"工匠精神"的真正深入人心，树立起崇尚"工匠精神"、尊重"工匠人"的社会风尚。

二是要加快建立覆盖更广、标准更高、机制更优的职业技术培训体系。要大力发挥政府和企业两方面的积极性，职业技能培训有其自身的特点和规律，不能采取普通的学历教育方式，不是简单地拿证毕业，职业技术培训一定是理论与实践相结合，贯穿职业生涯全过程的训练提高，一定是学习—实践—提高—再学习—再实践—再提高的多次循环过程，一定是学中干、干中学的干学无缝结合。要改变当前普遍存在的"不培训就上岗"或者教学与实践脱节的情况。政府要结合教育改革继续完善职业技术教育体系，而"工匠人"需要在实践中不断学习，在学习中再不断提升，这种持续交叉的过程必须是以企业为载体，但是企业作为市场竞争主体的经济组织，若要鼓励企业对工人进行长期持续培训、再教育，政府必须给予相应的财政补贴等政策支持，比如支持企业培训中心与职业技术学校联合办学、培训课时补贴、培训成果补贴等，鼓励企业加大投入，为企业自身和社会培养工匠人才。

三是要加快建立建筑产业化的长效机制。建立科学合理的"工匠人"的职业发展通道，完善技术评价考核体系。对于技术能力的评价突出实用性、实效性，提高高技能人才的薪酬福利水平，改善农民工的生存、生活环境，从机制上保证"工匠人"有一个良好的职业发展环境和生存生活环境，不断提高"工匠人"的生活质量。大力倡导工匠精神，建立工匠辈出的长效机制的确是一条推进供给侧改革、实现高质量发展的有效路径。

四是要加快培育优质优价的消费理念和品质优先的长效机制。从机制上进行改革，鼓励优质优价，让行业产生高附加值，为工匠的提升提供背景舞台。过去一直倡导物美价廉的理念固然是好，但关键是价廉难以物美，更多的是劣质低价。现在消费在升级，百姓愿意花更多钱买好品质。建筑行业的招标投标实践中长期使用低价中标原则，容易造成恶性竞争，从而产生很多粗制滥造工程，行业形象和产业工人地位一直得不到提升，严重影响着建筑行业的健康发展。因此，必须尽快取消招标投标活动中的最低价中标法，建立公平合理的成本价格形成机制，为"工匠辈出"创造永续发展的条件。

五是要加快建筑产业工人队伍管理数字化的步伐。有完善全国建筑工人管理服务信息平台，充分运用物联网、计算机视觉、区块链等现代信息技术，实现建筑工人实名制管理、劳动合同管理、培训记录与考核评价信息管理、数字工地、作业绩效与评价等信息化管理。制定统一数据标准，加强各系统平台间的数据对接互认，实现企业管理数据的互通共享，进而实现全国范围内的数据互联。加强数据分析运用，将建筑产业工人管理数据与日常监管相结合，建立预警机制，加强信息安全保障工作。

二、现场施工作业管理数字化

近年来，建筑行业内，许多企业围绕施工现场的作业管理数字化，进行了不少有益的探索，取得了一些成效。

劳务工人管理的具体措施包括：所有劳务作业工人一律签订劳务合同，按合同进行派遣工作；作业工人的收入以施工量计酬，价格与市场接轨，坚持"按劳取酬、按能取酬、按效取酬"；按照作业班组、作业工队、工人三个层级区分管理，进行劳务工效核算，计算班组绩效、工队绩效、工人绩效以便激发工人潜力；按技能分为A、B、C、D摸底等级制，有效组合班组，实行按劳取酬原则。此外，对于特殊工种、做出特殊贡献的员工，公司还出台特殊奖励措施，以增强建筑产业工人的获得感和幸福感。

同时，还要着力培养产业工人综合素质，提升工人职业技能素质，建立以打造"工匠精神"为主题的技能培训与竞赛体系。推出理论和实践相结合的考试机制，大力弘扬工匠精神，努力培养一支适应建筑业发展要求的高素质劳动者大军。以点带面，在全行业的项目工地广泛开展技能比武大赛，鼓励劳务工人争当"大国工匠"，在全国范围内形成尊重工匠、崇尚技术的氛围，给予"优秀工匠"专项工匠津贴等经济、荣誉奖励，形成示范效应。

借助信息化手段搭建"作业工人管理平台"，让管理更加敏捷高效。通过信息系统能够自动化解决工人工效管理问题，针对一个工序任务，预算计划多少工作量，实际产生多少工作量，形成基于每个工匠绩效单价快速自动计算出来的每人实际工效。通过工效评价，可以更好地鼓励优秀工人，培养能力一般的工人。还可以通过劳务实名制系统确定人员现场出勤情况，保证考情位置与工效创效位置一致,确保数据正确。最后,该平台也是工人学习成长的培训平台、展示技能的平台,工人还可以通过平台查询自己工资、出勤、能力定级等。

"作业工人管理平台"的数字化应用主要包括:移动端应用、劳务实名制管理、质量与安全检查、工效计量、远程监控等现场管控的"智能化"工具。

劳务工人管理:有的企业通过劳务实名管理系统对劳务工人开展实名制登记;闸机、自动识别图像摄像头,记录考勤情况;进行合同、培训、工资发放监管。有的企业通过劳务用工管理系统对劳务公司、施工班组及劳务人员,全员入场实名制建档,实现日常考核电子化、施工任务分解及货币工货的测算、日常工人的往来记录、工人工资的支付通过银企直连批量代表。同时建立劳务人员的评价体系并规范人员撤场行为。

质量安全管理:通过手机 APP 进行拍照、记录,完整替代现场"检查—整改—复查"的业务过程。形成现场的移动端协同工作机制,实时掌控现场的安全(质量)状态。通过在 BIM 模型中开发的插件,打通 BIM 与数据中心的交互,实现 BIM 模型自动编码,对工程进行实测实量,并将检查结果直观显示且快速定位。按"企业标准、第三方检测"建立不同的质量检测指标,将系统与管理相结合,与质检员绩效挂钩,与劳务班组考核挂钩。移动端测量时注明测量方法与测量标准,达到数据格式标准化、测量动作标准化。并通过拍摄教学视频、绘制图册等方式接入系统进行辅助教学。

远程视频监控:所有在建项目要求在规定作业面、进出口、特殊施工区域等安装视频监控,采用大屏、网页端、手机端等方式,动态实时监控现场的作业行为。公司建立数据监控中心与工程监控中心,加强对网络、设备、系统运行、业务运营的监控。数据监控中心主要是:企业 BI、机房设备动环监测、网络入侵监测、上网行为分析、服务器资源动态监控、业务系统运行等的监管。工程监控中心主要是:工程质量安全检查运行监控、安全视频监控、视频会议指挥调度(移动安全帽、无人机)、塔式起重机监控、劳务实名监控等。

监控中心的建设与配套制度的落地,可以加强企业各级与终端数据来源的互动，形成横向跨业务联动、纵向不同管理层级的动态监管。一方面，便于公司领导与监管部门及时了解相关业务动态，提升异地监管实时性与效果；另一方面，也反向督促终端采集数据的真实性与及时性，提高企业运行效率和运营质量。

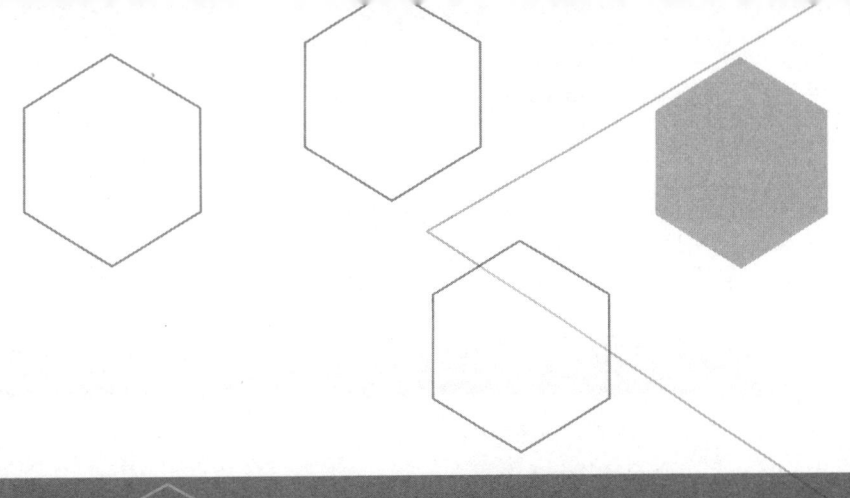

第六章

企业主数据管理与人机交互

　　企业经营的基本逻辑是"收支平衡"。一家企业要想持续经营，一个最基本的条件就是，它的经营活动必须实现"收支平衡"，否则，企业就难以为继，不可能实现持续健康发展。而对企业经营活动收支过程中所产生的经济数据的管理，则是企业管理的核心。所以，企业数字化过程必须将企业经济主数据管理作为重中之重的管理目标。建设企业作为建筑产品的建造服务商，要实现企业的持续经营，必须首先做到一个个工程项目的收支平衡或者有所盈利，也必须把企业生产经营过程中产生的经济主数据的管理作为企业数字化的基本任务。而要很好地完成这个任务，实现良好的人机交互是一个十分重要的基础性条件。

第一节 企业经营主数据建设

一、基础数据建设

基础数据定义为描述核心业务实体（如客户、供应商、产品等）的一个或多个属性，是企业业务架构分析中的核心业务对象。基础数据存在于企业价值链核心业务流程的各个IT系统中，梳理和整合分布在不同部门、不同业务线的相关信息，找出企业信息中共性的、完备的基础数据标准是实现一体化系统的关键所在。基础数据的建设应当把握以下几点：

一是统一数据标准。企业管理数字化系统要形成各系统数据之间的集成，真正做到管理集成集约，就需要确定系统里有哪些数据，数据要应用到哪些系统及环节，必须统一标识。在实施前要先制定企业信息数据编码规则，完成人员、账号、组织、合同、文件、客商等主数据编码，真正实现全企业一人一号。同时，统一业务流程及工作表单，实现企业管理标准化，对全企业所有业务流程进行梳理、统一制定、统一使用。通过企业运营管理过程的各种报表找出具体管理信息因子进行分类，然后针对各管理信息因子确定标准，再确定维护责任人，结合信息系统，确定每个因子来源，定义与规范企业各层级的管理信息因子。

二是统一数据架构。应用数字化技术，确保所有数据从源头、报表业务、决策系统中来，实现"同一个数据项目只录报一次、各业务管理层所需数据只从系统中获取"的整体要求，建立和规范企业数据架构。一般来讲，企业数字化运营管理架构模型包括三层，即：第一层为业务系统，服务项目管理者，实现业务过程管理，完成基础数据的采集，反映项目运营状况；第二层为报表系统，从各业务自动抽取数据，同时完善业务系统中无法采集到的数据，实现自动采集与手工补充相结合的方式，服务于公司及局管控者；第三层为决策分析系统，利用图形可视化界面，服务于公司及局决策者。

三是统一数字平台。管理数字化系统不是一个短期工程，是支撑企业持续发展的长期过程，信息技术平台要适合于企业数字化的持续改进，同时也要适应企业集中管控的总体要求，必须采用统一的平台，集中部署。同时，为确保系统稳定、安全运行，需建立统一的网络标准和稳定、安全的网络平台。

四是统一数据仓库。企业要建立统一的数据仓库，根据数据不同属性进行统一分类，统一数据来源、取数规则、维度、取数时点及标准化数据字典。企业所有的数字化系统都要使用统一数据库的数据运行。数据仓库是数据化运营的基础，确定数据模型，主要包括数据仓库模型的建立、确定数据表结构和数据抽取与清洗。

五是统一数据展现。数据仓库（DW）是为企业所有级别的决策制定过程提供支持的所有类型数据的战略集合，是出于分析性报告和决策支持的目的而创建的（图6-1）。运营管控信息化的建设，依据时空分析维度，在空间维度保证公司领导、各级管理人员、项目管理人员都能查看到与自身业务相关的数据，在时间维度上保证各级人员依据业务和管理的需要，能够准确查询到相应的适时数据。企业在进行数据仓库建设时，要依据企业关键指标从上到下进行管控重点、管控指标分解，并落实到具体的报表和业务上，然后利用系统工具进行建模，实现企业管控和业务管理的需求。在数据展现设计中，依据项目—分子公司—企业总部三层不同运营管控要求与关注面所具有的特点与要求，对不同管理层级分别设计了不同的可视化管控界面方案。其中，项目级：采用台账形式进行展现与人机交互；分子公司级：采用信息化表格报表的形式进行展现；企业总部级：采用图形化的方式进行展现。

二、企业数据应用规范

企业管理数字化应当以统一的数字化信息平台与系统为基础，共用一套主数据，实现数据标准统一、资源集中与共享、信息互联互通。为此，企业必须制定一套使用系统的应用操作规范，明确哪些工作在线上做，哪些工作

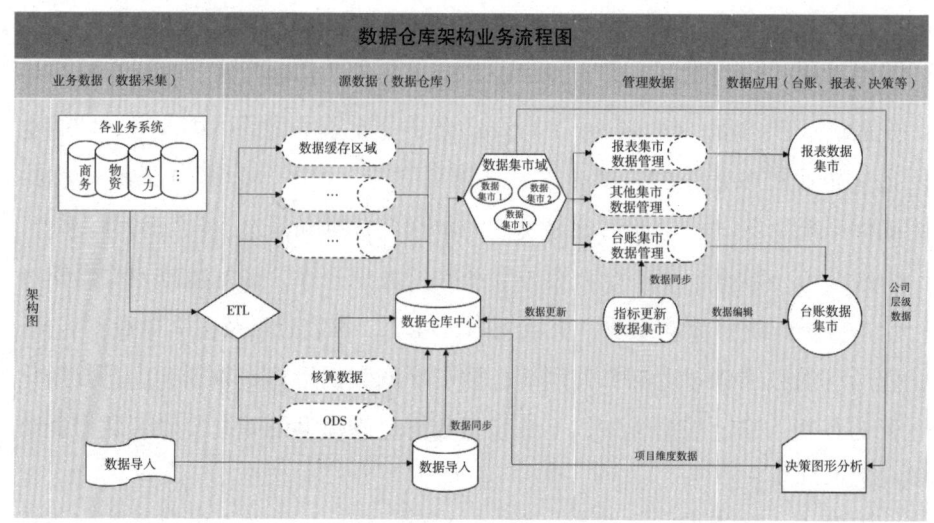

图 6-1 数据仓库架构业务流程图

线下做,解决线上和线下的工作做成什么样、谁做、什么时候做、怎么做的问题。通过应用规范进一步明确了管理标准、组织的职能与岗位职能及工作流程,将原有标准化与系统应用到实处。

数据是实现企业数字化集成、集约应用系统的基础,建立主数据管理体系十分关键。《数据应用规范》的主要作用是统一数据分类及其编码标准,实现主数据系统管理。企业应当分层级管理,按层级厘清职责,在系统中明确权限,形成权限矩阵表。同时,要结合信息数字技术,简化纵向流程,清理不同层级流程,在信息系统中对流程统一编号、统一管理,形成统一规范,建立统一台账。

中建五局围绕企业经济活动,梳理了 55 个种类的基础数据作为企业管理数字化系统的主数据,他们对组织、客商、人员、物资分类库、项目编码等种类基础数据按业务部门及层级进行统一分类,梳理权限指定责任人,制定统一的标准与维护流程,形成了企业统一的主数据体系。中建五局数字化管理手册主要由数字化管理、数字化应用规范、操作指引三部分组成,其中数字化管理又分为总则、管理体系、数字化发展规划、信息化项目建设、系统运维与机房管理、安全管理、应急管理八个章节，保证了企业数字化应用持续深化与提高。

第二节 工程建设企业的商务成本管理

企业管理千头万绪，数字化不是独立存在的，而必须要与标准化相配套、相融合，最终实现精细化管理，企业管理标准化、数字化、精细化这"三化融合"涉及企业的方方面面。建设企业管理的基点是项目，而项目管理必须以成本管理为核心，"三化融合"应当以成本管控为主线，而成本管控最为关键的是商务和财务的一体化。也就是说，工程建设企业"三化融合"的基点是"工程项目"，主线是"成本管控"，重点是过程成本管理即"商务成本管理"，关键点是"业务财务一体化"。

一、企业项目成本管控体系

在"成本管控"方面，我们需厘清成本管控的多个层次。工程建设企业有"三件事"，就是接活、干活、算账收钱，工程项目效益的来源也是跟这"三件事"紧密相关，市场营销"接活"产生的效益是"经营效益"，项目施工"干活"产生的效益是"管理效益"；项目结算收款"算账收钱"产生的效益是"结算效益"。因此，在进行成本管控时，也需要将三种效益划分开，将项目的合同造价、责任成本、目标成本和实际成本进行区分，并建立科学合理的责任体系、计量标准、考核奖罚，使企业管理数据化得以实现，从而有效地提升企业管理的精细化程度。

遵循商业经营的基本逻辑，关键是要抓好项目生产要素最优化的"成本线"。就目前建筑市场的现实情况看，业主方比较关注项目的工期和质量，政府为主的社会各方比较关注项目的安全和环保，他们对项目的成本和效益则不太关心。项目的成本和效益是施工企业持续生存发展的必要条件，所以说，项目管理是建筑企业管理的基石，成本管理是项目管理的基石，项目过程管理要以成本管控为主线（图6-2）。

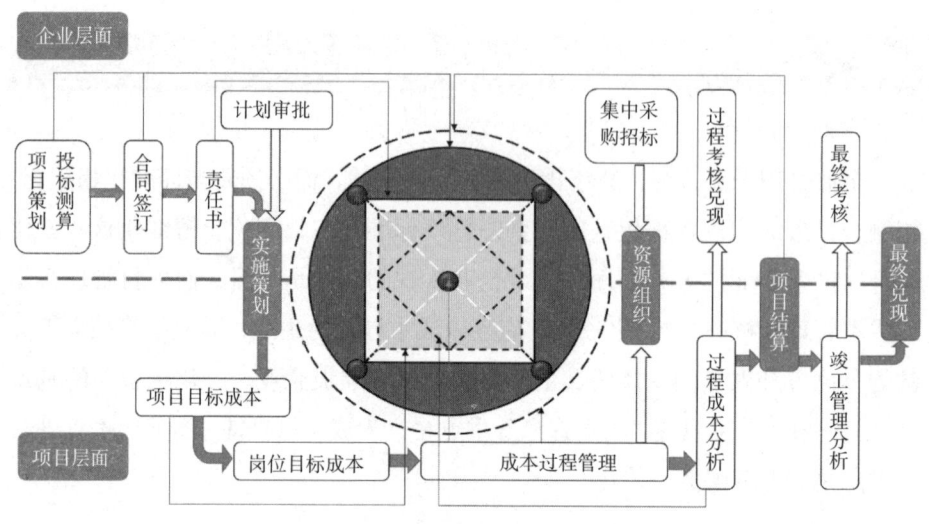

图6-2　工程项目成本管控体系图

管理语言的不统一是企业管理信息集成应用上的"拦路虎"，尤其是商务财务的"一体化"，由于商务成本和财务成本的成本子项科目的名称、内涵和核算规则的不一致，使得业务财务"一体化"举步艰难。必须通过商务成本科目与财务核算会计科目口径统一，实现商务过程成本与财务核算成本及资金支付的贯通，使数据精准、管理精细。

二、商务成本与财务成本的统一数据编码

企业经营的基本逻辑是收支平衡。而建设企业的收支过程是由两部分来完成的：一是财务收支核算，二是商务成本核算。财务收支核算侧重"结果"，而商务成本核算侧重"过程"，"过程"决定"结果"，"结果"验证"过程"，两者必须一致并且完整，才能及时准确地算好企业的收支账。工程项目自中

标签约开始，到最终结算完成，整个过程涵盖了各类管理行为，这些行为均围绕成本、收入及效益之间的关系展开。实现商务过程成本和财务收支核算的无缝连接，实现商务成本、财务核算、资金支付、税费缴纳等经济数据的完整、准确、一致，是企业信息化过程中必须面对、必须解决的基本问题。

工程建设企业的经济数据核算应当分为商务成本和财务成本，财务成本核算侧重于结果的核算，商务成本侧重于过程的核算。企业层面的成本核算是商务成本核算加财务成本核算。因此，业财不通的难点是商务成本核算和财务成本核算的规则不一致。要把商务成本最末端的子科目和财务成本核算最末端的子科目形成对照关系，实现商务过程成本与财务核算成本以及执行支付的贯通（表6-1）。

"五类工程费用"对应财务核算科目 表6-1

序号	五类费用	会计科目
1	材料费	工程施工\合同成本\直接材料
2	人工费	工程施工\合同成本\直接人工费
3	机械费	工程施工\合同成本\机械使用费
4	现场经费	工程施工\合同成本\其他直接费用\项目设计费
		工程施工\合同成本\其他直接费用\项目技术援助费
		工程施工\合同成本\其他直接费用\现场材料二次搬运费
		工程施工\合同成本\其他直接费用\生产工（用）具使用费
		工程施工\合同成本\其他直接费用\检验实验费
		工程施工\合同成本\其他直接费用\工程定位复测费
		工程施工\合同成本\其他直接费用\工程点交费
		工程施工\合同成本\其他直接费用\场地清理费
		工程施工\合同成本\其他直接费用\临时设施折旧费
		工程施工\合同成本\其他直接费用\水电费用
		工程施工\合同成本\间接费用\职工费用（工资、奖金、职工福利费、社保费用及工资附加费等）
		工程施工\合同成本\间接费用\劳动保护费
		工程施工\合同成本\间接费用\项目使用固定资产折旧及修理费

续表

序号	五类费用	会计科目
4	现场经费	工程施工\合同成本\间接费用\物料消耗
		工程施工\合同成本\间接费用\取暖费
		工程施工\合同成本\间接费用\办公费
		工程施工\合同成本\间接费用\差旅费
		工程施工\合同成本\间接费用\财产保险费
		工程施工\合同成本\间接费用\工程保险费
		工程施工\合同成本\间接费用\排污费
		工程施工\合同成本\间接费用\物业费
		工程施工\合同成本\间接费用\业务招待费
		工程施工\合同成本\间接费用\周材费\其他
5	专业分包费	工程施工\合同成本\其他直接费用
		工程施工\合同成本\其他直接费用\工具机具摊销费

我国现行的工程项目合约造价、预算结算等商务成本发生实现的过程与规则，具有自身的特点和做法，与财务成本、会计核算的规则和具体做法是不一致的。商务造价工程量清单中的成本子项科目与财务会计核算中的成本子项科目并不是一一对应的，特别是具体实际操作中的最末级科目之间没有一一对应的逻辑关系，两个业务线条之间在成本子项科目的名称、内涵、计算办法、核算口径等方面都有很大差异，并且这种差异是长期以来形成的（表6-2）。要实现商务成本和财务成本在"度量衡"上的统一，并非一日之功，它涉及体制、机制、人员素质以及思想认识、工作习惯、利益格局的转换和调整。如果不能实现商务成本和财务成本在"度量衡"的统一，不实现管理信息因子的统一数据编码，就难以实现"业务财务一体化"。

"五类工程费用"对应成本子目及财务科目　　　表6-2

序号	五类费用	成本子目	财务核算科目	
1	材料费	材料费	54010102	直接材料费
2	人工费	人工费	54010103	人工费

续表

序号	五类费用	成本子目	财务核算科目	
3	机械费	机械费	54010104	机械使用费
		燃料动力费	5401010401	燃料动力费
		机械设备租赁费	5401010402	租赁费
		机械设备修理费	5401010403	修理费
		机械设备进出场费	5401010404	进出场费
		机械人员工资	5401010405	机械人员工资
		机械设备折旧费	5401010406	折旧费
4	现场经费	其他直接费	54010105	其他直接费用
		检验试验费	5401010501	检验试验费用
		工具机具费	5401010502	工具机具摊销费
		临时设施费	5401010503	临时设施摊销费
		材料二次搬运费	5401010504	材料二次搬运费
		场地清理费	5401010505	场地清理费
		工程保险费	5401010506	工程保险费
		施工水电费	5401010507	施工水电费
		安全生产费	5401010508	安全生产费
		基本间接费	54010106	间接费
		现场管理费	5401010601	职工费用
			5401010602	办公费
			5401010603	差旅交通费
		业务招待费	5401010604	业务招待费
		折旧及摊销费	5401010605	折旧及摊销费
		税费	5401010606	税费
		物业费	5401010610	物业费
		科技研发费	5401010618	科研费用
		保险费用	5401010607	劳动保险费
			5401010608	财产保险费
		其他	5401010609	劳动保护费
			5401010611	广告宣传费
			5401010613	党团活动经费

续表

序号	五类费用	成本子目	财务核算科目	
4	现场经费	其他	5401010615	工程维修费
			5401010616	周材费
5	专业分包费	工程施工	5401010617	施工费
		合同成本	5401010618	材料费
		租赁周转材料费用（内租）		工具机具摊销费

实践中，中建五局从项目管理和企业管理的实际出发，通过以资金费用审批单为中心的"一单四用表"的实际运行，贯通了资金费用审批与过程成本、收支流量、财务核算、资金管控的业务工作流程，实现了"做一不二"，避免了重复劳动，提高了工作效率。目前，大部分企业都"卡"在这个地方，成了企业管理信息化前进道路上的"拦路虎"，虽然推行企业管理信息化已经多年，甚至在其他方面也取得了比较好的效果，但一谈到"业财一体化"就大伤脑筋，企业信息化就止步不前。

第三节 业务商务财资税务的管理逻辑

一、业财资税一体化的基本要求

目前，大多数建设企业在业财资税一体化方面依然处于初级水平，即仅要求下属单位按照企业总部要求定期上报财务报表。做得好的企业，会选择统一的财务信息系统并在全企业进行推广，以便捷地实现报表汇总或合并。做得再好一些的企业，才勉强把业务要素纳入其中，如逐渐细化的科目体系、应收应付、资金计划或全面预算、辅助核算等。这些都是从财务出发向业财一体化方向的努力。然而，兜兜转转，财务管控的一体化始终在初级的小圈子里徘徊。

数字化的过程，应当包括数据规划、数据采集、数据处理、数据运用。关键在于信息化规划的合理性；在于信息化系统的高效支撑，及业务单据、财务凭证、总账、报表、合并体系能有效衔接；在于管理标准的统一；在于管理模式的落地。虽然建设企业很容易采集到海量数据，但由于海量数据彼此独立，前期缺乏数据规划，导致其对企业管理不产生价值。唯有形成完整的数据链条，具备完整的业务逻辑，能够反映企业经营的某种信息，并且可以通过追溯来验证数据的正确性、完整性，工程建设企业的数据才能真正产生价值。

可以说，"通"是"一体化"的基础性条件，而"一体化"则涵盖了横与纵、正与逆、表与里、内与外等不同维度。

横与纵："横"指的是业务财务一体化；"纵"指的是企业管控，目的是实现从企业总部到子分子公司直至项目的纵向管控一体化。横与纵已成为众多行业最为关注的一体化建设内容，更是大型建筑企业管理的基础。在近些年，横向与纵向一体化正成为建筑行业关注的重点。

正与逆：横向一体化不仅仅体现在业务与财务、资金、税务等的自动衔接，更包含从报表→账→凭证→业务单据→原始凭证的逆向追溯，在事后的分析或审计中，逆向追溯能力就显得尤为重要。

表与里：正向的业财一体化与逆向的追溯固然重要，但依然是表象而已。其实更应关注内在的"里"，即在一体化基础上实现的风险控制，如付款风险、超预算风险、现金流风险、投资风险、供应商风险等，以及质量、安全、沟通、协调等隐性风险。"里"才是建筑企业业财资税一体化建设中追求的首要目标。

内与外：建设行业及其相关产业链条十分复杂，许多建筑企业已经意识到，现在不仅仅需要做好内部的管理，更需要做好外部产业链管理。在当今信息互联时代，由产业链衍生的生态圈一体化已经进入了行业视野。

二、业财资税一体化的逻辑关系

建设企业管理信息因子标准化数据库，最为重要的是商务财务一体化所需要的管理信息因子标准化。根据业务财务一体化集成的需要，建立商务造价工程量清单成本子项与财务会计核算成本子项的对应逻辑关系，制定最末级科目之间的对照标准并形成统一模板，在物资采购、商务合约、财务核算、资金支付等不同的管理环节中，实现材料费、人工费、机械费、现场经费和专业分包费五大成本核算在口径与内涵上的统一，完善信息化数据编码体系，完成管理语言与信息语言的统一，实现管理与信息的融合，使业务财务一体化得以实现。

管理语言初步统一后，还要清晰业财资税之间的业务逻辑关系（图6-3）。

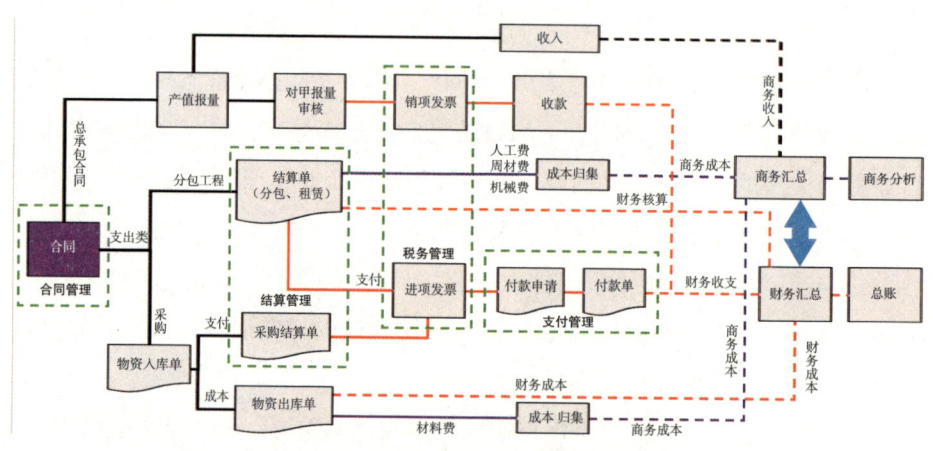

图6-3　业财资税一体化逻辑关系图

白色线段代表业务线条，与业主签订好总承包合同，项目正常施工后，一是要算收入，项目要对甲方产值报量，对甲方报量审核、收款；二是要算支出，例如专业分包工程，与分包单位要对结算单，把人工费、周材费、机械费进行成本归集。另外，物资采购，要有物资入库单、物资出库单、采购结算单等，物资出库后，材料费进入成本归集。与供应商、专业分包单位办理完结算后要接入财务的支付系统，进行付款申请，形成付款单，一直到最后商务分析完成。

红色线段代表财务线条，后边财务汇总和商务汇总有个商务与财务的交互。按模块来说，可以分为合同管理、结算管理、税务管理、支付管理这四个模块，四个模块要同时考虑。

图中前边实线部分由人工完成，虚线部分交给计算机来完成，业财资税一体化实际是指前端产生的数据，能够自动生成后端的原数据，经过数据加工处理，一级级传下去，实现一体化，而不是人工填报。很多时候，信息技术与管理融合的难点就在于人和计算机的分工不够明确，所以搞清楚它们之间的逻辑关系十分重要。

三、财务共享与业财资税一体化

基于财务共享的一体化可以实现横纵、正逆、内外、表里等多维度管理诉求，对于管理相对传统的工程建设企业来说，不失为一种高起点的建设方式。在标准化统一的前提下，循序渐进，管理上完善一步就在报账单中推进一步。同时，基于报账单的信息化界面也更加简洁、友好、易用，可以大大提升全员的效率与满意度。

通过建立企业数据标准、流程标准、控制规则体系、核算口径标准、分析模型等数据标准体系，实现"一数多用"。通过标准化体系来提升企业业务财务一体化的能力，解决项目经营管理中数据不一致、不及时的问题。

以业务数据、财务数据中项目成本数据差异为例，业务系统成本核算口径是以项目预算为基础，主要核算项目人、材、机、其他直接费、间接费并形成项目成本；财务核算口径是以法人组织与财务科目为基础，通过项目辅助核算统计项目的人、材、机、其他直接费、间接费，摊销企业营销费用、财务费用、管理费用到项目，形成项目成本。由于商务业务和财务业务存在较大差异，因此，在一体化建设中要特别注意以下两点：

一是商务财务口径的统一：财务核算口径更完整，如财务充分考虑到营销费用、财务费用、管理费用等项目间接成本；业务口径更多关注直接成本，虽不全面但更详细实时。取二者之长完善科目体系、核算规则、业务规范、业务逻辑等，差异较大的内容则通过相互映射进行统一。

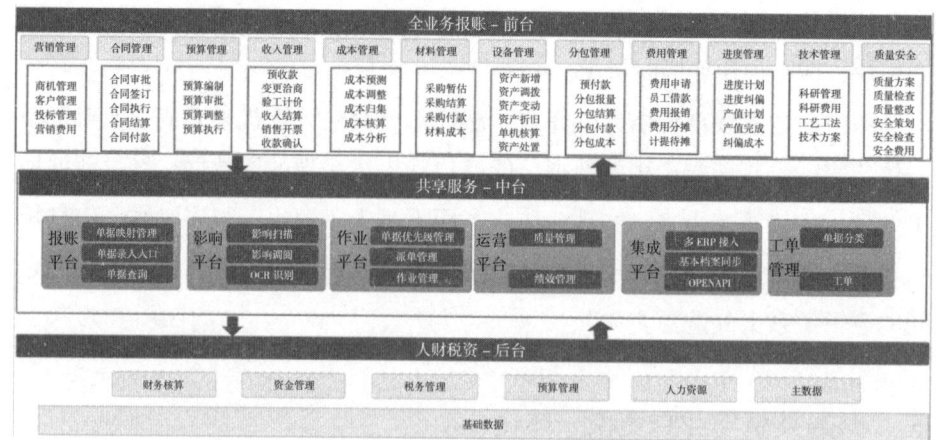

图 6-4　业财资税中台逻辑图

二是数据来源的唯一性：所有数据均来源于业务以保证数据的唯一性。包括人、材、机、其他直接费、间接费等，业务单据自动生成财务凭证，方可满足对数据统计分析的各种要求。

在实现经济线业财融合的基础上，可逐步深入实现全业务的业财融合，直至生态化业财融合。如果需要，完全可以将共享模式构建成一个大平台，在其上承载更多的内容（图6-4）。如语音制单可以解决现场人员的信息采集痛点，如人力需求共享、物资利旧共享等。随着技术的发展，在共享服务建设的同时，已经可以实现商旅生态一体化、采购生态一体化、金融生态一体化等生态圈的融合。

第四节　工程项目的业财资税一体化

一、项目业财资税一体化的必要性

工程建设企业的核心业务是项目管理，项目过程管理能力是建筑企业的核心竞争力。目前，多数建设企业在项目管理过程中还存在不少问题：

一是项目经营管理问题：项目经营管理主要包括合同管理、收入管理、预算管理、成本管理、材料管理、设备管理、分包管理等所有与项目经营相关的业务。项目经营管理业务由于链条长、参与部门多、产生数据多，各部门经营数据统计口径、统计标准不同，导致统计结果不一致，项目经营数据无法反映项目经营真实情况，也无法真实反映企业的经营状况。

二是项目生产管理问题：随着施工项目规模越来越大，技术越来越复杂，项目生产管理难度也越来越高，项目参建各方、各部门、各专业的协同就至关重要。然而在日常项目施工生产过程中，许多问题都是由于信息沟通没有到位，信息没有同步，工作不能有效协同，导致项目成本、进度、质量出现问题，从而对项目的生产产生很大影响。

三是项目风险管理问题：建筑企业对项目风险的管理往往还停留在凭个人经验、责任心上，导致不同的组织和参与人对项目风险管控的能力差异极大，无法做到及时有效地识别风险、监控风险。

所以，必须通过项目业务财务一体化、工作协同一体化、风险管理一体化等方面的建设来提升企业核心业务的协同管控能力，提升项目的过程管理能力。

工程项目业财资税一体化是收入与成本业务结算后自动生成财务凭证，也就是商务业务结算后在线完成资金收付业务再自动生成财务凭证。项目过程中所有的业务内容、业务逻辑都可以由报账单据承载，即通过报账单实现材料、劳务、分包的采购、入库、开票、结算等支出及成本闭环管理；入账认领、入账、销项等收入线闭环管理等；实现预算控制、计划控制、以收定支、合同执行控制等核心风险控制要素；实现自动入账、自动稽核、自动扫描、自动认证、数据统一归口等；可大大推进标准化统一、一键出表、大数据分析等进程。

二、项目业财资税的业务表单与流程

目前，多数建设企业对资金的管控大多停留在通过财务核算系统提供的报表来实现，施工项目部、各子分公司分别建立核算账套，独立动作，手工收集信息，逐级统计上报，时效性、准确性及精细化程度难以达到要求；各级管理层无法及时了解各个具体项目的真实运营状况，当资金出现较大偏差时，难以找准具体原因，无法追究相关责任人；对于各子分公司制定的年度计划无法进行合理性分析及与历史对应数据比较等。

实现项目业财资税一体化，必须系统性地梳理设计企业各层级、各组织的管理标准、工作流程、业务表单以及数据成果展示、各级各类管理需求等，要统一管理语言和信息交互规则，特别要注意各业务部门、各层级组织之间的工作接口、信息交换、信息共享等细节部位。

首先，要按照"管理标准化、工作流程化、业务表单化、成果数据化、数据集约化"的思路，结合公司总部层面、子分公司层面、工程项目部层面的管理要求，借助信息技术对公司所有工程项目进行全生命周期的覆盖管理。通过流程穿透到子分公司以及项目部，将相关数据通过相应的流程进行信息审核并流转至相应的组织。对这些第一手的原始数据资料，进行一系列的信息收集、整理、处理、加工、分析，最终以报表及图形的方式展现出来。这些图表可以使公司总部层面的决策层能够依据形象化、真实、可靠的资金数据进行及时、准确地决策，各个职能部门以及子分公司的管理层能够获得清晰、明确、安全的数字化管理模式的支持。项目部层面的执行层能够在数字化条件下的严格监督管控，履行岗位职责，人人有事做，事事可追溯。

其次，要从公司总部领导层、各子分公司级管理层、施工项目部执行层的不同管理需求出发，对资金运作全过程进行管控。要在管理信息系统内进行业务数据、具体信息、报审流程、业务报表等标准化、统一化、规范化、移动化处理，达到对企业全部资金实时、全面、准确管控的效果，满足资金管理需求。系统内所有管理过程除了在信息收集阶段需要手工操作外，全过程电子化流转，杜绝信息流转过程中人工处理的种种弊端。

再次，要以资金活动审批流程为抓手，实现借款、报销、支付等全过程流程管控。业务工作过程自动生成会计记账凭证附件，使凭证能够及时录入、审核，按月记账，完成对公司资金运作的数据分析、信息挖掘、监管共享、风险监测、决策支持，以报表及图表形式实时展现整体资金总量及分布情况，重点做好大额资金支付或银行贷款的监控，以实现全公司资金监控管理，防范公司资金风险，确保公司资金领域不出现重大系统性风险，实现企业健康持续发展。

第四，通过统一的表单字段、流程体系设置，实现横向各子分公司之间、纵向各个管理层级之间的资金基础信息、审批信息、证明材料等相关信息的共享，确保资金数据的及时性、准确性和安全性。在对比本日收入、本日支出等情况时，提供监控功能，与计划额度允许范围限定有出入时，系统会自动提出预警，为管理者节约大量的数据分析时间和管控成本。一系列管控电子流程、报表及图形的运用，全过程动态、透明、可追溯，督促分布在不同地区的项目部人员更加认真、细致、严谨地对待资金管理工作，杜绝了粗放管理、随意性强、数据编造等不良现象，提高资金管理工作效率，间接创造经济效益。

第五，根据资金管控和资金活动审批要求，重点设计借款申请、资产购置、费用报销、银行账户管理、财务资金计划、银行信贷/保函办理、增值税开票、资金支付、财务业务放款等工作流程，在合法合规、审计稽查、成本管控等多方面发挥作用。通过大数据的应用分析可以发现全公司资金数据的关联性，充分发挥资金的管控能力。特别是在三项费用的管理、资金预算管理、资金支付管理、应收款管理等方面产生数据联动效应，结合公司管控名单系统、法务诉讼管理系统给公司资金保驾护航。

第六，通过业财资税一体化，对预算的编制提供有力的支持，提升资金使用效率，提高预算管理水平。结构化、非结构化数据的采集有助于辨别事项的真实性，特别是同步开启移动端APP审批功能，通过电子化、移动化审核，杜绝手工处理时人员不在岗、拖拉、推诿的现象，大大提高工作效率。在输出环节做到信息的整合利用，相关报表实现多维信息的随需查询和复杂信息的交互，并进行可视化展现，使管理人员能够一目了然地掌握资金动态情况。

总之，业务、商务、财务、资金、税务业务相互联系，通过财务凭证可以在线追溯业务过程，同时在处理业务过程时可以联查财务凭证，自动生成的凭证经审核后生成财务账簿，最终反映项目管理的经营结果。业财资税一体化是通过商务成本科目与财务核算会计科目口径统一，用财务核算、资金支付、税务处理倒逼业务过程规范、数据精准，从而达到精细化管理。

三、项目业财资税一体八卦图

信息技术改变了整个世界，改变了我们的生活，而计算机的二进位制的源头却是来自于中国的伏羲八卦图。欧洲数学家莱布尼茨1703年写过"中国伏羲八卦二进位制级数"的学术论文，他承认"二进制"的发明者是"中华创始者伏羲"，并称之为"伏羲二进制"。莱布尼兹从中国《易经》中受到启发，演绎并推论出了数学矩阵，二进制数学的诞生为计算机的发明奠定了理论基础。

大道至简，大道相通。我们经常讲，企业管理以财务管理为中心，财务管理以资金管理为中心，资金管理以经营性现金流管理为中心。对工程建设企业来说，经营管理的基本目标有两个，一是利润，二是现金流。这就像太极八卦中的太极生两仪，两仪生四象，四象生八卦。企业经营管理的成果主要体现在经营性净现金流和净利润两大指标上，经济类业务包括业财资税四个方面，这四个方面产生出八组基本数据（图6-5）。这两大指标、四个方面、八组数据是企业经营管理的最基本目标，它们之间相互关联、相互影响，是一个不可分割的整体。

财务是最终反映经营管理的成果，在分析业务财务一体化内容时，需要从财务核算会计科目分析出相关商务业务活动，再通过业务活动确定综合项目管理系统相关业务单据。即包括涉及建筑收入与成本的业务单据，主要包括建筑合同收入、合同保证金、甲方产值报量、分包结算、周转材料租赁、设备租赁、物资入库与出库等。

实现业务财务一体化，各类经营活动能自动生成财务凭证，必须要统

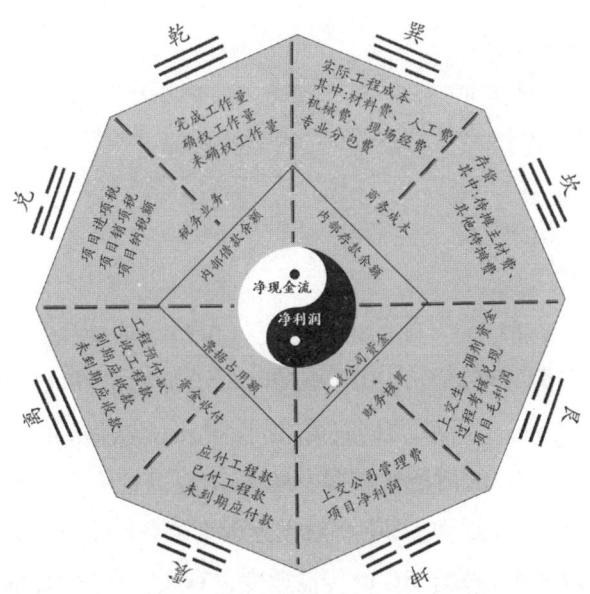

图 6-5 项目业财资税一体八卦图

一相关业务标准。从施工企业项目经营活动反映项目财务凭证可以分为两类：一类是以收入与成本相关的反映企业经营成果的凭证；另一类是与收付业务相关的反映企业资金状况的凭证。收入与成本类业务主要统一商务成本科目与财务会计科目，收付业务主要统一资金活动项与财务科目。标准的统一并不是完全相等，主要是统一口径，从商务、财务、资金不同业务管理的要求分析，也不可能完全同步相同，但最终都是反映项目真实的经营成果，在材料费、人工费、机械费、现场经费、专业分包费等五类费用上统一，但要实现这一成果，必须统一科目最末级之间的对照标准，形成统一模板。

"项目业财资税一体八卦图"反映了企业经营管理的最核心、最本质的目标要求，企业信息化建设就要通过信息互联技术去完成、去实现这种需求。

第五节 人机交互与新技术应用

一、人+机→机+人

2016年3月，AlphaGo初问世就以4∶1战胜了职业生涯15年拥有14个世界围棋冠军头衔的李世石，2017年又以3∶0战胜世界最年轻五冠王柯洁。围棋组合有10^{170}种，近乎无穷的决策空间，人是无法做到的，但是信息技术可以做到。最近，5G的话题比较多。5G技术以高速率、低时延、大链接为主要特征，5G技术的实际应用必将给世界带来革命性变化，万物互联在不远的将来就会变为现实。关于5G的传输速度，有人说相比4G的传输速度会提高30倍，也有人说提高100倍，还有人说能达到1000倍。我们先不管它到底是多少倍，总之是极大地提高传输速度。一旦5G技术进入实际应用，目前信息化方面很多难以解决的问题，都可以随之化解。

举以上例子不是说机器或者信息技术会完全替代人类，而是人和机器要有基本的分工，哪些是我们要做的，哪些是计算机要做的，这是我们需要思考的问题。要制定好规则，把大量重复的繁琐的计算工作都交给计算机，人机合理分工，人机科学合作，就是要让信息技术和管理深度融合，实现管理的需求，大幅度提升社会生产力。在管理的数字化过程中，数据来源大部分应当由人工来做，尤其是基础数据的采集与编码，必须由人工完成。而大量的数据处理工作则要由计算机按照一定的数据模型和计算规则去完成。数字化应用的结果则必须要满足企业管理者的管理需求（图6-6）。

在数据来源端，各类业务系统存储了大量的业务数据，以人输入为主，机输入为辅，即"人+机"。中间数据处理过程是以机器为主，而到了数据应用端，则是以机为主，人为辅，即"机+人"。通过数字化过程模型抽象地描述了人机结合的过程，数据来源"人+机"，数字应用"机+人"。

"人"的管理经验与管理实践通过人机结合方式，固化到数字化系统中，

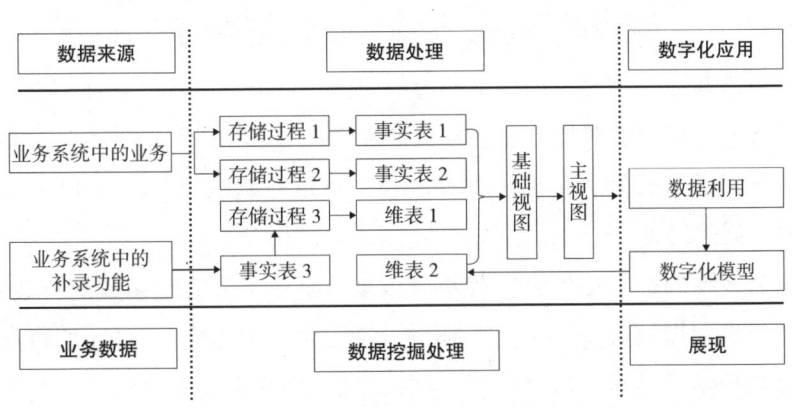

图 6-6　数字化过程人机结合模型图

让"机"可以辅助"人",形成正向效果,实现数字化的主要价值。

实践证明,想要做好人机结合,就要实现线上与线下操作的互联互通。信息化、标准化的表单,与平时工作的表单必须统一,减少额外的工作负担。

此外,信息化系统的开发要注重用户体验。系统所用的语言、所涉及的流程,都必须与实际相符,软件设计需要站在企业实际管理工作的角度来做,而不是技术人员的角度。

数字化过程模型也体现了"人与机"的分工,数据来源需要手工录入的,其前提是实现标准化、可数据化。当前,之所以行业信息化水平普遍不高,原因之一就在于人机分工不合理,本来该由机器完成的工作却由人工去做,而应该由人工来做的却交给了机器。要实现人与机的科学分工,就必须首先提升管理标准化的程度。

二、数字技术的发展规律

随着近些年行业信息化的发展,大家对各类信息化新技术的研究和选择越来越热衷,各类新技术名词让人目不暇接。根据技术发展周期理论,任何新技术都会经历萌芽发育期、欲望膨胀期、幻灭低谷期、复苏生长期、生产成熟期五个阶段（图6-7）。

近些年技术创新进入爆发期，但产业发展远落后于技术的炒作高点，无法达到技术与应用结合，提高生产力的目的。所以，当企业在使用新技术的时候，最好是寻找那些处在复苏生长期和生产成熟期阶段的技术。目前已有一些处于复苏生长期和生产成熟期的技术可供我们试用，比如AI、VR、建筑BIM、低代码等。

选对技术的标准是什么？我想应该是信息技术和管理实践的有效结合，达到像能够引爆核聚变"奇点"那样一种由量变到质变的飞跃。"奇点"本是天体物理学的术语，"奇点"的一种含义是指人类与其他物种（物体）的相互融合，这里是用来表示电脑智能技术与人脑智能的兼容，产生和释放巨大能量的那个神妙时刻。技术必须能够实现赋能，能够提高管理效率，提高资源整合能力，能够提高全要素生产率，而不能是为了信息化而信息化。信息数字技术要赋能企业高质量发展，赋能生态圈共建共赢。比如，可以助力业务规模增长、人员效率提升、决策难度降低、经营风险可控、部门协同效率提高、业财资税一体化和生态合作更顺畅等方面，实实在在地帮助企业生产经营。

- 每5年左右，都会出现一些新的技术，近些年进入技术创新爆发期；
- 任何新技术都将经历**萌芽发育期**、**欲望膨胀期**、**幻灭低谷期**、**复苏生长期**、**生产成熟期**五个阶段；
- 视频AI/VR、建筑BIM等都经历过萌芽、膨胀、幻灭到现在逐步复苏和成熟

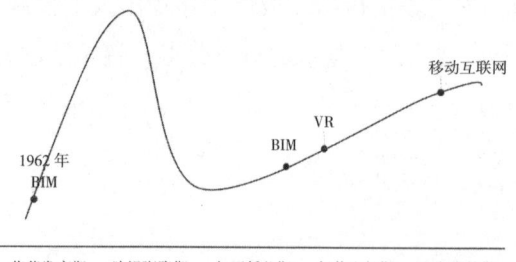
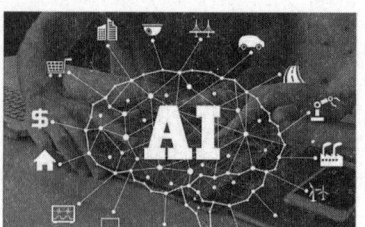

产业发展远落后于技术的炒作高点

图6-7　数字技术的发展规律

三、新技术的融合应用

数字化转型需要以投入产出为考量，以切实帮助企业经营为目标，而不能为了数字化而数字化。在信息化与工业化"两化融合"的趋势下，技术赋能管理，管理需要技术，主要体现在提高工作效率，控制企业经营风险，提高管理能力，降低企业运营成本等方面。

以用为主可以从两个方面讲：一是管理适用，二是技术实用。

管理适用包括：岗位作业数据化、业务管控在线化、经营决策智能化、企业协作生态化。数字化的基础是数据，借助管理系统，把企业员工和合作伙伴在日常经营中产生的数据收集起来，并融入数据中台，为数字化、智能化提供基础性支撑。

业务管控在线化，一是保证业务管控通过在线化的手段，解决在现实世界中跨时间、跨空间的管理问题；二是所有的管控数据对未来的决策提供数据基础，用数字化的手段评估各种管控措施对业务发展的影响。结合各类执行数据、经营数据、外部数据，通过强大的算力和匹配的算法模型，得到本企业的各类经营分析成果；对于经营决策也不再仅仅是各类经营报表，还需要数字化的各种经营建议，从而实现经营决策智能化的效果；企业数字化过程可以内外兼修，对内精细运营，对外生态协作，结合企业自身发展需要，对生态伙伴做好分类管理，满足合作双方的利益诉求和安全需求，构建稳固的合作关系。

技术实用包括：业务流程配置化、交互体验智能化、经营决策智慧化、生态合作一体化。这些技术是和管理所匹配的，建设企业面临的环境是非常复杂的，在数字化过程中，如何权衡业务、管理和技术，不仅仅是对技术能力的考验，更要把握管理需要什么样的技术匹配。首先要有一个好的管理平台，在这种平台上，业务骨干、技术人员可以把有限的精力放在如何赋能业务，而不是把时间都耗在加班加点的埋头实现上。不能让技术限制住企业的管理，但是很多企业却实实在在地没有用好技术，一方面想利用数字化手段帮助经营，一方面太过于聚焦眼前，没有一个好的规划，导致在实施时往往头痛医头，脚痛医脚，并没有从根本上解决企业的管理问题。要想做好这些，一个强大的业务骨干团队、一个落地能力很强的技术团队、一个强大有力耐得住寂寞的决心都是非常重要的。业务的变化在所难免，我们运用数字化手段，降低各种变化所带来的企业阵痛，用好技术平台并不仅是针对当前模式能用好，更要在未来多变的商业环境中，企业姿态发生调整时，依然能够快速响应，这样的技术平台才是我们需要提前规划好的。而业务流程配置化、交互体验智能化、经营决策智慧化、生态合作一体化也是这种技术平台能够支持和解决的，这些点也是我们在选择技术平台前所必须考量的具体内容。

这里讲的技术融合特指科学技术发展给企业带来的红利（图6-8）。举个例子：在移动互联网之前，很多便利化的场景没有好的解决方案，随着移动互联技术逐渐成熟之后，我们就可以借助各类传感器代替人工的方式，来获取各类数据，比如智慧工地中的摄像头，随着图像处理技术、人脸识别技术突飞猛进地发展，解决了很多工地上的管理问题。简单地说，就是在新技术到来之前"无法用技术解决的业务问题"，已经开始在各个场景下被新技术应用所解决。在数字化转型中，我们需要多思考、多创新，融合各类新技术，给企业带来实实在在的好处。

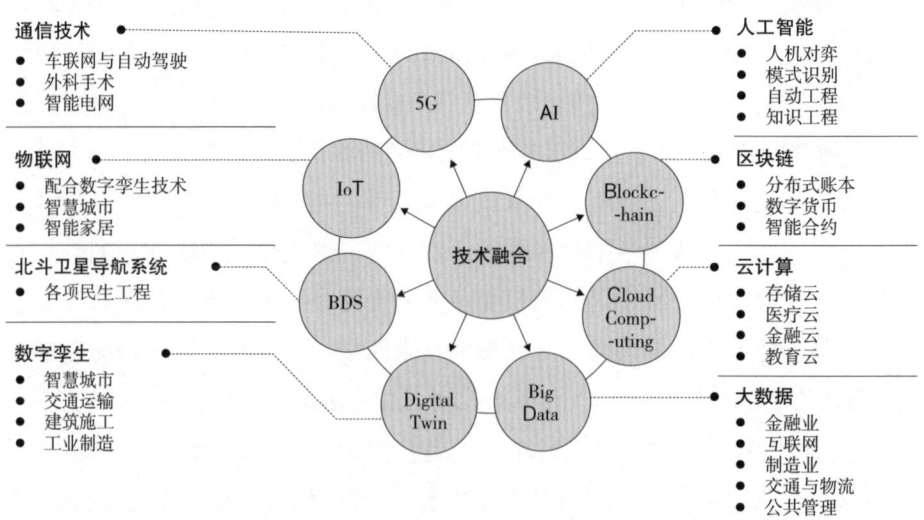

图 6-8　技术融合

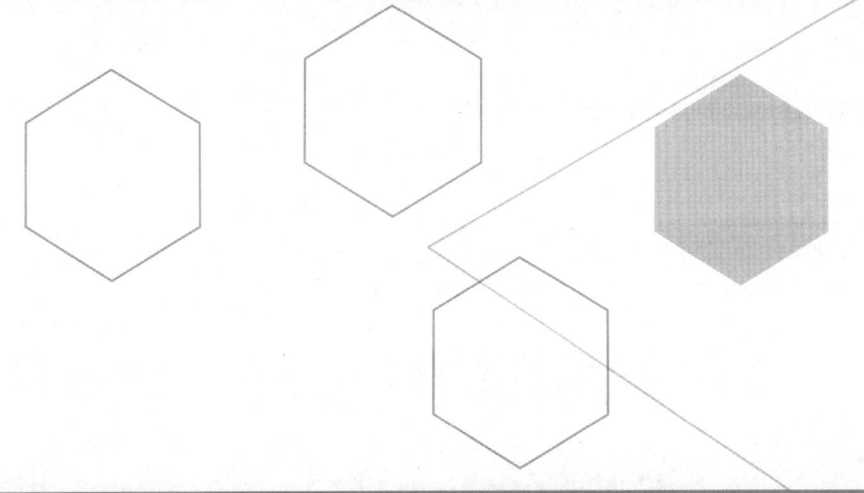

第七章

大数据管理与移动端应用

有"大数据之父"之称的牛津大学教授舍恩伯格指出:"大数据开启了一个重大的时代转型。就像望远镜让我们感受宇宙,显微镜让我们能够观测到微生物一样,大数据正在改变我们的生活以及理解世界的方式,成为新发明和新服务的源泉,而更多的改变正蓄势待发。"大数据时代将带来深刻的思维转变,大数据不仅将改变每个人的日常生活和工作方式,改变商业组织和社会组织的运行方式,而且将从根本上奠定国家和社会治理的基础数据,彻底改变长期以来国家与社会诸多领域存在的"不可治理"状况,使得国家和社会治理更加透明、有效和智慧。

第一节　建设行业生态圈数字化

一、建设行业的数字化生态圈

应对复杂多变的国际国内形势，建设行业要有生态协作、共赢发展的理念，着力构建生态发展共同体。

传统领域和创新领域要共建行业生态。传统领域的规划设计、建设承包、供应采购要与创新领域的金融服务、运营服务、信息科技等融合，进而形成新的建设行业发展生态（图7-1）。

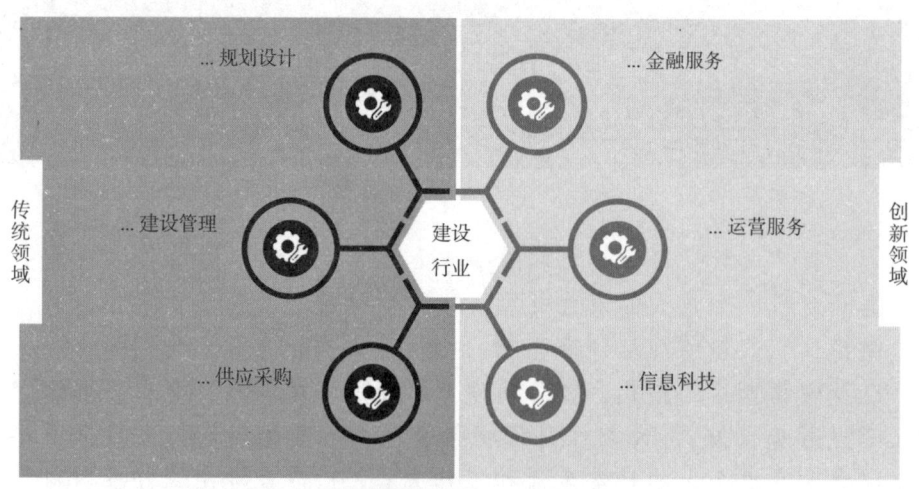

图7-1　生态融合为建设行业带来新机遇

数字化生态圈包括建筑产品的投资、建设、运营全生命周期。

要从满足投资、建造、运营三个维度的需求出发，加强数字化生态建设。从建造与金融协作融合的角度来看，市场上有很多有钱的企业，也有很多有资产的企业，但是资金和资产缺乏流动性。站在建造的角度要有长效的资本金、优惠的资金价格、更快的流程时效、更全的产品服务、更灵活的创新突破；从金融角度的需求来看，就是更深的行业理解、更透明的资产信息、更多的管控手段、更多的盈利来源、更久的合作关系。通过建造与金融的融合，从而形成在资金、成本、效率和创新上的更多优势（图7-2）。

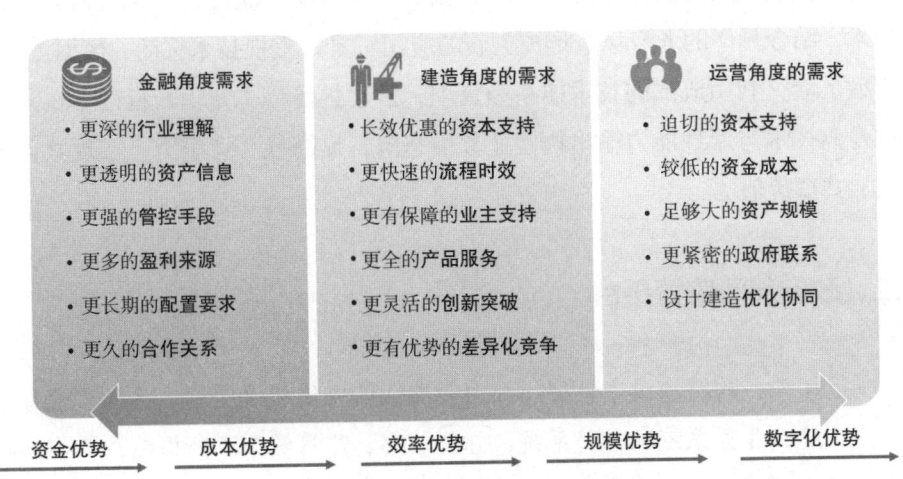

图7-2　行业生态构建要满足多方需求

生态的良性发展，还需要"建造"和"运营"协作融合、"运营"与"金融"协作融合，这几个点都要站在对方角度思考，才能做得好，通过融合为双方带来更多的竞争优势。一旦建设行业生态中满足了金融、建造、运营的多方需求，就会形成企业自身的资金优势、成本优势、效率优势、规模优势和创新优势，将有效整合资源，大幅提升全要素生产力。

中国建设行业的运行体制和机制，基本上是新中国成立之初，借鉴苏联模式建立的基础框架，后来经过40多年的改革和发展，演变成当前的模样。目前建设领域有五类市场主体：投融资建设单位、勘察设计与监理单位、施工承包单位、物资设备供应单位和物业运营管理单位，此外，还有政府监管部门和社会中介与监督机构等。这些市场主体和部门机构的盈利方式和运营模式是不同的，他们的管理方式、工作重点、追求目标也不相同。建设行业的核心产品是工程项目,一个工程项目从规划投资、设计监理、承包施工、物资供应、运营管理到政府监管、社会监督等方面有众多管理主体和利益主体,他们之间的利益诉求不同,存在着天然的"猫鼠关系",项目管理信息、商务经济信息难以做到完全公开透明。这种现象严重制约着工作效率和社会生产力的提升。

我们应当充分利用云计算、大数据、人工智能、流程自动化机器人等新技术,结合具体的业务场景形成创新的应用工具,重视技术沉淀、数据沉淀、模型沉淀,利用成熟的技术体系和管理,搭建具备自主知识产权的平台。通过专业技术与管理能力输出构建业务生态圈,提高核心竞争力,实现共创价值、共享价值。

二、政府部门监管平台

近年来,政府建设主管部门致力于加强信息化建设应用、推动监管方式转变,建设业务系统和办公系统,办公效率、监管效率不断提高,但各地政府建设主管部门的数字化建设,大多处于由工具化应用向系统集成的过渡阶段,只有少数地区步入数据融合阶段,但存在着系统众多、数据孤岛等问题。国务院印发的《"十四五"数字经济发展规划》,对我国数字经济发展作出整体部署,要求更好发挥政府在数字经济发展中的作用,并提出了数字经济治理体系更加完善以及政府数字化监管能力显著增强、行业和市场监管水平大幅提升等目标。可以预见的是,"十四五"时期,"数字政府"将成为推进服务型政府建设的重要抓手,而立足于科技创新的"使能者"将发挥更重要作用。

建设行业监管数字化的目标就是消除信息孤岛,实现系统集成和数据融合。要在系统集成和数据融合的基础上,实现数据赋能业务监管和决策效率的提升,打造新型治理体系和治理能力。其建设路径是"以数据管理为切入点、以项目监管为落脚点、以信用评价为连接点、以辅助决策为价值点",进行统筹规划,通过"定标准、核系统、理数据、深集成、强监管、助决策",完成项目建设。

未来，向统一工作平台、业务流程贯通、数据融合赋能业务发展，最终实现决策智能化和科学化是核心要求。建筑行业数字化监管的解决方向，概括来说，就是"连接、融合、智能"。连接，指"横向业务到边，纵向层级到底"，主要表现为横向实现工程项目全过程业务覆盖,纵向实现"部—省—市—区（县）"和"行业—企业—项目—岗位"连通；融合，主要指技术融合、数据融合和业务融合；智能，主要是指实现基于数据的领导决策可视化、在线化、智能化。

通过打通数据堵点，全面整合各领域运行数据，形成"横向业务到边、纵向层级到底"的指挥调度运行全景图，可视化展现"放管服"、工程建设、房地产市场和城乡管理等领域关键指标特征和综合态势，预测发展趋势，智能自动预警，辅助决策，打造"零时间决策、零距离指挥、零时空监管"的精准指挥调度平台。打造"一网协同、一网融合、一网统管、一网总览"，实现"系统集成、数据融合、业务协同和智能决策"，全面推动政府监管数字化。

一网协同，通过打造应用系统集成平台，解决系统林立和业务横向壁垒问题，核心价值在于提升行政效率。一网融合，通过打造数据资源管理平台，解决数据孤岛和数据流通问题，核心价值在于提升数据统一管理能力。一网统管，通过打造建筑业数字化监管平台，实现业务精准监管，解决协同监管能力弱的问题，核心价值在于提升业务的协同监管能力，实现"跨部门、跨层级、跨业务、跨环节、跨区域"监管。一网总览，主要是打造辅助决策平台，实现基于数据的综合决策，解决数据不一致、实时性差、指标单一等问题，核心价值在于为决策层提供及时、准确的数据，并提炼综合指标，进行可视化展示和辅助决策。

全国建筑市场监管公共服务平台微信小程序上线，以"保运行、理数据、建画像、促生态"的前瞻性设计理念，发挥移动化和在线化优势，采用大数据、安全保障、搜索和知识图谱等先进技术，深入挖掘业务监管应用场景及建筑市场主体用户需求，释放建筑市场数据价值，提升住房和城乡建设部对全国建筑市场的监管服务水平和建筑业企业的办事效率。

第二节 建筑产品产业链数字化

一、产业链数字化的意义

目前,中国建设行业围绕建筑产品的建造全过程有五类市场主体:设计监理单位、施工总承包单位、专业施工承包单位、劳务作业承包单位和材料设备供应单位。建筑企业的产品是一个个工程项目,一个工程项目从规划投资、设计监理、承包施工、物资供应、劳务分包到政府监管、社会监督等方面有众多管理主体和利益主体,这些不同的主体之间存在着不同的目标要求,管理的侧重点有所不同,管理需求和利益诉求客观上存在差异,管理者和被管理者之间存在着"客观矛盾"。这就使得管理信息,尤其是经济商务信息的公开透明难以做到。一个工程项目从投标报价、合同洽谈签订、施工过程报量付款、变更签证索赔到工程竣工结算、审计清算、工程款回收、收益实现等,要经过一个漫长的过程和繁多的工作流程与环节,许多问题都要经过当事双方互相要约洽谈、激烈博弈,才能达成共识。

建筑产品建造周期长、质量要求高、产业链涉及广、影响因素繁杂,这种特性就要求我们必须借助信息科技力量,创新管理,加快数字化进程,搭建设计监理、施工总承包、专业承包、劳务作业、物资设备供应产业链一体化、数字化的专业平台,打通建筑产品科学建造的"最后一公里",实现生产要素的最优化配置,大大提高社会生产力。

当前,我国正处于数字化时代,探索数字化转型升级已经成为时代发展的趋势。虽然在探索的过程中会出现各种各样的问题,虽然数字化转型升级的过程不会一帆风顺,但是只要以开放的心态进行紧密合作,就可以构建一个更加开放的数字化环境。用开放的生态环境以及共生关系的确定性,去应对未来探索过程中的不确定性。参考其他行业的发展经验,大力推进新的信息数字技术应用,如APP移动办公、信息化小程序、数据可视化、智能化、云平台、SaaS 应用、5G 通信技术等。实现建筑产业供应链数字化转型升级的路径是：先在线数据应用，再在线数据管理。重点在于"在线"：管理在线、业务在线、数据在线。

二、供应链电子商务

根据项目总承包的需求，开发搭建电子采购平台，实现对建造全过程采购业务的电子化，是总承包企业数字化的一个重要目标（图7-3）。电子采购平台包括对外电子采购门户、物资设备供应商门户以及面向企业内部采购管理的电子采购平台。同时，打造、完善采购业务交易平台，可对接中国招标投标公共服务平台，支持多种寻源方式，支撑企业采购业务的全过程管控。通过利用平台优势，帮助企业汇聚供应商，发挥规模优势，实现规模化在线采购，降低企业采购成本。

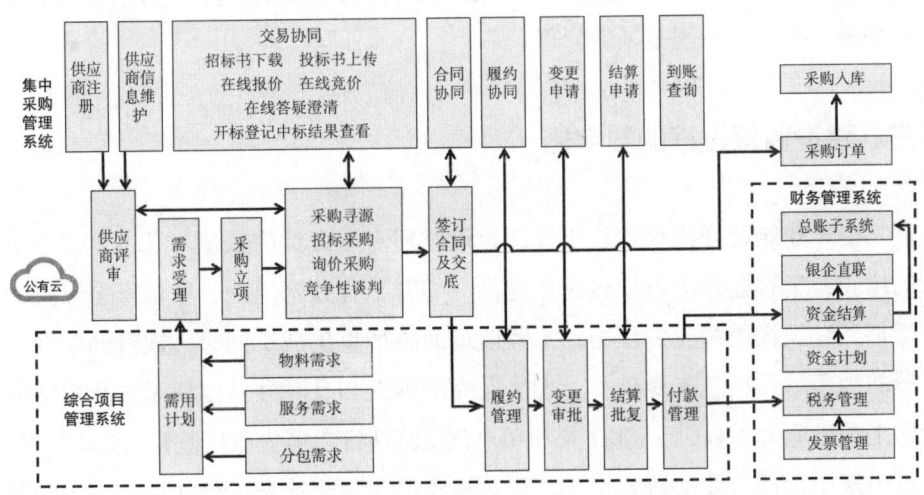

图 7-3 集中采购管理系统与其他核心系统的交互

搭建服务平台，实现采购优化管理。在电子采购平台建设的基础上，持续完善，逐步扩展电子采购品种及采购相关业务，实现各类物资线上采购。

连接多方电商，支持跨电商选购，企业自营、供应商入驻开店，为企业内部员工或个人提供办公用品的采购服务。

分包商管理模块包括分包商选择、分包商管理、分包商考评和分包商数据统计四方面。从分包商择优推荐、考察开始，通过分包合同评审，完成分包商选择。项目部根据公司授权按分包商选择情况进行分包商进场申请，分包商进场后结合劳务人员情况，进行每日劳务人员进出场登记。项目层面从进场日开始每月进行一次分包商考核，公司层面随时对考核情况进行监督并进行定级管理。对未通过考核的分包商辞退并自动进入"不合格分包商库"，全公司范围内不得再推荐此分包商；形成"合格分包商库"，反馈到分包商的推荐与考察中，形成分包资源的良性循环。

用互联网思维优化物资采购和分包方管理，构建线上、线下招标采购过程的管控流程，为客户提供选购、下单、付款、送货的一条龙服务，突破传统采购模式的局限，建立新的盈利模式、共享服务体系，实现商品流、资金流、发票流的统一，并通过优化采购方式、供应商分级管理体系等为企业内部进行服务，帮助企业规范采购管理。

三、建设监理过程的数字化

由于建筑行业规模增长迅速，建设监理专业人员的数量，赶不上工程量的增长，工程监理的难度也越来越高，随着工程技术风险、质量安全风险的增加，以及提前竣工的压力，工程监理面临严重挑战。同时，现有的监理手段较为落后，信息来源单一，无法保障准确性和及时性。监理无法有效掌握施工现场危大工程、起重机、塔机等状况，监理行为多为事后监督、被动监督。以上这些，都需要加快数字化进程。从建筑产品建造全过程管理数字化的角度，工程监理领域的数字化建设应当从以下几个方面去加强：

1. 建立接口标准，实现数据交互

不同的系统内核、系统底层、系统架构和数据库都将影响接口标准的统一性，但从狭义的接口标准上看，可以采用中间数据库（单独物理中间库）来完成数据交换，即根据多个系统供应商间约定的数据库格式来设计接口程序，再由第三方插件（中间数据库）实现数据的提取，这是一种极为经济的解决方法。如果监理企业数字化应用系统不多，就可以通过协调方式解决系统间的数据提取问题。此方案见效快，主要问题在于监理企业、集成系统供应商和其他系统供应商三方如何加强协调合作，实现投入成本少、操作相对简单、实施效果快的目标。如果系统供应商中有一家是纯粹的软件应用服务供应商，没有系统底层、核心技术及相关专业技术人员，系统间的数据交互按照三方协调的方式就很难完成。

打破数据孤岛，实现系统集成和内外数据交互。所有数据均由数据仓库进行保存，系统内数据便于进行整理、分类、关联，或按照相关数学公式进行分析。若要对接其他系统，则要通过信息集成系统的应用程序接口，实现数据互通。

2. 改变数据采集和录入方式

数据录入的方式决定了各部门及基层员工使用的"客户体验"，应尽可能地使用 APP、小程序、公众号和微信（企业端）等多种数据采集和录入方式，或以多种方式兼容的办法解决"最后一公里"的问题。通过新的技术进步，相关文件或表单关键信息实现了数据化，可以达到扩大数据录入范围的目的，改变以往系统中存在的大量外单位纸质材料及相关的照片、视频等文件或附件难以数据化录入和形成有效数据的问题。

采用内置二维码，便于系统相关信息数据化。在以往的监理信息化系统中，各类报表、业务程序性文件以及发票等各类附件，除了字段（表单）及 Excel 格式的录入型数据以外，无论是 JPG 文件、PDF 文件还是 Word 文件，其关键信息都很难进行数据化处理。通过内置二维码插件，可以先在专用表单上填入关键信息字段，再将表单关键信息字段由系统相关插件转化为内置二维码，并在系统的相关表单或附件上内置二维码，就可使系统录入的相关信息形成有用数据。原来的难题迎刃而解，系统数据更加齐全、易整理，从而促进系统内部数据的关联交互。

3. 采用数据加密,加强数据安全,提高数据处理效率

许多监理企业的办公系统均实现互联网访问,线上处理多种事务,信息化程度越高,数据安全的重视程度就要越高。因此,需要对一些较为敏感的数据进行处理,进行必要的系统文档加密。文档操作实施多重保护,为不同的人分配不同的文档权限,每个人只能打开相应权限的文档。例如:核心资料只能有权限的用户才能查看,同时防止用户通过剪贴板、截屏、打印等方式窃取加密文档;允许外出继续使用加密文档,文档仍保持加密状态,只能在被授权的计算机上使用,以保证核心数据的安全。当然,数据加密的处理方式有许多种,上述介绍的只是其中一种,实用性相对较强,设备及投入较为经济。

4. 以用户为中心,以问题为导向

实际工作中,项目部是监理生产管理系统数据的采集者,每天平均要使用3~5套系统(业主、安监、质监和监理单位自己的以及项目总包单位的诸多系统),有些内容不但需要重复采集和报送,而且各系统间因相关单位不能提供接口而难以进行对接。对于经验丰富的一线项目部人员而言,一方面,业务系统中提供的工序、工艺及要点规范,以及相应的功能、通用模板、工作计划等管理系统具有局限性;另一方面,在数据采集过程中,始终没有从这些数据中得到益处,项目部的主要诉求并未得到解决,而数字化的作用就是要让用户的诉求得到充分满足。

数字化建设应当"以用户为中心""以问题为导向",不断融合全员智慧与经验,不断推陈出新,唯有用户用得顺心,数据采集才能形成良好的闭环,同时良好的数据分析能力更能使所有系统用户得到各种生产管理数据的支撑。如在安全智能监管系统建设时,可以运用移动互联网、物联网、大数据、云计算、人工智能等先进技术手段,利用现场设备及传感器采集各种设备的运行状态、现场人员活动,以及通信信息、环境指标信息和作业情况信息等,

形成大量的文本、图片、视频数据信息。对数据进行分析处理，形成可视化的图表及动态追踪画面，以达到远程可视化监控管理、安全事件触发报警，自动通知不同层次人员、多维度、集约化管理的目的。从而构建一个互联互通、无人值守、安全智能的综合监控平台。

再如，针对现场旁站、巡视的过程管控，建设"智能眼镜"系统。其主要功能：一是旁站、巡视的全过程记录，有 WiFi 或网络信号的地方自动上传，避免因旁站、巡视、检查不到位而造成工作缺失；二是可现场连线，公司生产管理部门、项目管理人员可直接连线一线的旁站和巡视人员，以便技术管理人员随时掌握一线施工情况，提供工作指导。

5. 挖掘安全生产数据，建立安全监控数据分析平台

先要将生产管理系统中所产生的日志、周报、月报等记录报告类流程，风险评估、风险过程控制、风险预警等过程控制数据，全部纳入数据采集的范畴。再提供在线管控渠道，有效地对相关数据进行梳理与分析。有数据、有分析、有视频、有记录，可检查、可在线巡视、可预警、可应急指挥。

安全监控平台本身不产生数据，但基于各信息系统的数据收集与数据分析，并利用信息新技术构建一个基本完整的安全管理体系，既有 360° 用户视图和数据实时分析，又有应急指挥通信。通过数据积累，提出更多、更为广泛的数据分析需求，循环往复，达到满足安全管理在不同维度的需要。

监理企业在实现数字化转型过程中会面临多种因素的挑战，包括企业状况、业务形态、市场性质、竞争环境、人才积累等，因而很难寻找到相同的实施方案、工作标准和协作路径，只有与相关方密切沟通合作，不断探索创新，持续改进提高，才能取得好的效果。

第三节 大数据应用

谈到数据决策时,一般都会提到"大数据",但是这个"大"并不仅是指数据量的大,而是指数据的全面性。大数据研究专家舍恩伯格指出,大数据时代,人们对待数据的思维方式会发生如下三个变化:第一,人们处理的数据从样本数据变成全部数据;第二,由于是全样本数据,人们不得不接受数据的混杂性,而放弃对精确性的追求;第三,人类通过对大数据的处理,放弃对因果关系的渴求,转而关注相关关系。

一、大数据时代的机遇

很多公司的管理者需要为一些紧急状况做决策,通常情况管理者能够做出相对合理的决策,是因为管理者掌握的信息更全面,可以综合评估后选择最佳的方案,但是 VUCA 时代(Volatility、Uncertainty、Complexity、Ambiguity)的到来,不确定性增加,导致管理者无法及时获得最新的信息,因而影响决策,所以在这个阶段,实时全面高效智能的数据决策支持便可以帮助管理者解决这个难题。

在小数据时代,由于收集的样本信息量比较少,所以必须确保记录下来的数据尽量结构化、精确化,否则,分析得出的结论在推及总体上就会"南辕北辙",因此,就必须十分注重精确思维。然而,在大数据时代,得益于大数据技术的突破,大量的非结构化、异构化的数据能够得到储存和分析,这一方面提升了从数据中获取知识和洞见的能力,另一方面也对传统的精确思维造成了挑战。舍恩伯格指出,"执迷于精确性是信息缺乏时代和模拟时代的产物。只有 5% 的数据是结构化且能适用于传统数据库的。如果不接受混乱,剩下 95% 的非结构化数据都无法利用,只有接受不精确性,我们才能打开一扇从未涉足的世界的窗户"。也就是说，在大数据时代，思维方式要从精确思维转向容错思维，当拥有海量即时数据时，绝对的精准不再是追求的主要目标，适当忽略微观层面上的精确度，容许一定程度的错误与混杂，反而可以在宏观层面拥有更好的知识和洞察力。

在小数据世界中，人们往往执着于现象背后的因果关系，试图通过有限样本数据来剖析其中的内在机理。小数据的另一个缺陷就是有限的样本数据无法反映出事物之间的普遍性的相关关系。而在大数据时代，人们可以通过大数据技术挖掘出事物之间隐蔽的相关关系，获得更多的认知与洞见，运用这些认知与洞见就可以帮助我们捕捉现在和预测未来，而建立在相关关系分析基础上的预测正是大数据的核心议题。通过关注线性的相关关系，以及复杂的非线性相关关系，可以帮助人们看到很多以前不曾注意的联系，还可以掌握以前无法理解的复杂技术和社会动态，相关关系甚至可以超越因果关系，成为我们了解这个世界的更好视角。舍恩伯格指出，大数据的出现让人们放弃了对因果关系的渴求，转而关注相关关系，人们只需知道"是什么"，而不用知道"为什么"。我们不必非得知道事物或现象背后的复杂深层原因，而只需要通过大数据分析获知"是什么"就意义非凡，这会给我们提供非常新颖且有价值的观点、信息和知识。也就是说，在大数据时代，思维方式要从因果思维转向相关思维，努力颠覆千百年来人类形成的传统思维模式和固有偏见，才能更好地分享大数据带来的深刻洞见。

不断提高机器的自动化、智能化水平始终是人类社会长期不懈努力的方向。计算机的出现极大地推动了自动控制、人工智能和机器学习等新技术的发展，"机器人"研发也取得了突飞猛进的成果并开始了一定的应用。应该说，自进入信息社会以来，人类社会的自动化、智能化水平已得到明显提升，但始终面临瓶颈而无法取得突破性进展，机器的思维方式仍属于线性、简单、物理的自然思维，智能水平仍不尽如人意。但是，大数据时代的到来，可以为提升机器智能带来契机，因为大数据将有效推进机器思维方式由自然思维转向智能思维，这才是大数据思维转变的关键所在、核心内容。众所周知，人脑之所以具有智能、智慧，就在于它能够对周遭的数据信息进行全面收集、逻辑判断和归纳总结，获得有关事物或现象的认识与见解。同样，在大数据时代，随着物联网、云计算、社会计算、可视技术等的突破发展，大数据系统也能够自动地搜索所有相关的数据信息，并进而类似"人脑"一样主动、立体、逻辑地分析数据、做出判断、提供洞见，那么，无疑也就具有了类似人类的智能思维能力和预测未来的能力。"智能、智慧"是大数据时代的显著特征，大数据时代的思维方式也要求从自然思维转向智能思维，不断提升机器或系统的社会计算能力和智能化水平，从而获得具有洞察力和新价值的东西，甚至类似于人类的"智慧"。

建设行业数字化的过程，所产生的全生产要素大数据，其复杂性之高，体量之大，对于当前的算力具有相当大的挑战。这归咎于建筑业非标准化的特点，同时也说明建筑业是很难做到全要素大数据，很多时候都是在局部应用上通过大数据技术和智能化技术，做到局部的数字化和数智化，但是萤萤之光，可照旷野，全面的数智化，也是从局部数智化完善而来，最终实现全要素的大数据与智能化应用。

二、数智化应用

在各行各业，数据的价值被不断发现、挖掘、证实和利用，跟实体一样变成了生产资料的一部分。而随着企业所处环境的不断变化，仅仅靠过去的传统管理方式已经越来越难以抓住市场的各种机遇，数据无疑成为企业拥抱变化的基础。

要有效地利用这些数据，达到智能化应用，就需要能够发现企业存在哪些数据问题。第一，企业数据资产不清晰，很多企业都不了解自己有哪些数据，有多少数据，这些数据到底可以发挥什么作用。第二，企业数据质量无法保证，存在无效、重复、缺失，甚至错误的数据。第三，数据利用协同难，业务人员无法直接使用数据，必须依赖专业的数据管理人员，经过需求沟通和IT实施之后，才能使用这些数据，这对于业务人员更大化地发挥数据价值是一个阻碍。第四，数据到知识的转换难，业务看的数据和业务概念之间往往不能很好地匹配。

托马斯·斯特尔那斯·艾略特曾经提出 DIKW 理论，"DIKW 是关于数据（Data）、信息（Information）、知识（Knowledge）及智慧（Wisdom）的模型"。具体解释为，数据是使用约定俗成的关键字，对客观事物的数量、属性、位置及其相互关系进行抽象表示，以适合在特定领域中使用人工或自然的方式进行保存、传递和处理。信息是具有时效性的，有一定含义的，有逻辑的、经过加工处理的、对决策有价值的数据流。信息 = 数据 + 时间 + 处理。知识是通过人们的参与对信息进行归纳、演绎、比较等手段进行挖掘，使其有价值的部分沉淀下来，并与已存在的知识体系相结合，这部分有价值的信息就转变成知识。智慧是人类基于已有的知识，针对物质世界运动过程中产生的问题根据获得的信息进行分析、对比、演绎，找出解决方案的能力。这种能力运用的结果是将信息的有价值部分挖掘出来并使之成为知识架构的一部分。

通过"DIKW 模型"，给予我们的启示是如果想做好智能化，数据是原始素材，需要重视数据所使用关键词的统一性和完整性；信息是加工后有逻辑的数据，需要重视信息的时效性；知识是提炼信息之间的联系，需要避免知识彼此割裂，甚至出现知识孤岛。知识帮助我们加强行动能力，完成当下的任务，而智慧更加关心的是未来，具有预测的能力。

现在许多施工项目的管理主要靠经验，智能化水平不够，工地安全难以预警、建筑质量难以控制，也因多方难以协同存在一些不规范问题，最终影响到企业的发展和生存。

而通过经济数据的智能化利用，可以帮助企业精细化管理，比如利用智能化技术，构建智慧档案系统，提高档案的管理效率，实现自动归档与分类；智慧成本管理系统通过大数据手段对各生产要素价格进行了集成分析，透明化和可溯源性让成本管理"明明白白"，人类在执行重复性任务时容易出错、不一致且具有主观性，这些重复性任务包括从非结构化数据中提取信息和将它存储为结构化数据。此过程也需要消耗大量的时间、资源和精力，而信息系统可以有效地帮助企业及时掌握成本控制状态，在保质保量、合理工期的前提下，以最少的投入换取最大的经济利益，实现降本增效的目的。

通过建立各种数据模型，利用形象化图表分析数据，利用数据，发掘数据作用。如根据财务人员录入的每日收入支出情况，系统自动计算出本日余额、每月余额和本年余额，图表的方式方便进行历年情况对比；根据审批通过的四算对比表，系统自动在商务月度报告中形成初始预测总收入、累计预算收入、累计计划成本、累计实际成本四条曲线，直观了解项目成本情况；通过数据分析，直观发现管理中存在的问题，为查找管理漏洞提供了强有力的支持。

如中铁四局多年来一直在项目成本管理方面进行积极探索，通过互联网和信息技术手段，建立了覆盖面广、实用有效的工程项目成本管理系统，增强了企业对项目的管控能力，规范项目管理、提高工作效率、降低项目施工成本。

在项目成本管理数字化过程中，通过自动算量工具软件将项目工程数量计算结果与业主清单自动匹配后，形成项目预算成本并推送至成本管理系统，降低成本系统手动输入工程数量的工作负担，并使工程数量来源更加准确、快速（图7-4）。再通过企业内部劳务人员管理系统、机械设备物联网系统、技术管理平台、物资管理系统等各信息化系统，在其独立业务管理过程中收集汇总形成业务数据，如劳务合同、人员数量、工资结算情况、机械设备使用数量、台班、施工组织、方案、物资材料入库、消耗量等信息数据推送给成本管理系统，避免原先因各系统间信息来源不一致，多入口录入造成的信息孤岛现象，达到在数据共享的同时实现数据业务信息的准确、及时、完整地传递与复用。

为便于企业、项目管理人员实时掌握工程项目生产情况，及时对企业、项目成本进行分析预测，他们将企业项目成本、人员、物资、机械、技术等管理系统的重要业务数据，通过接口统一传输至智慧工地数据看板端，集中展示项目施工生产情况，以及相关产值、成本完成数据，时刻准确掌握项目成本。数据分析后，对成本偏差严重、存在隐患风险的项目及时介入管控，

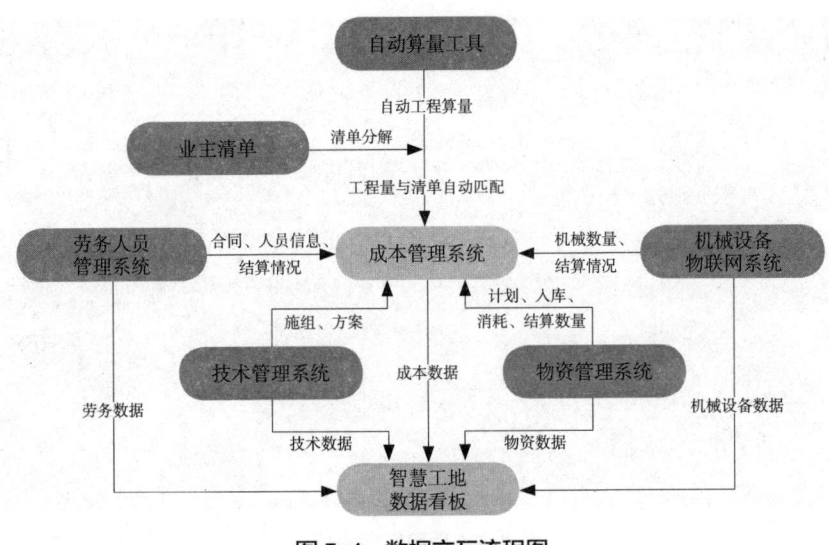

图 7-4 数据交互流程图

及早解决隐患,将风险扼杀在摇篮中,实现企业、项目管理者真正后台管控项目。

大数据应用赋能企业管理,通过企业智能化的管理和成功案例,可以促成企业更多的合作机会,甚至带动上下游企业同步转型升级,利用智慧工地、智慧建造、智能建筑,辐射更多生态圈合作伙伴,完成建筑产业链延伸、价值链提升的目标。

比如,中建八局一公司搭建的"一张图"平台实现了公司所有项目的终端数据集成,用多个专题地图进行项目数据穿透,设置项目点亮机制,项目只要有满足几项菜单的智慧应用,地图就会亮起该项目。

项目层级智慧工地集成平台含平面交互、三维交互、智慧交互三部分。将现场多源性硬件数据采集、分析、预警,将分散的数据子平台进行集中;平台嵌入BIM应用,将BIM模型轻体量化在线浏览、交互。平台的预警推送消息可多终端接收。

项目看板包含综合看板、审批大厅、监控看板、实名制看板、技术质量、过程管控、分包看板、安全看板八个部分(图7-5)。利于大数据技术将各系

图 7-5 项目综合看板

统中的数据抽取出来，经过清洗和整理，形成项目日常管控所需的看板内容，方便项目人员的风险管控。

他们还积极推动科技创新，将"智慧图纸"APP 融入了二维码、BIM、VR、AR 等新兴技术，引领建筑图纸走向智能化，取得了可喜效果。

智能化赋能建筑行业，以企业为主体、市场为导向，不断实践产学研深度融合，为建筑业装上"新引擎"，增添新动能，不断催生新产业、新业态、新模式，推动质量变革、效率变革、动力变革。

第四节　数据治理

大数据时代，数据是社会和企业的宝贵资产，但是随着数据量的快速膨胀，这些海量的、分散在不同角落的异构数据导致了数据资源的价值偏低，数据应用难度增大，就像石油中杂质偏多，像电流电压不稳一样，数据的价值大打折扣，甚至根本不可用、不敢用。因此，数据治理是大数据时代的必然选择，也是唯一的出路。

一、数据治理的误区

很多企业都意识到数据的重要性，也积极寻求方法来做数据治理，很多人也都知道数据治理是一项长期而繁杂的工作，甚至可以说是大数据整个环节中的脏活累活，但是很多企业在做数据治理时，容易进入几个误区。

数据治理误区一是必须得有工具平台，才能开展数据治理。 常常看到一些企业在开展数据治理的时候会先采购一套数据治理平台工具，再搞数据治理，这是一个极端。还有另外一个极端就是，完全不需要数据治理平台工具，直接把数据治理当作咨询项目，导致的结果往往就是花了大笔的钱，前期可能会有一些效果，可随着时间推移，远远达不到当初的预期。其实，数据治理是一项和管理深度结合的活动，有工具后可以加快效率，没有工具同样可以进行数据治理。比如，在信息化程度不高、数据量不大、数据类型不多的情况下，制定一些合理的治理流程和制度就可以起到很好的效果，工具反倒增加了成本和管理流程，这时候是可以不需要工具的。而对于经过多年信息化发展的企业，在开展数据治理时，平台工具就是必备的。工具作为数据治理4大核心要素之一，它的作用就是提升数据治理的效率，而且工具往往是与组织、制度、流程相辅相成的，它会将我们的数据治理咨询成果落地到平台中，保障数据治理这项活动的常态化运转，持续提升企业的数据管理能力。

数据治理误区二是必须发起正式的项目，才能开展数据治理。 其实，无论是IT部门，或是业务部门，只要今天制定了与数据有关的某项制度或流程，这都算是在开展数据治理。比如技术部门规定，核心系统中，供应商编号只能用ID来表示，这其实就是一条数据标准。数据治理的门槛并不高，很多部门甚至小组内部都会有这样、那样的数据规范，而且这些规范在一段时间内都可以起到良好的正向作用。所以面对数据治理不要怕，数据治理的门槛并没有那么高，任何部门团队都可以做些有益于数据正向发展的工作。但当企业开展规模化数据治理时，还是应该发起某个项目，结合企业的战略规划、业务需求、市场发展等多方面因素，制定合理的数据治理实施路径。

数据治理误区三是数据质量问题找出来了，然后怎么做？ 当数据治理正式开启后，业务和技术人员通力合作，辛辛苦苦建立起来平台，配置好了数据质量的检核规则，也找出来了一大堆的数据质量问题，然后呢？半年之后，一年之后，同样的数据质量问题依旧存在。发生这种问题的根源在于没有形成数据质量问责的闭环。要做到数据质量问题的问责，首先需要做到数据质量问题的定责。定责的基本原则是：谁生产，谁负责。数据是从谁那里出来的，谁负责处理数据质量问题。定责之后是问责，问责之后是整改和反馈，然后是质量问题的新一轮评估，直至形成绩效考核和排名。只有形成这种工作闭环，才能真正提升数据质量。

数据治理误区四是好像什么都做了，又好像什么都没做。 很多数据治理的项目难验收，企业往往有疑问：咨询单位做数据治理究竟干了些啥？汇报时说干了一大堆事情，可是企业怎么什么都看不到？其实，数据治理的成果是可以量化的，也可以将成果的可视化呈现。

数据治理误区五是数据治理无法落地需要检视是否好高骛远？ 数据治理不是一堆规范文档的堆砌，而是需要将治理过程中所产生的规范、流程、标准落地到IT平台上，在数据生产过程中通过"以终为始"前向的方式进行数据治理，避免事后稽核带来各种被动和运维成本的增加。数据治理需要聚焦数据：数据治理的本质是管理数据，因此，需要加强元数据管理和主数据管理，从源头治理数据，补齐数据的相关属性和信息，比如：元数据、质量、安全、业务逻辑、血缘等，通过元数据驱动的方式管理数据生产、加工和使用。

数据治理需要建设和管理一体化，数据模型血缘与任务调度的一致性是建管一体化的关键，有助于解决数据管理与数据生产口径不一致的问题，避免出现两张皮的低效管理模式。

二、数据治理与保障要素

数据治理是促进数据价值实现的重要保障。释放数据价值应发挥多方主体作用，构建完善的数据治理体系以促进数据价值最大限度地释放。从数据价值实现的路径出发，应重点从四个方面入手：一是要增大数据体量，将封闭的数据释放出来，为数据分析提供充足的"原材料"；二是要提升数据质量，实现数据标准化，为数据互通和数据分析提供"可用"数据；三是要促进数据的互融互通，让已有的数据流动起来，为不同数据集合之间建立更多的相关关系创造条件；四是要防范数据风险，维护主体数据权益，规范数据开发利用行为。

数据质量管理是释放数据价值的关键环节。数据的互操作性和质量，以及数据的结构、可靠性和完整性对于开发数据价值至关重要。确保数据的完整性、一致性、精确性和及时性是保证数据应用的基础，数据规范统一是数据互通共享发挥作用的重要前提。

数据质量提升和标准化实现，解决的是数据开发流通中数据能否"互联互通"的问题。当前，在发展人工智能的技术背景下，数据质量问题显得尤为重要，影响到巨量数据的整合效率和效果。实践中一般主要通过标准、指南等形式为相关主体数据质量管理提供柔性指引。

数据治理是一个系统工程，是一个从上至下指导，从下而上推进的工作。因此，在思想认识方面必须得到企业上下的共识，要有一个强有力的组织、合理的章程、明确的流程、健壮的系统，这样才能使数据治理工作得到有效的保障。

要素一是发展战略目标。战略是选择和决策的集合，共同绘制出一个高层次的行动方案，以实现更高层次目标。数据战略是企业发展战略中的重要组成部分，是数据管理计划的战略，是保持和提高数据质量、完整性、安全性和存取的计划，是指导数据治理的最高原则。

要素二是数据治理组织。数据治理的组织包括制度组织和服务组织。制度组织主要负责数据治理和数据管理制度。这些组织是跨职能的，通常企业会建立数据治理委员会、数据管理制度团队等组织，负责整体数据战略、数据政策、数据管理度量指标等数据治理规程问题。

要素三是制度章程。制度章程是确保对数据治理进行有效实施的认责制度，其中一些是数据治理职能的职责，也包括其他数据管理职能的职责。数据治理是最高层次的、规划性的数据管理制度活动。换句话说，数据治理是主要由数据管理人员和协调人员共同制定的高层次的数据管理制度决策。典型的规范领域主要包括规章制度、管控办法、考核机制和技术规范。

要素四是流程管理。流程管理包括流程目标、流程任务、流程分级。根据数据治理的内容，建立相应的流程，且遵循本单位数据治理的规章制度。实际操作中可结合所使用的数据治理工具，与数据治理工具供应商协商，建立符合建筑企业的流程管理。

要素五是技术应用。技术应用包括支撑核心领域的工具和平台，例如数据质量管理系统、元数据管理系统等。他们是数据治理能够顺利开展的技术保障。只有建立丰富的数据治理工具和平台，才能从各个领域有效地进行数据的管理和治理，才能有效提高建筑企业的数据价值。

很多企业的数据现状普遍都是一个先污染、后治理的过程，数据治理必然带来新的标准的确立和旧系统的改造，是一个有破有立、无破不立的过程。这一过程涉及大量的跨部门、跨条线、跨系统的沟通协调，同时也涉及不小的投资。为了不使投入的人力物力付之东流，在治理前期就应该规划好各项规章制度和管理架构，保障后续的各项治理工作能够行之有效并且长期坚持。

三、数据安全

数据安全与数据安全治理是一个十分重要、十分紧迫的问题。对于拥有重要数据资产的企业，数据的底座是数据安全治理。但是在讨论数据安全治理时，经常会谈到企业的信息安全管理体系，数据安全治理和信息安全管理是有差异的，从目标来看，数据安全治理是以数据的安全使用为目标，而信息安全管理是以数据的安全防护、不受攻击为目标；从面向对象来看，数据安全治理是面向内部或合作伙伴，以这些人员行为的安全管控为主要对象，而信息安全管理主要是面向外部黑客，以对外部黑客或者入侵者的防控为主要对象；从理念方面来看，数据安全治理是以数据资产分级分类为基础，以信息合理安全流动和使用为目标，信息安全管理是以区域隔离、安全域划分为目标；从管理特点来看，数据安全治理是技术和管理的深度融合，而信息安全管理是技术和管理相对分离。

数据安全治理。为了规范数据处理活动，保障数据安全，促进数据开发利用，企业需要强调统筹数据发展和安全防护并重的重要性，在保障安全和隐私前提下推动数据依法合理有效利用。企业的数据安全治理目标是安全合规使用数据，既要满足法律与政策，又要满足企业与合作伙伴的数据使用管理要求，安全有序地推动数据流动，实现数据价值最大化。

在这里，数据安全治理可以类比为看病的场景，简单说就是先做检查，之后出具报告，再送到医生处诊断，进行治疗。"检查"即对数据进行扫描和识别，包括元数据扫描和隐私安全风险识别。"检查"后所出具的"报告"会全面并清晰地描述病灶内容，数据检查后所获得的报告就是元数据，它是数据资产的详细说明，主要包括数据资产注册信息、数据主题分组与标识、数据分布与标准。当医生拿到所有"报告"后，就可以开始全面诊断，即制定数据安全策略，主要包括数据风险等级、数据流转与使用约束、数据保护与留存规则，而所采取的治疗方案可以分为控制、吃药、打针和手术。控制即对数据流转进行监控，对用户权限进行诊断和回收；吃药即对敏感数据进行脱敏；打针即对数据进行加密；手术即对数据进行集中管控；而治疗时还要注意避免引发其他并发症，即兼容数据的完整性与可用性。

结合上面所讲的看病场景，数据安全治理即以元数据为基础的安全隐私治理。治理安全隐私方案的思路，就是站在数据治理及元数据管理的基础上，构建对数据共享业务影响低且非介入式的治理框架。安全隐私保护的意愿是"让数据使用更安全"，整个数据安全隐私保护过程都要以元数据为基础，也就是都是以数据治理成果为基础来推进的。元数据承载着数据安全治理的四个主要管理要素：第一是通过数据管理，分析数据的完整性、一致性和可用性；第二是通过信息安全的要求，分析数据的保密性；第三是通过全球网络安全与用户隐私保护情报，分析数据的隐私保护情况和网络安全情况；第四是通过法务合规，分析交易的合规性和商业机密保护情况。

数据安全管理。数据安全管理的核心在于数据分级分类管理，所有数据资产必须根据信息保密性、隐秘性、重要性的保护要求，对数据进行保密性的分类，当不同分类的数据汇集一起共同处理、发布或保存时，例如保存在同一数据库中，数据分级分类必须依据所汇集数据中数据最高的等级来决定，所有数据持有人必须根据数据分类的保密性，使用合适的方法来保护，所有数据拥有者及持有者必须根据信息分类的保密性，确定自己是否有权利和是否合适对他人或合作单位开放所持有的数据。

数据资产按照数据价值、内容敏感程度、影响和分发范围不同，划分相应数据机密级别。对于敏感数据资产可以分为绝密、机密、秘密、内部公开和外部公开。绝密是公司最重要或敏感的信息，其泄露会使公司利益遭受巨大损害，且影响范围巨大；机密是公司非常重要或敏感的信息，其泄露会使公司利益遭受损害，且影响范围广泛；秘密是公司较为重要或敏感的信息，其泄露会使公司利益遭受损害，且影响范围较大；内部公开是可以在全公司范围内公开，但不应向公司外部扩散的信息；外部公开是可以在全公司外部公开发布的信息，不属于保密信息。

根据数据分级分类的管理要求，数据资产在保存和使用时要有明确的存储保护基线和使用约束。五个数据密级分级标准的管理要求是，数据在存储前，需要明确每一个级别的数据资产的存储要求以及入库原则；数据在使用前，需要描述每一个级别的数据资产在申请数据共享时应该经过哪些控制审批。一般控制审批流程下，内部公开数据不需要审批，在流程中自动存档并知会数据消费方直属主管。秘密数据由消费方直属主管审批即可，机密数据需要数据生成方和消费方双方数据负责人共同审批，绝密数据除了生成方和消费方双方数据负责人共同审批外，还需要双方更高一层主管进行审批。四个个人数据分类分级标准的管理要求是，数据在存储前，需要根据个人数据分级，如敏感个人数据、一般个人数据、商业联系人数据等，分别需要做不同程度的数据保护，其中法律明文规定的特种个人数据严禁入库；数据在使用时，隐私审批层级新增了隐私专员的介入，以专家评审身份，参与控制流转业务，判别数据消费的目的限制及最小化授权。

数据资产通常会依据数据的来源、内容和用途进行分类，而数据的内容可以划分为两个维度：资产维度和数据维度。资产维度由核心资产和关键资产组成，核心资产对应绝密信息，特指公司真正具有商业价值的信息资产；关键资产属于机密信息，特指对于企业在相关领域领先战略竞争对手，在市场竞争中获胜起决定性作用的数据资产。数据维度由个人数据、敏感个人数据、商业联系人数据、一般个人数据和特种个人数据组成，个人数据指与一个身份已被识别或者身份可被识别的自然人（数据主体）相关的任何信息；敏感个人数据指在个人基本权利和自由方面极其敏感，一旦泄露可能会造成人身伤害、财物损失、名誉损害、身份盗窃或欺诈、歧视性待遇等的个人数据；商业联系人数据指自然人基于商业联系目的提供的可识别到个人的数据；一般个人数据指除敏感个人数据、商业联系人数据以外的个人数据，作为一般个人数据；特种个人数据指《个人信息保护法》中明文规定的特殊种类个人数据，严禁物理入湖，严禁共享及分析。

第五节　移动端应用

当今社会发展日新月异，人们生活节奏日益加快，信息化的到来，如同给快步走的人们增添了一双翅膀，而移动终端则是翅膀上的动力开关。随着企业信息化应用加深，对移动终端的需求越来越迫切，要求也越来越高。从原始数据的采集输入到管理运营数据的集成应用，都需要由"电脑终端"向"移动终端"进行扩展应用，由重后台运行向轻量化应用转变，并且对"移动终端"友好性和愉悦度的要求也越来越高，这已经成为企业管理信息化的一大"焦点"问题。

一、移动端的丰富功能

为了提高现场管理作业的信息化水平，拓展信息化应用手段，提升各级各岗位人员信息化操作效率，采用当下流行的移动互联网+技术，以实现管理效率的提升和管理方式的创新。

移动端应用主要功能包括：移动办公，移动审批、工作协同、工作计划、工作周报、出差请假；工期管理，月、周计划考核月优化；安全管理，领导带班检查、安全整改单、重大危险源、安全记分、行为安全之星；技术质量管理，质量整改单、实测实量；物资管理，物资验收、出库；运营分析，项目概况、人力资源综合分析、生产经营情况、资金余额等多种统计模型（图7-6）。

图7-6 移动端应用

比如，中建八局一公司施工现场"行为安全之星"评选活动，就是通过移动端信息化管控工具进行的，安全之星评选和劳务实名制系统打通，高效、快捷、准确识别人员，实现了安全管理全员参与、信息保障安全透明的效果。

领导带班、项目联系点。移动端APP和微信端均上线"领导带班"和"项目联系点"功能，推动中层以上管理人员积极采用移动检查记录的方式，让制度切实落地执行，提升了管理效率。两项功能均能强制调用手机的GPS定位功能。

项目经理安全生产记分。公司发布的"项目经理安全生产记分管理办法",移动端 APP 同步上线配套功能,每位项目经理均设置 12 分的扣减总分上线,使项目的安全生产保持高压态势,也为各级安全生产管理部门提供了监督抓手。

工作周报。公司两级机关人员执行"工作周报"制度,所有人员均可以自由选择在 PC 端、移动端 APP、微信公众号作为填报、确认入口,各端口功能实现无缝衔接,结合语音输入法、快捷交互填报方式实现高效办公(图 7-7)。

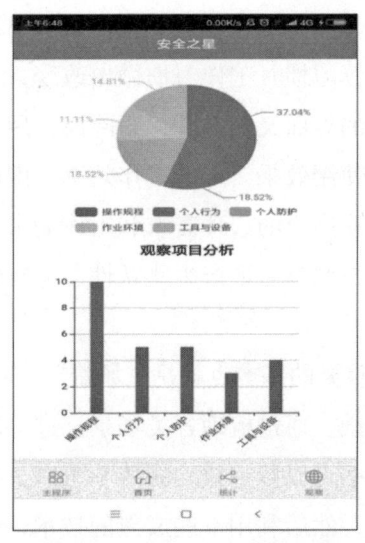

图 7-7　利用移动应用管理项目

二、移动端轻量化与场景化

我们必须关注用户需求,提高数字化的友好性和愉悦度,花力气解决好移动终端应用这个"焦点"。加快研发推进"移动终端"的轻量化应用,并且要将"移动终端"与企业管理信息集成平台无缝连接,与企业主数据应用互联互通。利用移动办公平台实现项目施工过程工期、质量、安全、环保、材料、设备的现场管理和巡检。工程项目的立项审批、合同评审、分包结算等系统单据、流程、报表及日常事务利用移动终端办理。通过手机移动终端将碎片化的时间整合，实时、高效地处理工作事项，流程审批及企业经营分析数据及时推送到手机端，在第一时间即可高效完成审批与管控，从而提高信息处理的便利性和及时性。

数字化进程需要全员参与，数字化平台需要全员使用，平台界面的合理性、友好性、易用性也是一个十分重要的问题。以前我们在推进数字化的过程中，往往不太重视平台界面的美化，不太注意它的友好性，而只关注它的程序性和逻辑性，这就使得使用者看到平台界面后，直觉上产生距离感、冷漠感，不能引起使用兴趣，甚至在心理上产生抵触情绪。再加上数字化本身就需要人们对以往的阅读习惯、工作习惯做出改变，心理上就存在不乐意的倾向。如果数字化平台的界面又很跳跃，很冷漠，用户在使用时的接受度就会大大降低，从而影响使用效果，降低工作效率。因此，我们在进行数字化平台建设时，一定要关注用户的心理需求和工作需求，将平台界面设计得更加合理温馨，不要采用与原有习惯产生跳跃性、冲突性的设计，增强平台界面的易用性和友好性。

数字化有一个十分重要的基本点就是"场景"，也就是说，企业实施数字化时要以"场景"为基础，通过梳理各类场景，进一步明确原本的工作场景和产品建造场景中，哪些可以数字化，哪些不可以，数字化场景怎么与物理场景交互组成完整场景，然后利用一些成熟的技术，解决企业的实际管理问题。只是很多技术拿来之后，企业往往还要做一些必要的二次开发、应用与联通工作。

我们应当加快新技术与建造应用场景和工作应用场景的深度融合，未来的智能化建造必将在降低使用成本、节省企业开支、创造更大价值上进一步深化，进而成为企业的标配之一。

附录：

企业管理数字化
实用案例

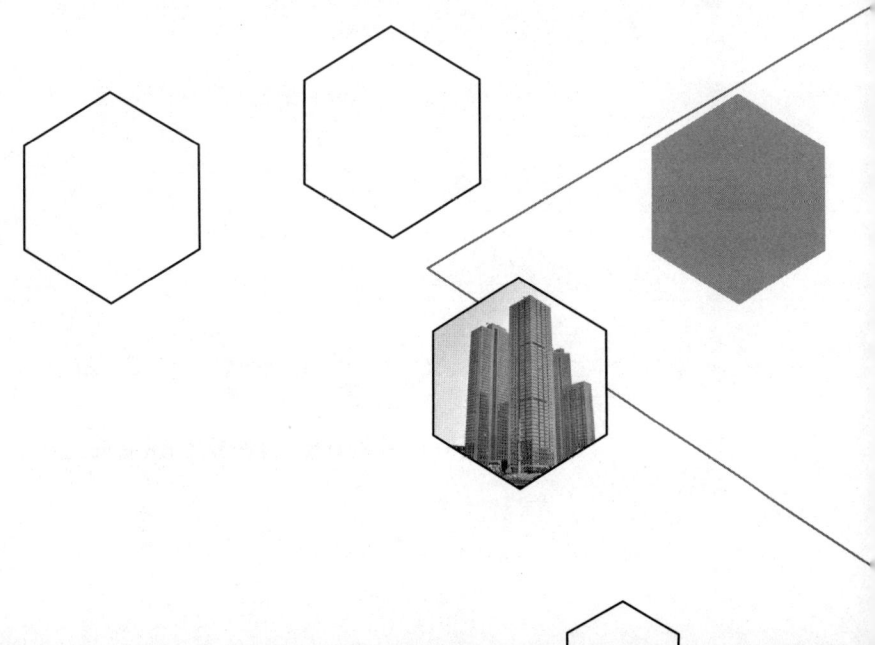

一、中建五局

企业数字化要绵绵用力久久为功

中建五局成立于1965年，是世界500强第13位——中国建筑集团的全资骨干企业。以房屋建筑施工、基础设施建造、投资与房地产开发为主营业务，拥有房建、市政、公路"三特三甲"资质。构建了"投资、研发、设计、建造、运营"五位一体的全产业链优势，在绿色建造、质量建造、数字建造等领域走在行业前列，在房建、基建、投资等业务板块业绩突出。公司现有员工4.5万余人，总资产超1500亿元，近十年累计投资额超3500亿元，年合同额超3000亿元、营业收入超1500亿元（附图1-1）。是投资商、建造商、运营商"三商一体、品质一流"的现代化投资建设集团，稳居"全国一流、中建三甲、湖南三强"。

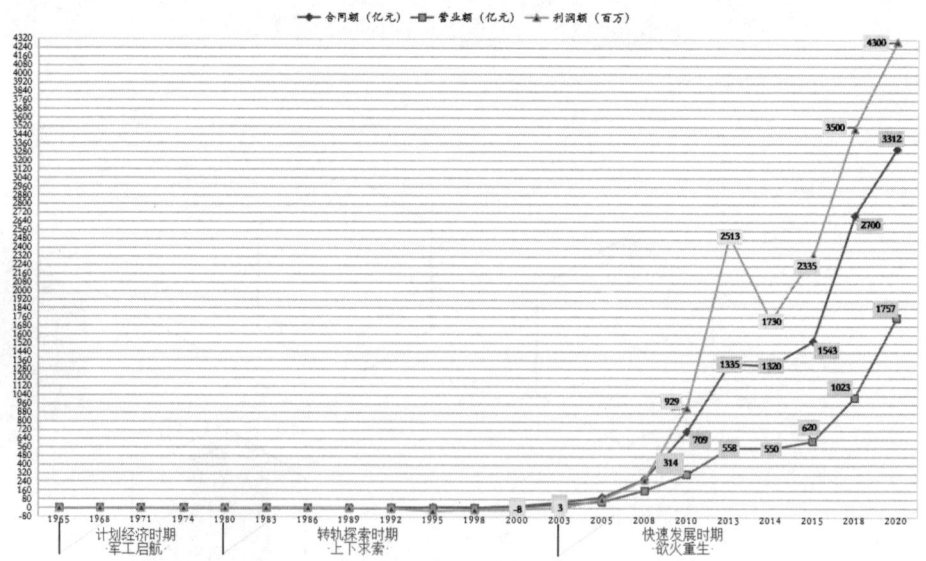

附图1-1 中建五局历年主要经济指标曲线图

近二十年来，中建五局在信息化、数字化建设过程中围绕一张蓝图，绵绵用力，久久为功。他们基于统一平台与主数据，不断创新与迭代，实现了信息系统与业务管理系统的融和，实现了各业务部门数据互联互通，实现了企业上下运营管理的在线化，实现了数字化赋能企业高质量发展，提升资源整合能力，服务生产经营，提高管理效率和全要素生产率的根本目的，企业主要经济指标持续快速高质量增长。

中建五局始终以服务企业战略为出发点，坚持"统一规划、统一标准、统一管理、统一平台、统筹共建"的原则，按照"总体规划、分步实施、自我主导、技术集成、应用创新"的模式开展信息化、数字化建设；以构建"企业管控集约化、业务管理精细化、资源配置高效化、生态互联协同化"的"数字五局"为目标；以集约管控为重点，以业务财务一体化为核心，规范企业运营管理，实现各层级运营状况实时在线敏捷管理；以项目管理为基础，以项目成本管理为中心，不断促进各业务在线高效协同与精细管理；最终通过IT技术与管理深度融合，实现企业上下组织、业务财务资税、产业链之间的数据互联互通为具体内容。

中建五局的信息化、数字化建设主要经历了以下四个阶段：一是2007年以前的以管理规范化、标准化为主要特点的信息化初级应用阶段；二是2008—2012年以业务全覆盖、服务集约化为特点的企业集成应用阶段；三是2013—2016年以管理与技术深度融合、业财一体化应用为特点的一体化融合阶段；四是2017年以来以移动化轻量化应用、数字化转型为特点的数据驱动场景化应用阶段。

1. 管理标准化与信息化初级应用（2007年以前）

中建五局的管理标准化是随着企业内外部条件发展变化而逐步深化的。从1995年开始，引入ISO9000质量管理体系认证，进入以质量为主线的体系管理阶段。2003年，引入ISO14000职业健康安全体系与ISO18000环境管理体系，进入三证合一认证的体系管理阶段，此时，五局步入了快速发展时期。到2006年，形成了以质量管理为特征的五局标准化1.0版；2007年，五局全面导入《卓越绩效评价准则》GB/T 19580 卓越绩效模式，从领导、战略、市场、资源、过程、持续改进与结果等几个方面的管理进行全面对标、梳理与优化，并定义了 36 个企业管理的关键绩效指标（KPI），优化完善发布了五局的运营管控标准化丛书 70 册（含管理工作标准手册 43 本），全面推进管理标准化和以标准化为基础、以信息化为手段、以精细化为目的"三化融合"，从而形成了以绩效评价为特征的五局标准化 2.0 版；2011 年，五局开始全面优化升级企业运营管理标准，梳理授权清单，利用信息化手段分析流程效率，打破部门壁垒，优化与重构流程。完善局总部、公司及项目层面运营指标体系梳理，实现数据共享、报表简化，形成了以可数字化为特征的五局标准化 3.0 版。

中建五局积极开展标准化与信息化融合、协同发展，为信息化与数字化赋能企业管理升级奠定了良好的基础。从 20 世纪 90 年代后期开始有了一些计算机专业软件应用、局域网等，2003 年以后，五局着力推动企业规范化、标准化管理，在部分业务部门系统推进信息化工作，如会计电算化、人力资源管理系统、文件发布系统、企业网站等。

2. 企业集成应用阶段（2008—2012 年）

2008 年开始，五局开启了信息化建设的新阶段——集团级企业集成应用。在进行前期调研分析的基础上，制定信息化整体规划与实施路径，选择确定软件集成服务商。先后完成了信息集成系统的基础架构平台的搭设、主数据标准的确定、协同平台与人力资源系统的上线运行。全面推进协同平台的应用，搭建以市场营销、生产技术、商务合约为主要内容的综合项目管理系统。2011 年起，对项目综合管理信息化系统进行了系统性完善，并架构了以项目成本管理方圆模型为基础的项目成本过程管控体系，按照标准化、信息化和精细化"三化"融合的原则推进业务财务一体化建设。

（1）实施路径

中建五局坚持从企业战略出发，整体规划、集中部署，采取"自主研发+专业外包"相结合的方式，由用友提供 IT 技术平台，五局按照分级分层分类的自主架构，结合实际业务管理提出具体解决方案，采用"做一不二，深度应用"的措施全面推进。在全集团部署一套系统，实现局总部、公司、项目三层级，商务、物资、财务等各业务线之间高度集成的业务、财务、资金一体化。

在信息化实施过程中以《中建五局运营管控标准化手册》为基础，采用"管理标准化、标准表单化、表单信息化、信息集约化"四化路径与措施，推动标准化、信息化、精细化的融合。利用"四化"的方法将标化手册读"薄"，将管理工作的要求"化"为表单，即各业务线标准"化"为信息系统中的"基础标准、业务单据、业务流程、台账报表"。完善系统基础标准55种，业务单据307张，业务流程208张，台账报表213张。通过表单信息化的过程，将管理表单固化于信息系统，优化了局管理信息化集成系统，驱动标准化落地，巩固标准化成果，提升精细化管理。

（2）业务架构

首先，解决集团内部对下属单位的集约管理问题。从"人、财、物"三集中管理出发，使其集成在一套系统内，形成整合全部业务流程的管理信息系统。支持多组织多层级架构，实现"人、财、物"在组织架构方面的统一管理，在同一系统内按不同层级出相应的报表；其次，解决各水平业务之间的标准统一和工作协同的问题。从战略管理和集团管控的角度，整体规划统一部署，彻底打破不适应企业集中统一管理需要的"信息孤岛"，真正做到管理集成。统一企业内部所有信息编码，实现集团数据库集中存放，便于统一维护和管理；最后，通过信息化手段提高信息获取效率和质量，为决策提供有效数据支持。

五局信息化涉及各业务线15个部门，局、公司、分公司及项目四个层级，业务横向与纵向错综复杂，既有共性又有个性，而五局的信息系统是一套集中部署的系统，必须坚持以分级分层分类"系统架构，分步实施"为整体思路进行系统架构。以项目管理为重点，以协同办公为支撑，以实现业务、财务、资金一体化集成应用为特征。以统一的集成平台为基础，共用一套主数据，实现数据标准统一、资源集中与共享、信息互联互通。围绕项目全周期这一主线，按照管理活动与经济活动这两类来组织过程管理，以经济活动为核心，以管理活动为支撑,以实现项目、公司、局三级管理职能为重点,优化各业务部门管理职责。

管理信息化集成系统具有"组织全覆盖、项目全周期、企业全成本、业务全集成"四大特点,即集团门户、协同平台、档案管理、市场营销、生产技术、商务合约、人力资源、财务资金、电子商务、数据中心十大运行子系统和施工项目管理、投资项目管理两大支撑系统。形成了如附图1-2、附图1-3所示的信息化蓝图和虚拟社区图。

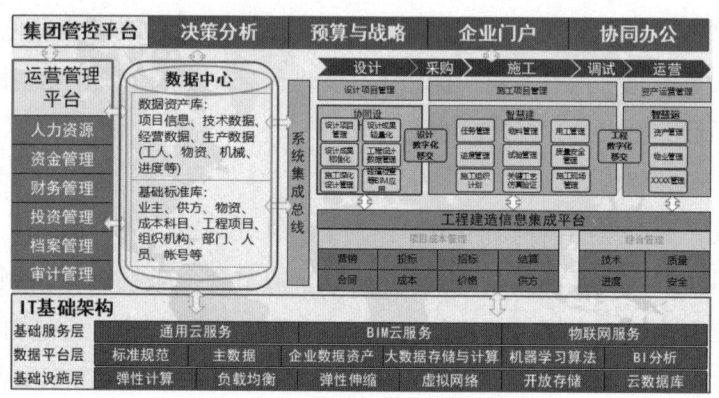

附图 1-2 中建五局管理信息化蓝图

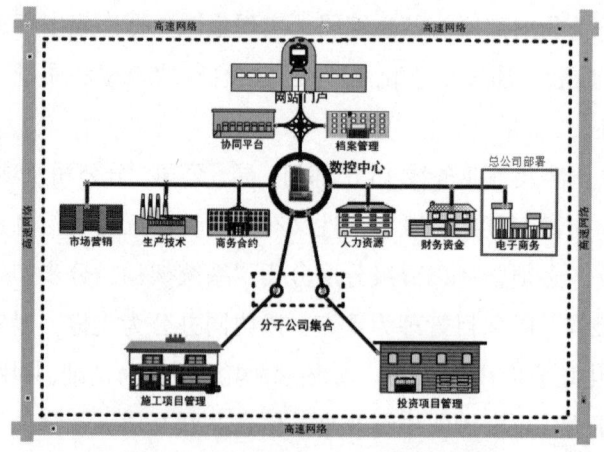

附图 1-3 中建五局信息化虚拟社区图

1) 以经济活动信息化为核心的业务财务资金一体化。

项目层级的经济活动主要以项目成本管理为中心，主要包括招标投标、合同、责任书、进度、收入、人员、财务、资金、物资、设备、分包、机械、周材等主要业务的管理，实现项目成本、分包与材料的结算支付、人工等费用的动态管理。公司与局级的经济活动主要包括人、财、物、资金的管理，因此，重点架构人力资源、财务、资金、综合项目管理、电子商务五类关键业务系统，覆盖15个业务部门，加强过程管理。以业务系统为基础，再架构报表与决策系统，实现从业务系统自动取数，满足公司与局层级分级汇总管理与管控的要求，实现各业务部门各层级资源共享。通过业务财务资金一体化统一业务与财务口径，用财务核算、资金支付倒逼业务过程规范、数据精准达到精细化。

通过实施业财资一体化，规范了商务、物资与财务、资金横向的统一，实现了项目收入与成本14项业务类型与财务做到高度一致。通过实施财务资金过程管控信息化，即通过"项目用款额度审批表"的审批，实现了物资采购款、分包租赁款以及项目现场经费的付款在线审批、项目资金的分资制核算、项目现金、利润、债权、债务、库存等运营数据的实时准确反映以及对项目财务状况的监督等。通过实施"收付"业务流程信息化，促进了收支两条线，资金集中管理有效落地。

2) 建立以管理活动为支撑的协同办公。

项目层级的管理除了成本管理，还有项目策划、施工过程、项目文化以及文件资料等管理。因此，重点架构了项目资料管理、项目知识空间以实现项目过程资料的统一管理，同时加强对项目现场人员每天工作的监督管理。还架构了协同办公、远程监控系统，以实现项目与公司及局三级协同，加强了公司或局层面对项目策划、方案、现场管理的实时管控，使法人管项目得到具体落实。

（3）技术架构

统一平台。中建五局的管理信息系统不是一个短期工程，是支撑其持续发展的长期过程，信息技术平台要适合五局信息化的持续改进，同时也要适应集中管控的总体要求，因此，采用了全局统一的平台，集中部署。同时，为确保系统稳定、安全运行，建立了全局统一的网络标准和稳定、安全的网络平台。

统一门户。为体现各子公司特点，服务集中管控的能力，建立了全局门户统一标准。五局的管理信息化系统是一体化系统，各子系统统一从一个界面登录，共享一套用户与密码，同时，各子系统的各项待办事宜集中在一个界面展现。

统一标准。管理信息化系统要做到真正的管理集成，形成各系统数据之间集成，首先需要确定系统里有哪些数据，数据要应用到哪些系统及环节，必须统一标识。在实施前首先制定企业信息编码，完成人员、账号、组织、合同、文件、客商等主数据编码，真正实现全局一人一号。同时统一业务流程及工作表单，实现集团标准化，对全局所有业务流程进行梳理，集团统一制定，全局统一使用。其中基础数据定义为描述核心业务实体（如客户、供应商、产品等）的一个或多个属性，是企业业务架构分析中的核心业务对象。基础数据存在于企业价值链核心业务流程的各个IT系统中，梳理和整合分布在不同部门、不同业务线的相关信息，找出企业信息中共性的、完备的基础数据标准是实现一体化系统的关键所在。

统一数据库。五局所有系统都使用统一的数据库，建立统一的数据仓库，根据数据的不同属性进行统一分类，统一数据来源，统一取数规则，统一维度，统一取数时点，统一标准化数据字典。

（4）阶段成果

1）协同平台系统建设。

协同平台是五局管理信息化集成系统上线的第一个子系统。应用协同平台实现了项目、分子公司及局层级上下公文在线流转，率先实现了公文无纸化。围绕企业日常管理活动，实现了企业管理活动工作表单化，流程在线化，工作台账自动生成替代手工台账，原始过程资料在线查，系统梳理了全局管理流程，如出差审批、签报审批、项目施工方案评审等2778个表单流程，其中局级流程226个，公司级流程2772个。应用协同平台系统架构了项目知识空间以实现项目过程资料的统一管理，同时加强对项目现场人员每天工作的监督管理。

2）综合项目管理系统建设。

五局管理信息化集成系统除了围绕企业的人财物管理建设的人力资源系统、财务系统等，重点围绕项目层级建设综合项目管理系统。项目从施工项目市场营销立项开始，到中标承接、开工实施，到最终结算完成，涵盖了各类现场管理行为，这些行为均围绕收入、成本及效益之间的关系开展。厘清现场管理与收入、成本、效益间的关系，并分析现有项目成本控制和创效管理是否合理和有效，是项目过程管理的重点。项目管理信息化以"项目管理方圆理论"为依据，涵盖了从市场营销、合同管理、项目策划及实施、工程结算到竣工验收的项目全过程内容。在市场营销阶段主要以客户管理、招标投标管理为重点。在项目实施阶段，主要以合同为主线，项目成本管理五大费用为核心，即实现劳务、物资、机械、周材、工程分包从合同管理到结算管理及付款管理的过程管控。其中物资管理实现从物资总控计划、月度计划、实际计划、采购、入库、出库、盘点以及结算到支付的闭环管理；分包管理实现从合同评审与签定、过程与最终结算、成本分析及支付的闭环管理；设备与周材管理实现从合同评审与签定，设备周材进场、出场、停租、成本归集及支付的闭环管理；收入管理实现从主合同、产值报量与审核、收入列收到收款管理的闭环管理；成本管理实现从目标成本、责任成本到实际成本的统计分析等。

3）业务财务一体化系统建设。

企业管理的成果最终由财务体现，但在建筑行业因满足对内对外管理要求出现不同业务线统计口径与标准不一的现象，企业实际的运营情况很难准确及时反应。通过业务财务资金一体化统一业务与财务口径，用财务核算、资金支付倒逼业务过程管理规范、数据精准全面。实现了项目收入与成本等14项业务自动生成财务凭证，可以做到业务与财务的高度协同。实施财务资金过程管控信息化，做到"一单四用"，即通过"项目用款额度审批表"，实现物资采购款、分包租赁款、项目现场经费的在线审批；实现项目资金的分资制核算；实现项目现金、利润、债权、债务、库存等运营数据的实时准确反映；实现项目财务状况的实时监督等。同时通过业务财务一体化，系统做到了无合同不结算、无结算不支付、超合同比例不支付、无计划或计划审批流未完成不支付。促进了收支两条线、资金集中管理的有效落地。

3. 一体化融合阶段（2013—2016 年）

五局管理信息化集成系统的建成及全局各项目、各组织的全面推广应用，极大提高了工作效率，满足了企业管控要求，但也出现了实际业务以线下为主，线上系统以数据录入为主的"两张皮"现象。究其原因，由于信息系统是根据标准化手册要求设计的，系统功能齐全、逻辑性强、精细化程度较高，但操作难度大；线上数据录入要求高，手工录入工作量大，重复工作多；系统功能要求高于项目实际管理水平，项目管理的实际无法完全达到标准化与精细化的要求。为此，五局采取一体化融合，以应用为重点，不断将系统功能简化，逐步做到系统与实际管理的深度融合与有效应用。持续推进业务、财务、资金一体化应用，探索与中建集团财务系统的集成应用的技术方案。开发应用报表分析系统，利用系统数据为项目、公司、局三级管理者服务，企业运营效率和运营质量大幅度提高。

（1）实施路径

按照"业务线上线下融合、业务财务一体化应用融合、企业运营报表融合"的实施路径与策略，梳理区分出哪些业务线上办理，哪些业务线下办理，实现业务在线替代,减少重复工作。同时,围绕业务与财务管理相关业务逻辑，系统梳理业务与财务管理具体关联内容及所涉及的具体数据，业务办理完成后系统能自动生成财务凭证，实现业务、财务及实际管理的深度融合。再系统梳理企业运营所需的报表台账，实现线上取数，倒逼业务管理在线化。

（2）建设内容

1）业务财务资金一体化优化与应用。

系统梳理业务财务资金一体化体系，理清两者之间的逻辑关系，实现实际业务管理深度结合。从商务人工费、材料费、机械费、周材费、专业分包费用开始,对照财务核算会计科目的分类,形成一一对应,从根本上解决了业务口径与财务口径对项目成本核算不统一的问题。所有的成本数据通过业务端发起并录入,利用信息系统推送至财务端生成凭证,既满足业务口径按 WBS 科目进行分析的需要,又满足财务口径上按《企业会计准则》(建造合同)中规定的成本科目进行归集。

应用资金支付倒逼业务在线准确应用,创新研究了"一单四用"表与图管理模型。"一单四用"从管理的角度命名,就是按照财务对项目"用款额度"的审批管理,实现财务核算、分资管控、收付流量、过程成本等四个管理功能(附图 1-4)。

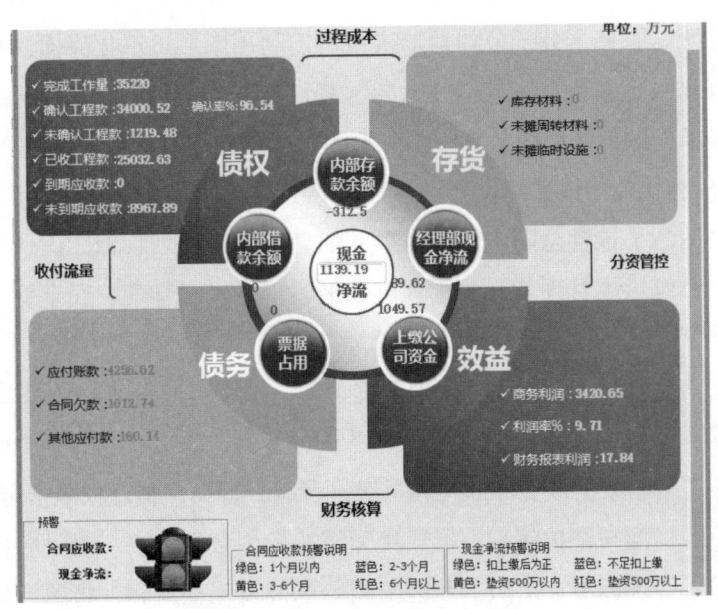

附图 1-4 "一单四用"模型展示图

"一单四用"基于"分资制管理法",强调财务资金管理方面"四个中心"的管理理念,即:企业管理以财务管理为中心,财务管理以资金管理为中心,资金管理以现金流量管理为中心,现金流量管理以经营活动净现金流量管理为中心的理念。利用信息技术实现"一单四用表""一单四用图""现金净流及应收账款"在线分析展示,实现资金预警管理,通过资金支付促进业务财务一体化管理融合。

2)集团运营数据分析系统建设。

分级分类统一建立了报表决策分析模型,确保所有数据从项目源头来、从业务来、从系统来,实现数据一次录入、分级分类及时汇总分析的整体要求,架构五局经营分析系统。搭设了三层架构:第一层为业务系统,服务项目管理者,实现业务过程管理,完成基础数据采集,反映项目运营状况;第二层为台账报表系统,服务于分子公司及局业务线条管理者,实现数据从各业务系统自动抽取,在分子公司层面完善业务系统中无法采集到的数据,自动采集与手工补充相结合,及时反映分子公司及全局项目运营情况;第三层为决策分析系统,服务于分子公司及局决策者,利用图形可视化界面,对各层面的经营成果系统进行自动数据分析与预警,实现公司与局层级分级汇总管理与管控要求,做到各层级共享资源、集团敏捷管控的目的。

3)信息化应用体系建设。

五局编制了包含总则、管理体系、信息化发展规划管理、信息化项目建设管理、系统运维管理、开发管理、数据治理、机房管理、安全管理、应急管理等十个章节的《信息化管理手册》,制定了《主数据应用规范》,统一数据分类及其编码标准,实现主数据系统管理。围绕经济活动,梳理了55种类基础数据作为集成系统的主数据。对组织、客商、人员、物资分类库、项目编码等种类基础数据按业务部门和层级进行统一分类,梳理权限指定责任人,制定统一的标准与维护流程,形成集团统一的主数据体系。通过应用规范进一步明确了管理标准、组织的职能与岗位职能及工作流程,将原有标准化与系统应用到实处。

从组织管理体系上,设置三级信息化领导小组和信息化工作小组分别负责信息化工作的决策部署与工作落实,并成立信息化管理部门及信息化创新团队。其中信息化管理部门负责信息化战略规划、系统架构、系统建设和技术支持;信息化创新团队负责业务需求收集与分析、管理优化与变革;各级业务部门负责需求提出和系统推广,确保信息系统与实际业务管理深度融合。

（3）阶段性成果

1）流程在线审批及流程优化。

梳理标准化流程，通过"流程与节点"优化，串行改并行，合并无效流程。新增协同流程519条，优化流程1628条，减少合并原流程541条。应用流程共享、关联进行流程节点优化，完成项目部成立、刻制印章等13个流程的合并与共享，由原来的平均约27天，提高到平均4天完成审批。二级单位主要领导审批事项优化，各二级单位主要领导日均减少审批流程68%。聚焦项目业务进一步优化项目业务流程，如项目材料、分包、设备与周材租赁四类业务的合同、结算、支付在线审批、自动结算，无合同不结算，支付不超合同比例付款。各类业务审批由原来线下签字，改成线上审批，从项目到公司审批的时间由原来的10天提高到3天完成。

2）业务在线办理及远程在线稽查。

将原有纸质工作表单取消线下模板，实现所有工作表单上线办理。如物资总控计划、需用计划、废旧材料的线上调拨与处理，分包合同签定、变更、结算、支付，设备与周材的进场、停租、出场、结算等业务的在线办理。加强了成本过程管控，提高了工作效率。

项目生产经营数据在线共享，实现局、公司及项目三级远程在线成本分析，风险自动预警，为管理层决策提供及时有效的支撑。比如，公司商务人员随时随地通过系统全面了解具体每个项目总承包合同的执行情况，包括收入、分包、物资、租赁与结算、支付情况，对项目成本进行分析，到现场更能找准问题，实现对项目过程成本的精细化管理。

3）台账报表自动生成。

分层分类梳理各业务线条管理报表，实现系统自动取数、在线应用。如物资入出库流水、对账单、结算单、分包与租赁合同、结算及支付等台账，物资与分包等成本报表自动归集，实现项目36张台账报表自动生成，替代手工台账与报表。一个项目料账员从原来只做一个项目的料账到可以轻松地完成2~3个项目的料账工作，项目商务人员成本分析直接从线上取数，成本报表编制工作缩短三分之二。一线商务与物资管理人员原有的统计、计算、整理等日常工作由系统自动完成，从而腾出更多精力开源，去关注赢利点、亏损点、风险点，促进了项目精细化管理。

系统梳理局级报表与运营分析指标，梳理项目管理信息因子及企业管控信息因子，并制定统一标准。首先，收集项目、公司及局所有过程运营报表，对管理信息因子进行分类，明确管理信息因子标准，确定维护责任人。然后，结合信息系统确定每个因子来源，定义与规范了项目层级管理因子330个，公司及局级运营管控因子46个；市场营销月表7张、商务季报5张、生产月报7张、财务月报3张、人力资源报表11张、项目过程管理台账3张。市场合同额、生产产值、财务利润、商务成本、人力资源及风险预警分析。局部门经理例会上，相关业务部门可以直接打开系统进行各业务经营情况汇报，实现企业运营报表与管理实际融合。

4) 企业资源库建设。

五局管理信息化集成系统自2009年上线以来，通过持续推进与应用，在施项目100%上线，各项目成本业务逐步脱纸应用，积累了大量的数据。信息系统运行五年，积累了760万笔的物资采购明细台账，2.9万供方，9.9万份合同的分包、设备租赁、周材租赁采购明细库，累计合同额6923亿元，分包清单达181万条，已逐步形成五局大数据库。同时，基于各业务数据先后开发了投标业绩库、供方资源库、物资价格库、EPC概预算库。

4. 数据驱动场景化应用阶段（2017年以来）

2017年以来，随着信息技术的快速发展以及新技术的成熟应用，用户对信息化的认知不断提高，对信息化的需求也不断增加，而原有的系统很难满足用户的需要。为此，五局以自我为主，采用微服务架构，融合原有平台，既保障了原系统业务的可持续性，同时又发挥了原有系统较强的数据处理及关联功能。通过引进新的技术，补偿原有技术性能较慢、个性化不强、用户体验较差等来适应新业务的需求。

（1）实施路径

坚持"总体规划、分步实施、自我主导、技术集成、应用创新"的实施策略，按照"业务场景化、场景数字化、数据在线化、决策数据化"的实施路径开展。即将业务从功能性需求转为业务实际场景需求，逐步将实际场景转化为数字化业务场景，实际业务及时在线办理，实际业务与线上数据实时同步，数据反映真实业务与运营，从而实现以线上数据决策。

从增量逐步到存量的更新迭代，从服务集约管控逐步延伸到服务业务与用户体验，实现基层业务移动化处理，减少数据重复录入工作，同时以提高工作效率为出发点，逐步打通各岗位之间的断点，实现流程优化与重构，以及人找事到事找人的转变。

（2）阶段性成果

1）业务轻量化与移动化应用。

五局应用微服务架构，围绕项目经济活动的物资管理、分包管理、设备管理及周材管理四类业务全过程，进行了应用场景的梳理，其中物资全过程涉及招议标管理、合约管理、采购管理、领料管理、材账管理、支付管理6个业务场景、16个管理节点，涉及4条业务线、21个岗位，基于各场景先后开发了"资产盘活系统""物资验收系统""零星用工""过程计量结算""智能地磅""供应链协同""电子合同"等微服务应用（附图1-5）。完成了物资从合同、计划、订单、验收、入库、结算全过程的业务协同场景化应用，完成了分包从合同、过程计量、零星用工管理、结算、支付全过程的管控场景化应用。

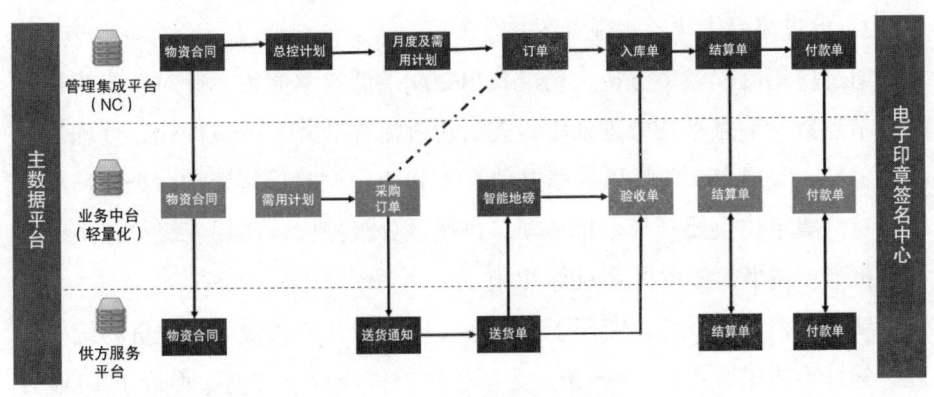

附图1-5 物资全业务流程

通过资产盘活系统、物资验收系统、零星用工、智能称重、智能点数、设备管理、电子签章等微服务应用，实现了业务流程重构，岗位之间的互联互通，促进项目效率与效益双提升。全局1575个项目应用资产盘活系统，累计在线交易5.6万笔，成交金额超过××亿元，有效盘活项目闲置物资，降低企业成本；1933个项目应用零星用工系统，累计在线发起零工申请43.47万次，结算金额××亿元，实现零星用工及时记录、审批、日清月结；1132个项目应用物资验收系统，完成33.01万笔物资验收，有效地实现了与供方在线协同，各商品混凝土实现智能称重无人验收，节约成本××亿元。

2）优化智慧工地系统，实现相关方业务在线协同。

五局"智慧工地"从企业和项目管理痛重难点、多层级多用户角度出发，在技术路径方面，采取理论研究、跨界融合、集成创新、示范应用、实效优先的方法，着力解决当前工地现场管理的突出问题，围绕现场人员、材料、设备等重要资源的管理，构建一个实时高效的远程智能监管平台，有效地将人员监控、位置定位、工作考勤、应急预案、风险预警、物资管理等资源进行整合。通过现场相关信息的采集和分析，为管理层进行人员调度、设备和物资监管以及项目整体进度管理提供决策依据。

整合了原项目业务系统，开发了实测实量、节点管控等现场应用工具，架构了客户门户，实现了项目文件及审批表半表单在线同步，项目动态自动同步。优化了供方门户，实现了电子合同、订单、结算等业务的在线协同。

3）促进流程优化，实现资源共享。

通过应用流程效率分析，精准找出209条低效率流程，针对每个流程分别分节点数及节点平均处理效率，先后通过流程合并、节点优化，处理节点人员督导，实现209条流程效率提升50%以上。同时应用流程数据，精准分析所有三级单位主要领导审批事项，再通过分级授权，实现三级单位主要领导审批事项减半，效率提升60%以上。

新增文档440万份，实现了所有在线项目及各业务线条过程资料统一管理。累计形成供方资源3338条，为项目选择资源提供方便。形成了1930万条的物资价格，能精准分析具体某类材料在同一时间不同单位的采购价格，同时还能分析不同材料价格趋势，提高了物资业务线用数据服务于管理。形成了 2727 个 EPC 概预算库，为设计概算、投标、分包、采购提供指标数据分析，进一步提高企业数据共享与应用能力。

4）升级数字化管理运营平台技术底座。

2020 年，五局将用友 IUAP 平台作为数字化转型升级的技术平台，主要包括业务中台、技术中台、智能大数据中台，两年时间经过三次大版本升级。一方面实现了原有 NC 平台与轻量化平台的互联互通，另一方面实现了与中建集团一体化平台及主数据平台的互联互通。实现了五局私有云平台与用友公有云 BIP 平台的互联互通，形成了混合云技术架构，架构了客户业务系统、供方业务系统，打通了企业内部与上下游业务生态协同的技术体系。同时，利用 IUAP 平台实现了低代码开发应用，完成了节点管控、方案管理、办公用品、设备、智慧工地看板等近 17 个微服务应用。基于大数据中台，通过购买营销数据，完成了五局智能营销分析，实现了中建集团一体化系统及五局各业务系统统一入湖，形成了五局数据资产，完成了财务资金、人力资源、商务、物资、工程等 106 张业务报表的在线自动生成。

5）集团门户升级，优化用户体验。

建立了网页端、电脑客户端、移动端三个门户，完善第三方系统的统一登录，企业文化统一发布，增加了内部沟通工具及智能助手，提高了用户使用体验。基于统一的主数据实现了五局各业务系统与集团人力资源系统、财务一体化平台的统一认证、统一登录，待办事项统一办理，消息统一提醒。通过移动门户能够一键查阅个人简历、工资条、同事信息等。同时利用及时通信功能替代了微信和 QQ，保障企业信息安全。目前全局共建立工作群 4094 个，超 50 人工作群约 385 个。

5. 数字化升级设想

未来，五局数字化建设要进一步实现数据驱动，打破部门组织边界，建设跨职能业务的大平台，实现内部业务的互联互通，打通外部上下游产业。构建 3411 数字化升级架构（附图 1-6）：即通过"业务管理体系、数据运营体系、

IT技术体系"3大升级,促进生产经营与数字化管理互融互促。通过推进"企业战略决策、业务运营管理、项目综合管理、产业互联协同"4大业务主题的数字化管理,提升企业经营管理水平。通过依托生产经营数据库和知识数据库,构建"1"个大数据中心,提升数据化决策能力。通过数字技术的集成应用,创新研发"1"个数字化技术平台,提升物联感知、数据洞察、互联协同、数字模拟四大数字化能力。

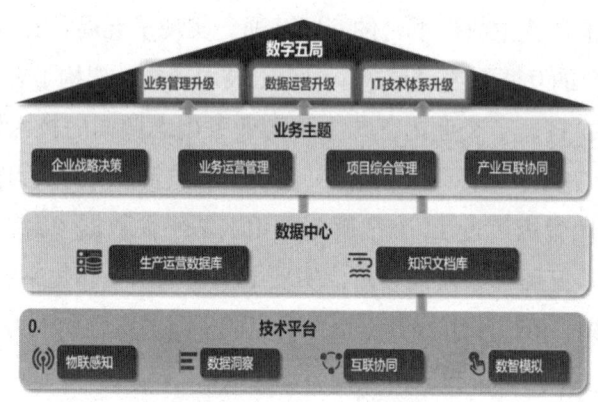

附图1-6　数字化升级框架图

（1）业务管理升级

战略决策方面,强化数据驱动的战略决策,提升分析的科学性。在局层面,统筹设计、施工建造、投资运营、地产等各板块业务数据,在大数据平台统一集成,建立战略决策管理模型与人工智能决策算法,为局、各业务条线分析数据,形成智能决策建议,支持企业顶层管理能力与效率提升。

经营管理方面,在局层面充分利用微服务对原有系统进行升级,用数字化理念和方法实现各管理条线的互联互通,提升企业资源配置与经营管理能力（附图1-7）。重点做好与集团统建系统的集成,升级业财税资一体化集成。

项目管理方面,升级各类项目全周期的过程管理,打通项目信息,落实数字化业务场景。加快项目管理与业务应用的轻量化研发与应用,打通项目各业务场景,实现数据共享和报表自动生成,提高项目综合管理水平,降低管理成本，促进管理升级。应用数字化手段赋能核心业务智慧化、自动化运营，结合不同类型项目的生产方式，建设"智慧工地"，打通"最后一公里"，实现现场与管理端的互联互通。

产业链协同升级方面，构建五局生态信息平台，促进产业链协同管理升级。逐渐将五局信息化与数字化能力转化为企业资源优势，依托建筑工业化平台的延伸，向相关方外延，利用互联网发展思维，结合社会数据资源，创造经济价值的新产品、新业务与新商业模式。

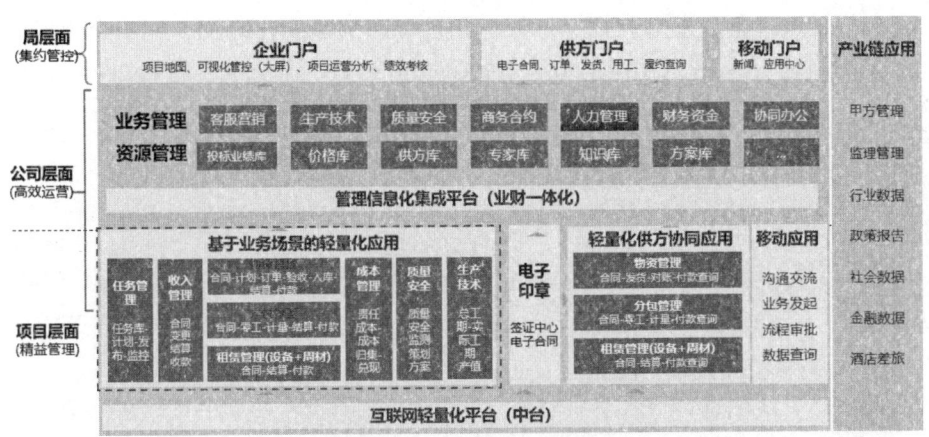

附图1-7 业务管理升级架构图

（2）数据运营体系升级

数字化升级的基础是实现数据采集自动化，打通内部业务数据，获取外部数据，实现数据一次采集，共享使用，数据真实、准确、完整，用数据服务业务辅助决策。"十四五"期间，升级数据管理体系，从数据治理体系、数据标准、资源库、数据质量及安全合规管理、大数据应用等方面入手，进行两大数据基座的构建，实现数据运营升级（附图1-8）。

一是完善数据治理体系，提高数据运营能力。基于集团数据治理架构，结合局业务特点及实际情况，细化数据治理体系，以"谁产生，谁负责"为数据管理权责划分原则，明确各数据的主责部门。通过建设数据治理组织与制度体系两个保障机制，结合各部门在数据治理中的角色分配及职责分工设计，形成数据治理体系。

二是统一数据标准管理，夯实生产运营数据基础。进行数据标准管理，结合各部门需求，梳理数据及指标，简化报表，避免数据重复录入以及无序修饰，保证数据准确性及定义通识性，有利于进行决策分析。通过对数据流的整理，明确五局各数据的数据集成及流向情况，统一数据源，由数据流出方决定定义及统计口径。另一方再明确数据界限。

三是构建数据应用与风险管控模型，挖掘数据应用价值。结合业务实际需求，引入产业生态大数据，加快各类资源库的建立与应用，汇集至技术与管理知识湖，为数据应用服务奠定分析的知识基础。从局决策层、企业运营层、项目经营分析三个层面，构建数据应用模型，升级局数据决策中心，利用数据服务辅助科学决策及分析，提高管理品质。

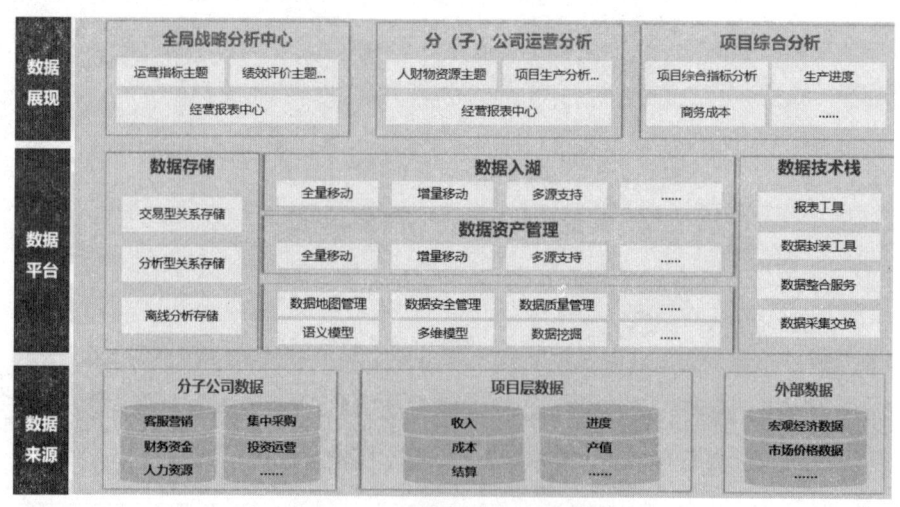

附图 1-8　大数据指挥中心架构图

（3）IT 技术体系升级

一是升级 IT 技术底座，打造数字化管理运营平台（附图 1-9）。充分利用现有的一体化平台，结合新一代信息技术，在统一互联网技术架构的基础上，打造覆盖各类业务的共享微服务技术、业务与数据中台，并结合云原生一体化平台的互联网技术架构，利用原生五局创新轻量化平台及第三方平台双保障，构建业务财务一体化集成、智慧工地、BIM集成、大数据服务四大技术能力，满足不同业务需要。

二是使用混合云，升级IT基础设施。"十四五"期间逐步探索混合云的模式，实现资源快速扩容，满足统建系统的部署需求。依托公有云数据中心资源扩展能力，可以将离散类、专业类、辅助类、移动端类应用系统向公有云进行转移，形成"应用云端化"的模式，实现资源快速扩容，满足统建系统的部署需求，解决集中管控后可能出现的数据中心资源瓶颈问题。

三是建设全面的信息安全体系。以数字化标准化手册为基础，结合未来集中化管控的信息化管理体系的需求，加强信息化标准及网络安全建设。在搭建信息安全体系过程中，进一步细化信息化采购、项目管理、开发、实施、运维管理中的网信安全管理相关规范，健全相关信息技术数据标准及技术接口标准。

附图1-9 数字化转型技术底座架构图

6. 主要体会

企业数字化是实现信息技术与管理工作的结合，管理数字化过程就是实现信息技术与管理工作结合的过程。将管理工作用数字化语言表达出来，就要求实施数字化的专业人员了解企业的管理思路和模式。而企业业务人员也要了解信息数字技术，从提高效率、效益、效果的目的出发去构建管理信息系统，并且应用信息数字技术的特征去优化原有的管理模式，甚至实现业务流程重构及工作方式的变革。这就要求我们要从管理和数字技术两个角度去理解信息化与数字化工作。

（1）技术底座能力与性能是基础

信息化与数字化建设对于企业来说，往往关注的是业务需求、业务架构以及业务系统模块的功能，并不关注整体技术架构与技术。对于软件公司来说更多的是满足甲方业务需求，并且是短期的项目思维，也不会从企业整体信息化的视角做整体架构设计，更多的是采用本产品技术能力去做业务适配，并且各厂家采用的技术与架构各不相同，导致系统之间无法集成，形成业务壁垒。同时企业本身也没有构建支撑自身信息化发展的整体技术底座，大部分企业采用拼装式的整体信息化，导致很多企业已上线的系统无法实现整体升级与迭代，不得不打倒重来。因此，企业自身的技术底座是支撑信息化与数字化长期稳定、拓展、创新、迭代的基础。

（2）科学规划与实施方法是前提

集团管控错综复杂，在实际的管理过程中同时存在定量与定性的因素，但在信息化实施过程中每个节点工作都必须量化，因此，在系统架构与实施过程中必须系统分析与考虑，将各项管理科学划分，明确实施重点与具体内容。五局在系统架构时采用"分级分层分类"系统架构，即分级按集团管控组织结构划分为局总、分（子）公司及项目四个层级；分层根据集团管控的模式划分为操作层、运营管理层及决策层；分类结合信息技术划分为结构化即经济活动相关的业务及非结构化即管理活动相关的工作内容。根据不同的划分确定实施的工作重点及具体内容，同时通过主数据、运营关键指标及业务关联性确定系统逻辑结构仍而架构一体化系统。在实施方法上采取"自主研发＋专业外包"的方式，并以自主研发为主，在遵循标准化的基础上，结合信息技术不断优化管理，提出深度融合的解决方案。

对于大型集团建筑企业可采用分布与集中相结合的方式。在集团总部统一编码体系，对核心的业主、财务等数据进行统一管控和集中管理，对于一些下属单位具体业务因考虑各业务与管理的差异，可以采用分布式部署，集团统一管理的数据库定期同步实现数据仓库的集成。应当是兼顾效率和集团管控的更加可行的方法。对于一些具体的信息或业务，是集团根本不需要看，也无人去关注的，则没有必要盲目追求系统的大集成与数据的大集中。否则，会造成信息系统使用效率的下降。集成与分布要与实际的管控结合，要把好尺度，并不是集中一定比分布好，反之也不成立，集团一体化系统的部署方式应该根据自身的管理职能选择合适的部署方式。

（3）管理标准与数据规范是重点

企业信息化实施的过程是将日常工作管理表单及工作流程用计算机可识别的语言进行分解，再通过软件程序将其固化的过程。因此，管理表单及工作流程不允许有随意性。因此，在实施信息化之前必须梳理标准化。五局从2003年以来经过21次的组织优化与调整形成了相对固定的局总部、分（子）公司及项目三到四层级的管理组织；同时经过三年一小循环的管理升级，形成了相对固定的管理流程及工作标准；同时在实施信息化之初不断梳理与优化企业主数据及运营数据标准；形成了五局运营管控指标体系，为信息化系统架构及实施奠定了良好的基础。

企业信息化与数字化的核心是如何解决系统的互联互通及数据的共享问题，要实现数据的共享，重点在于数据标准与口径的统一。从信息化集成的角度来看，首先需要做到主数据以及系统基础档案标准的统一与规范，同时从业务运行的角度来看，要做到运营指标规范管理，才能实现业务系统数据有效与可用。

（4）业务与技术双轮驱动是关键

企业信息化与数字化的本质是管理创新，是利用信息化技术来优化创新管理模式，以提高管理效能。信息化技术在这里起的作用是既是引领又是支持服务，关键还是管理部门的优化创新，当然，必须是信息化部门和管理部门的双轮驱动。一是信息化部门和管理部门要共同分析研究、共同探讨确定管理信息化的需求。信息化是好东西，大家都希望工作轻松点，但信息化技术也是有局限的，一定要聚焦聚焦再聚焦，把最有价值的需求优先实现。如五局聚焦项目成本管理为核心的经济活动信息化。二是信息化部门和管理部门要共同研究业务逻辑、共同探讨建立信息化模型，这就是怎么实现需求的事了。两个部门的人员对同一件事的思维逻辑是不一样的，必须坐在一起反复研究探讨。如建立成本管理方圆图模型，业务流程要与审批流程分开，业务流程要统一，而管理流程可根据不同单位的要求进行适配，每个工作记录表单在原有标准化基础上要不断细化、量化等，这些工作都是需要管理与信息化思维相结合的过程。三是信息化与数字化建设要以信息化管理部门牵头，业务部门驱动。企业整体信息化要涉及各业务线、各业务层级，但当前企业管理模式线条职能化管理及分级管控，很难从某条业务线去考虑其他业务线的相关业务，导致系统无法从系统性的角度进行架构，无法做到业务与数据互联互通。只有信息化管理部门充分了解各业务需求，从业务与系统整体架构相关业务，才能真正实现一体化集成与运行。

（5）领导重视与持续创新是保障

数字化永远没有终点，数字化过程是一个对管理思想重新认识的过程。正确理解数字化是数字化成功的前提。一个是"平台"，它是一个横向和纵向都可以互联互通的"底座"，需要打破部门藩篱、定义上下数据通道，并且要从企业数字化发展去规划，需要投入；一个是"流程"，管理中的"流程"有很多，如何有效地"流"是个责任和权利的问题，要解决好需要创新；一个是"数据"，系统中的数据可以层层穿透，公开透明，要解决好需要创新，如基础数据标准确定、运营管控数据分析确定、数据如何利用等。五局坚持按照线上为主、线下为辅，不做两遍的基本思路，不断优化原有的工作方式。对原有依据手工填报的资料数据，利用数字化工具自动汇总分析，实现管控数据化、风险数据化。这些都需要思想与工作方式的改变，尤其是要实现数字化转型升级，将涉及集团各级组织、企业文化、管理模式、工作方式等方面的变革，尤其需要主要领导亲自部署、亲自参与、带头使用、带头推进。

二、中铁四局

实施大商务数智工程

1. 实施背景

中铁四局作为具有综合施工能力的国有施工企业,是较早一批将信息技术引入企业管理的大型建筑企业之一。截至2020年,中铁四局集团级在用信息化系统达40余个,分属于17个业务部门,由31家软件信息公司开发完成。可以说中铁四局各层级信息化建设工作在不同发展阶段为企业管理提供了良好抓手,在各自业务领域都发挥了重要作用,取得了不错的应用效果。

但随着企业的不断发展和业务数据的积累,以往烟囱式建立的信息系统带来的问题越来越明显:一是系统呈烟囱式各自为战,各系统数据来源、应用场景不一,应用价值单一,导致相同的数据要在不同的系统按照不同的口径录入。二是每个系统都围成自己的"小生态",造成系统功能冗余。三是分布在各系统的"点状数据"源头"不共生",系统的内在逻辑被切断,难以真正定位问题根源,辅助决策。

为解决上述问题,中铁四局的信息化系统建设迫切需要从部门级升级为企业级,从点状建设转变成体系建设,从业务战术层面上升到集团战略层面,从管理动作升级为价值创造。为此,中铁四局组织相关部门及人员进行了长期反复调研论证,结合中国中铁股份公司"大商务"管理理念,制定了企业数字化转型方案,启动中铁四局大商务数智工程建设。

2. 实施路线

(1)实施目标

以中铁四局云平台为依托,构建中铁四局的企业中台,打通各业务系统之间的"数据孤岛",建立各业务系统之间的数据通路,最终实现"四个在线":

一是组织在线。实现所有系统共享一套组织架构和人员信息。

二是业务在线。系统覆盖四局所有业务的核心数据,实现业务行为透明化。

三是协同在线。系统自动触发跨组织跨部门跨系统工作流,通过数据驱动管理联动。

四是生态在线。通过云计算中心承接外部生态数据形成内外互联,实现生态资源集约化。

(2)总体实施思路(附图2-1)

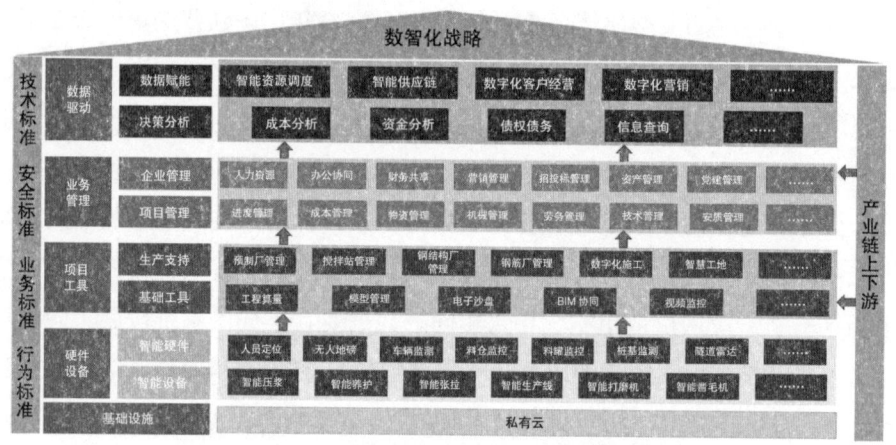

附图2-1　大商务数智工程战略总体架构

中铁四局数智工程战略总体架构实施以生产管理为主线,以经济活动分析为抓手,以目标动态管理和自动责任矩阵为依托的企业数字化转型发展战略。从管理层级上它主要分为两层:

一是面向一线操作层,即项目实施层。主要包括硬件设备和项目工具,目标是提升现场生产力。在硬件设备方面,主要应用智能硬件设备,比如智能化的传感器、采集设备等。例如,通过机械物联网设备的安装,自动采集机械设备的运转状态、行驶轨迹和油料消耗。既节省了现场人工填报的工作量,又保证了数据质量,为后期充分利用数据价值打牢基础。在项目工具方面,打造面向固定场景的信息化工具,例如,预制场管理系统、拌合站管理系统、钢筋自动加工系统、智慧工地平台等，为项目一线提供工序维度的管理工具，以满足项目层级减负、提质、增效等精细化管理目标的需要。

二是面向后台管控层，即企业管理层。主要包括业务管理和数据驱动，目标是改善企业生产关系。通过搭建各业务管理系统，为各业务线的管理提供抓手，即日常使用的进度系统、成本系统、技术系统等。并通过各业务系统的数据归集、治理，为数据查询、分析、决策提供支持，打造集团数据资产，实现数据驱动、数据赋能，让数据产生价值，这也是中铁四局大商务数智平台建设的重要目标。

（3）技术路线与实施

中铁四局大商务数智工程实施技术路线是结合底层数据和业务规则的整合，对原有各信息化系统进行重建、改造和废除，打通各业务系统之间的"数据孤岛"，建立各业务系统之间的数据通路，提供综合的数据查询、分析、决策支持能力。具体技术路线包含业务体系治理、数据体系治理、管理体系治理三个方面。

1）业务体系治理

一是基于对现有业务系统在线业务流程梳理，对比企业业务实际管理流程，并基于数据穿刺手段，找出原有信息化体系中存在的功能重复等问题，按业务部门归口，关闭重复功能，统一数据来源（附图2-2）。

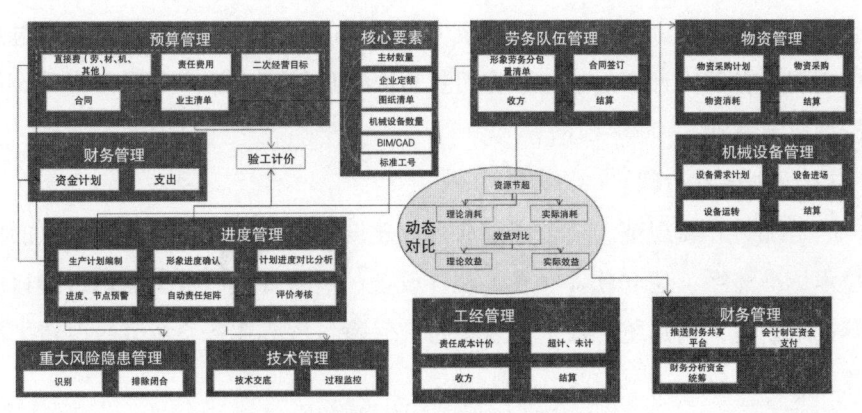

附图2-2　业务逻辑示意图

二是基于业务需求分析和功能规划蓝图，建立可执行的业务规则体系。规范建立各工程板块维度的业务规则，包含：工程实体结构分解体系、要素挂接规则、模型创建规则、收入计算规则、变更索赔、验工计价规则等，并将规则内嵌成为可执行的标准。

2）数据体系治理

一是主数据标准化。建立统一的主数据标准体系。通过数据分析确定主数据类型，创建了组织机构、人员信息等8项主数据。并通过主数据平台分发至各个业务系统，令所有业务系统都在同一套主数据标准系统下运行，各个系统之间的数据交互更加明确，提高数据的品质。

二是建立数据仓库。构建数据资产管理体系，以数据中台建设为基础，对数据资产进行摸底盘点，形成中铁四局统一数据资产地图，实现核心数据颗粒归仓，提高数据资产的自主权和保护能力，为企业各项生产经营管理提供基础保障。

三是完善数据指标分析体系。分级建立局、子分公司、项目级数据指标体系，明确指标层级、维度、指标名称、定义、计算公式、取数规则、衡量标准（目标值）、取数来源、指标承接岗位等一系列规则。通过指标分析体系发现取数断点，向各业务部门提出系统断点衔接要求，确保战略目标通过指标体系层层分解、传导、压实。

四是建立数据管理体系。建立数据管理流程及制度，成立中铁四局数据中心，负责日常数据运维工作。涉及中台数据的相关数据库变更，需经过数据中心召集各部门评审后通过，方可执行。为后续数据资产的质量提升、价值挖掘奠定基础。

3）管理体系治理

一是统一开发规范。结合国家和行业建设标准，制订符合企业特点的信息技术标准体系，建立软件研发、硬件设备、信息安全、数据编码、接口展现等技术规范，构建统一技术研发平台，保障各核心业务系统升级改造平滑过渡。

二是建立信息管理体系。通过发布《中铁四局软件系统开发与应用推广管理办法》，实现集团软件系统开发与应用推广工作的统筹规划与规范管理。明确"统筹规划、立项审批、预算控制、归口管理、保证质量"的系统建设原则，确保集团各系统开发工作业务需求明晰、开发标准统一、用户操作便捷、过程管理有序、数据互联互通、架构融合共享、知识产权可控、推广集约高效、全程评测监督。

4）建设实施

2020年7月，中铁四局开始启动建设大商务数智管理平台，2020年11月，完成平台初步建设；2021年3月，完成平台试运行；同年10月，17个子分公司共98个项目正式上线。截至2022年6月底，全集团652个项目已实现在数智平台上有序运行。

3. 实施效果

从实施效果上看，大致可以分为三个方面：一是减少了数据重复录入和统计工作，促进了各层级员工工作效率提升；二是在数智工程建设过程中，同步引入了大量的新技术，如物联网、人工智能、BIM+GIS等，一定程度上改变了既有的工作方式，提升了基层一线的数据质量；三是基于统一的数据口径进行全面分析，能够更快速、更准确、更多维度地向管理层提供可信数据，高效辅助企业与项目决策。

（1）工作效率提升

1）统一门户

通过数智平台的建设,将集团原先的15套既有系统进行升级改造和集成，统一门户入口,实现了"拆分是系统,合并是平台"的设计目标。对于用户来说，以往有多少个信息系统就要维护多少套网址、账号和密码，现在只需要登录中铁四局统一门户，就能够实现在各业务模块间的功能切换。

2）减轻工作负担

通过建立基础数据支持系统，将工程实体结构分解、生产要素挂接、模型管理等基础数据维护功能进行统一管理，并推送供其他业务模块使用，减少了重复工作量，实现了工作减负。

3）优化报表编制

在报表层面，通过数据的互联互通，大量的报表可以通过系统生成，大幅减少报表上报的工作量。同时由于平台建立了数据间的逻辑关系，形成了数据间相互校验的机制，不但利于跨部门报表的生成，也让系统数据更加真实可靠。

（2）工作模式转变

1）技术管理

在技术管理方面，以前的施工组织审批都是基于文档的，更多地偏向于合规性管理，里面内在的逻辑和质量往往缺乏管控，经常出现施工组织、现场"两张皮"的情况。现在，通过系统改造，将施组按章节进行拆分，把关键数据结构化处理，并推送至对口业务系统作为各项工作的数据源，一方面提升了对施工组织的实施管控，另一方面也提升了施工组织编制质量。

2）风险管理

在风险管理方面，通过将来源于进度系统的实际进度与风险管理系统的风险识别拉通，确保项目部安全生产管理和施工生产在进度上保持一致。以往风险系统的进度数据由项目质安部单独维护，一旦维护不及时，就可能出现与风险对应的工程结构已经完成施工，但是风险系统还在不停预警并派发检查任务的情况，容易造成管理上的混乱。与进度系统打通后，风险系统就可以根据项目实际进度自动完成风险消除，解决安全、生产管理不一致的问题。

3）隐患管理

隐患管理方面，通过隐患系统与劳务系统的数据打通，可以将现场发现的隐患问题与劳务队伍进行关联，后期为劳务队伍的量化考评提供依据。相比线下打分考评方式，系统地量化考评的评价指标更统一，可以在一定程度上消除主观因素偏差。

4）流程审批

在流程审批方面，系统可以提供支撑数据，以辅助审批人员判断。例如，在劳务分包结算管理方面，以往为了解决合规性的问题，通过流程表单式的方式进行结算审批。但实际操作过程中，审核人员不掌握真实情况，只能开展程序性流程性审批，存在的问题很难被发现，不能有效实现审批目的。而现在，数智平台可以根据形象完成和劳务要素挂接为审批人员提供可靠的收方数据，辅助审批人员进行判断，提升审核效率与可靠性。

5）劳务扣款

劳务分包结算环节，以前各类扣款数据，都是各个部门通过纸质的方式传递给项目工经部门，再由工经人员录入成本系统。一方面是需要二次录入；另一方面工经人员到底有没有按照要求完整扣减相应费用，在系统上难以进行监管。通过数智平台建设，涉及机械费扣款、材料费扣款时会通过对应的机械系统、物资系统，自动发送到劳务系统结算模块，有效规避了管理漏洞。

6）物资管理

在物资采购这个环节，中铁四局数智平台已经实现了与阿里巴巴的1688以及宝武鄂钢等供应商平台信息的实时在线联通。以往，项目部的采购合同一旦审批生效，采购行为都是通过线下方式进行实施；现在，通过数智平台，采购行为可以直接推送至供应商的系统，同时供应商的材料发货及物流信息可以实时发送至数智平台，强化了项目与供应商的沟通效率。

7）机械设备管理

在机械管理方面，通过机械设备系统与物联网系统打通，能够实现油料消耗、机械台班的自动化采集和计算，有效规避现场管理漏洞，为企业管理制度的落地提供了支撑。例如，四局设备管理制度中要求设备利用率不低于30%，但是以前因为没有技术手段，难以通过人工判断所填报数据的真实性，制度落地执行情况缺乏相应的评价依据。而通过加装设备自动化采集手段以后，设备运行时长等信息能够在后台的报表上得以实时反映，并可以按任意周期计算查询设备利用率和设备维保情况，促进了设备管理水平。

（3）决策体系改善

1）统计分析

中铁四局数智工程成果的一个核心，可以称之为即时统计分析。通过各项算法规则的设置，平台建立了企业即时管理标准。由进度来进行驱动，当项目部确认形象完工后，平台会基于实际进度自动计算出各类资源的理论应耗量，并与实际的消耗量进行对比，找到中间的差距，帮助管理人员预测项目存在的问题。

2）异常数据预警

通过后台的运维监控系统，企业可以对项目的数据异常进行预警，帮助管理人员及时发现问题。当项目数据异常自动触发预警，系统会追踪到最底层的原始数据，方便管理人员查找问题产生的原因，并通过自动责任矩阵实现问题闭环，提高项目效益。

3）分析展示

在报表管理体系上，中铁四局数智平台可以就每个管理层级和岗位所关心的业务与数据指标体系，按需进行灵活地个性化定制和调整。

4. 未来展望

当前阶段，中铁四局正在现有成果的基础上开展更深层次的数据应用研究，并依照总体战略规划不断完善和改进企业信息化体系。例如：通过统计出不同区域项目部同类型工序实际产生中的单位工作量平均工料机成本，并与企业定额进行对比，实现对企业定额的动态优化；依据平台数据实现企业整体组织从上到下，从集团部门到子分公司再到项目部，甚至到某个具体的岗位，或者某个具体人员的业绩指标智能分析与评价；通过梳理经济活动分析里面的每一个指标并找到对应的数据源，实现在线经济活动分析等。

可以说中铁四局大商务数智工程的实施还只是在企业数字化转型战略这条只有起点没有终点的道路上迈出的一小步，依然存在企业业务板块涵盖不全、末端延伸不够、企业数字文化建设有待提升等问题，但中铁四局大商务数智平台的开发建设实施单位安徽数智建造研究院有限公司（中铁四局管理研究院），将始终立足实际业务痛点和需求，向着为企业高质量发展保驾护航、促进企业数智化转型的最高目标不断迈进。

三、中建八局一公司

数据驱动下的企业数字化转型实践

面对复杂多变的行业数字化转型态势，需要企业把握好价值创造这个导向，结合企业自身情况，量体裁衣，从复杂的信息中剥离出数字化转型的本质。中建八局一公司把握"数据驱动"这一核心，从企业层面建设以大数据为关键要素的产业互联网，从项目层面搭建以数据为核心要素的智能建造体系。

1. 公司概况

中建八局第一建设有限公司成立于1952年，总部位于山东省济南市。下设济南、中原、华东、华北、华南、海外、基础设施、绿色建筑发展公司、设计研究院、数字科技公司等十五家二级单位，公司注册资本金13亿元，具有"双特三甲"资质，拥有"国家级企业技术中心"研发平台，是国家科技部认证的"国家高新技术企业"。连续多年被中国建筑业协会评为"中国建筑业竞争力百强企业"，综合实力连续多年位居中建集团号码公司第一名。

拥有国际领先、国际先进技术64项，国内领先、国内先进技术达174项，专利总量超过2400项，是山东省专利数量最多的建筑企业，被中国施工企业管理协会评为"科技创新先进企业"。

荣获"鲁班奖"29项、"国家优质工程奖"49项、"中国土木工程詹天佑大奖"4项、"中国建筑工程装饰奖"19项、"中国钢结构金奖"19项、"LEED认证金奖"12项，被中国建筑业协会授予"创建鲁班奖工程优秀企业""鲁班奖特别荣誉企业"。公司坚持"用我们的承诺和智慧雕塑时代的艺术品"的质量方针，铸造精品工程，中建八局一公司具有"令行禁止、使命必达"的文化特质。

公司于2010年启动新一轮信息化建设，2021年组建数字科技公司，已获得软件著作权近50项，专利证书14项，获得工信部2019年企业上云典型案例，2020年济南市五星上云企业，2020年山东省信息化建设先进单位，2021年公司等保2.0三级认证通过，并顺利取得中国船级社颁发的《两化融合管理体系评定证书》，这是山东省首家获得此项权威认证的建筑企业，也是中建集团系统首家获得此项认证的施工总承包企业。

2. 企业数字化转型实践

（1）企业数字化转型的现实背景

全球即将进入数字经济时代，数字经济的上半场是消费互联网，数字经济的下半场是产业互联网，是产业的数字化经济，是传统行业的主场，我们就是新主角。

从企业角度看，十余年信息化历程给企业带来了管理效率与治理能力的提升，助力企业加速了规模化进程。从员工角度看，2021—2025年新员工对信息化不陌生、对数字化很渴望，因此，有着良好的转型基础。这个背景下，需要再次以项目管理系统的升级迭代来提升员工工作效率。

（2）数字化建造的理念选择

十余年前，建筑业开始探索运用信息化工具赋能项目管理。2010年以来，一公司信息化建设以综合计划为出发点，采用自建迭代开发的模式，始终坚持将信息化工作作为"一把手"工程，坚定不移地推进两化融合，构建了包含"一个中心、两个平台、四大系统"的信息化管理体系，为公司主业规模增长所需治理能力的提升提供了有力的抓手和良好的支撑。面对新时期的数字化转型，正在用数字建造的新理念赋能项目管理。

核心理念：以智慧化项目管理和智能化企业**管控**为出发点，以EPCO全过程管控为主线，数字化向下延伸至以相关方**管理**为核心的项目一线管理，向上再造智能决策平台。实现项目一线管理数字化变革和企业管控数字化变革。

（3）数字建造的路径探索

1）数字建造的探索历程

2010年9月，公司发布了《关于项目管理信息系统的工作计划》，率先启动了信息系统建设;2011年,发布了《项目管理手册》,正式启动了两化融合工作。明确了通过信息系统推动标准化管理落实的思路,将两化融合作为提升管理品质的关键举措。

2012年10月,包含施工管理、安全管理和成本管理等十大模块的第一版现场管理系统成功上线。建成了山东省建筑行业首个云数据中心,获得工信部评定的企业上云典型案例,率先成为济南市"五星上云企业";通过上线BA运营决策分析系统和综合管理系统,建成企业层级集约化运营平台;通过开发现场管理系统和相关方系统,打造了项目层级精益化管控平台;通过八一云+APP等手持终端应用,构建了用户层级高效化办公平台。

公司于2012年成立信息化管理部,全面主导信息化建设工作。伴随着管理的深入,逐步形成了公司信息化管理部、二级单位专职信息化管理岗和项目部兼职信息化管理员的垂直管理体系。

步入数字化转型的新阶段,数字化不能仅仅作为概念浮于项目管理表面,需要结合项目管理的实际需求,重视其带来的变革价值。

2)数字建造的基本认识

数字建造是以项目实体为管理对象,将建筑实体分解成最小工作单元,以最小工作单元管理为核心,展开其所需要的组织和流程,围绕设计、采购、施工和运维全过程,进行计划、成本、技术、质量、采购和安全管理等方面的管理和管控。

3)由"怎么管"向"怎么干"转变

在信息化阶段,已经实现了线下流程线上化,做到了流程线上审批和预警。面对建筑工人老龄化与管理人员年轻化对冲的矛盾、低成本竞争与高品质交付的矛盾,我们逐渐认识到,数字化只要帮助基层解决了"怎么干"的问题,企业层级"怎么管"的问题也就相应地得到了解决。

伴随着新阶段的新需求,按照数字建造的核心理念,系统建设主要有四个板块:标准业态库、计划引擎、业务平台以及统一任务中心。在功能划分方面,标准业态库定义任务与责任岗位,计划引擎定义时间并实现推送预警等功能,业务平台实现任务的执行与反馈,统一任务中心作为纽带实现任务的分发。通过"计划（标准业态库与计划引擎）—执行（业务平台）—反馈（业务模块）—持续改进"形成系统内的 PDCA 闭环。

4）由"线上协同"向"引擎驱动"转变

标准业态库向计划引擎推送关系信息，推送任务匹配规则，以此生成一个项目的计划，并使相关的管理活动对应功能模块；计划引擎向实体工作推送计划的开始完成时间、获取任务的完成状态，以便标准业态库数据历史积累，产生相关业态本单位的定额等。

计划引擎将任务按时间推送给该项任务责任人的统一任务中心，实现任务"订单式派送"；业务模块将任务的完成情况（实际开始日期、实际完成日期、完成结果）推送到计划，实现任务的反馈。

标准业态库向业务模块的功能推送实体工作、关系信息，方便功能中相关字段对应选择（如部位），以此来关联实体工作与管理活动；业务模块向实体工作推送相关表单信息，以便 WBS 进行历史数据的积累，如安全隐患选择实体工作中的层级结构，属于某层级的隐患就可积累产生，方便经验复用，使数据的利用价值最大化。

（4）数字化转型的思考

在对数字化转型的思考过程中，我们更加体会到数字化转型是一道必答题，答错了、答慢了，都注定要落后。

1）转型程度要"深"。当前的信息化系统实现了总部对项目的管控，实现了各业务条线的垂直管理。当前还需要通过数字建造系统的推广逐步解决项目对分供商管控的问题、各业务系统打通数据壁垒实现横向连接的问题、业务系统由填报式向主动推送式转变的问题、对系统沉淀大量知识的应用问题，增加转型的"深"度。

2）转型工作要"实"。无人化、少人化施工是建筑行业的必然趋势，智能建造是解决问题的关键所在。围绕着业务需求开展的智能建造工作将更加务实、更加落地、更加有效，将会推进建筑行业的数字化转型向"实"转变。

3）转型范围要"广"。当前的数字化转型主要是围绕着建造业务开展，对照转型蓝图，在设计管理、运营管理等服务业务方面，在工厂管理、场站管理等制造业务方面还需要加大力度。数字化转型的范围还需要从传统的建造业务向服务业务和制造业务延伸，布局建筑行业产业互联网，扩大转型的"广"度。

（5）产业互联的蓝图

一公司数字化转型蓝图，明确了总体定位，制定了数字化目标，瞄准了关键用户，布局了核心业务。

1）数字化转型目标

将产业数字化与数字产业化的"新两化驱动"作为数字化转型的总体目标。产业数字化以数字化建造为关键切入点，涵盖数字化设计、智慧化管理、智慧化制造三个方面，数字产业化以数字化运营为关键目标，主要包括智慧园林、智慧医院、智慧校园等智慧化运维领域。

2）核心业务平台

依托十年的信息化探索逐步完成核心业务数字化，紧跟国家战略，打造中建八一产业数字化与数字产业化的产业互联网集群。

将产业数字化的核心业务划分为建造业务、制造业务和服务业务三大类。建造业务以局数字建造平台建设和智能建造平台应用为关键工作，制造业务以依托两大平台打造智慧工厂、智慧场站为关键工作，服务业务以打造智慧设计和智慧运维为关键工作，实现全要素、全业务、全产业链数字化升级。将数字产业化的核心用户设定为政府、业主和分供商。通过为核心用户打造智慧城市、智慧政务、智慧运营等平台，一方面将数字化延伸至产业链上下游，另一方面通过产业链上下游的数字化整合反哺主业。

3. 项目管理数字化实例

济南平安金融中心项目位于济南市的CBD，总高度360m，是济南市的第二高楼，是中央商务区的核心。项目施工场地狭小，地处中央商务区，各方关注度极高，项目管理目标均为国内最高标准。项目设计节点难、周边环境难、交叉作业难、平面转换难和垂直运输难等众多建设难题需通过智能化、科学化的实施路径解决，基于此，项目根据实际需求提出了"以数据为关键要素的基于现代信息技术的建设工程项目智能建造体系"。

（1）总体思路

以数据为核心，围绕项目在设计、建设和运维阶段的具体业务需求，通过现代信息技术的应用，构建面向应用的智能建造新体系。

大数据应用框架

项目在智能建造的策划过程中，搭建了"建设阶段施工总承包模式下大数据应用框架"和"基于现代信息技术的建设工程项目智能建造体系"（附图3-1）。

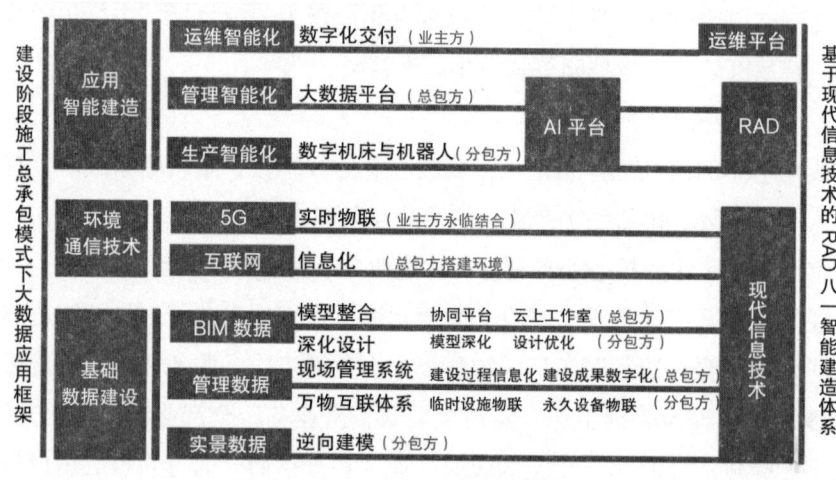

附图3-1 大数据应用框架

从大数据应用框架的角度看，主要包含三个方面：

一是项目数据基础建设。项目层面需要应用的数据主要有三个方面：BIM数据、管理数据和实景数据。BIM数据面对的主要对象是设计方，数据来源的主要途径是总包方负责的模型整合、分包方负责的设计深化和设计优化；管理数据面对的主要对象是施工方，数据来源的主要途径是总包方的信息化平台和分包方的物联网系统；实景数据面对的主要对象是运维方，数据来源的主要途径是总包方的逆向建模及镶嵌运维面向对象的数据。

二是项目通信环境建设。本项目定制了 5G 通信解决方案+定制一体化服务包,建设了 5G 信息高速公路,为"一网统管"提供了运营商级别网络服务。通过 5G 技术,项目实现了 1080P 高清视频毫秒级实时传输,确保了智慧工地平台稳定运行、畅通无阻。

三是大数据应用分析。在本项目主体建设过程中,通过对工程主体进行监控、分析,项目部获得了文件、视频、音频等海量异构数据信息。通过大数据分析、数据清洗等相关技术的辅助,实现了信息系统与管理经营一体化的智能、精准控制,如通过人工智能自动分析影像数据,提前预警施工危险源。

不仅如此,通过对大数据相关技术的应用,构建了高效的施工管理平台,实现了对质量、安防、物料、办公等全方面一体化管控,从而提升了信息资源的整合效率。

(2)现代信息技术应用

1)BIM 技术应用

基本思路是:聚焦 BIM 全周期应用,以业主方为核心,以总包方为纽带,整合设计单位、BIM 顾问单位和各专业分包单位的模型数据,服务施工阶段的设计管理和现场管理,满足后续运维阶段物业管理和智慧城市的建设需求。

在 LOD500 精度模型搭建方面,采用设计协同平台,由总包单位统筹管理,各专业分包在同一模型内实时进行深化设计、变更管理和文件传递,实现了 BIM 模型数据应用的高效和统一。BIM 协同平台包含模型管理、进度管理、现场管理、资料管理、统计分析、移动端 APP 六大模块。

在施工阶段的设计管理方面,进行了各专业的深化设计,例如钢结构设计深化、机电安装设计深化和 BIM 砌体排板等。在深化设计基础上进行各专业设计问题碰撞,截至目前累计解决碰撞问题 2000 余条,服务于施工图的设计优化,有效减少了错漏碰缺。

在施工阶段的现场管理方面,运用 BIM 技术进行了平面布置、施工模拟、方案交底和设计可视化。将 BIM 模型产生的数据与智慧工地系统对接,服务于工期管理、质量管理和安全管理等项目管理过程。

在运维服务方面,BIM 技术为运维平台的电梯、停车场、能耗监测和安防预警等管理提供了基础的可视化数据支撑。在智慧城市建设方面,将BIM模型数据对接到济南市智慧城市系统,实现城市管理可视化。

2)项目信息数据

建设过程信息化:项目建设过程中应用公司信息化管理平台,将项目生产过程中的各项管理数据上传至平台,服务于项目全生命周期管理。

建设成果数据化:项目信息化平台打通了和广联达、恒智天成等施工软件的数据接口,将项目建设过程中的基础数据及时进行私有云上传,确保了建设成果的可追溯性及完整性。

3)实景数据逆向建模技术

将BIM模型产生的数据与测量机器人构件逆向建模产生的数据相匹配,服务于钢结构模拟预拼装和实测实量。

(3)RAD智能建造体系

RAD智能建造是集机器人、人工智能、数字化为一体的智能化建造体系,通过研发应用高集成性软件,辅助管理人员高效、高质量完成施工管理工作;同时结合高端设备及机器人的应用,为施工一线人员提供了更加安全的施工环境。

1)机器人应用

为了解决社会高速发展与农民工日益短缺的矛盾,在保证质量的前提下,应用建筑智能机器人可有效提高工程建设速度,并且减少不可避免的人为失误,提高施工质量;另外,通过机器人替代人工完成高危、视觉死角的质量检测,可消除普通工具在人工操作下的误差。具体应用如下:

楼板钻眼机器人:楼板钻眼机器人由机械升降装置、电锤、控制系统构成。具备红外定位、自动伸缩、自动钻眼、无尘作业的功能及特点。

管道自动定位焊接机器人:管道自动定位焊接机器人由支撑机构、焊接机构、夹持机构及控制机构组成。具备可自动校正对准、焊接效率高和操作简单的特点。

橡塑保温板下料机器人:橡塑保温板下料机器人由"输送单元""V形槽与切割单元""U形槽与分条单元"及"废料回收单元"四大部分组成。具备废料自动收集和施工效率高的特点。

2) 人工智能技术应用

应用 5G、BIM、AR/VR、云计算、物联网等新技术,通过手持终端、PC 端、智能监控、人员定位等设备,打造多层级多维度的"智慧工地大脑",实现对"人机料法环"等生产要素的全面感知,信息互联互通,支撑项目决策分析。

附图 3-2　安全行为 AI 监测

安全行为 AI 监测:通过普通摄像头及先进的 AI 分析平台,对安全帽、反光衣、口罩、火焰、周界等危险要素进行识别,即时预警(附图 3-2)。AI 后台可连接所有视频监控,实现大范围、超视距、全天候的立体精确监控,提升了项目安全隐患预判能力,减少安全巡检频次约 30%。

5G+ 动臂吊吊钩可视化 + 智能安全帽(附图 3-3):动臂塔式起重机变焦摄像头与 AI 眼镜形成空间立体监控,塔式起重机司机可实时以塔式起重机指挥的视野观察吊钩情况。提高塔式起重机工作效率近 50%,防止隔山吊、盲吊等安全风险,有效地降低安全事故风险的发生。

AR 技术应用:通过自主研发的基于 AR 技术的"智慧图纸"软件,借助手持终端扫描二维码或图片,及时获取 BIM 信息模型。通过对模型交互与图纸信息读取,提升机电专业一次成型的质量,避免二次拆改的现象。

附图 3-3　智能安全帽

3）数字化平台应用

以三维可视化智慧工地操作平台为载体,通过综合/现场管理平台,BIM、云计算、大数据、区块链、物联网、移动应用和智能应用等先进技术的综合应用,提取相对应的安全、质量、工期、劳务等模块接口信息,根据实时施工动态数据进行数据分析,实现现场管理的状态可视化(附图3-4)。将设计管理中产生的深化BIM模型上传至平台内,可进行自由浏览和属性查阅,同时将设计图纸、问题报告、深化图纸等资料与BIM模型挂接。

附图 3-4　数字化平台应用

智能监控:项目监控与三维场景对接,点击监控模型即可查阅对应位置的监控画面,同时,项目应用安全周界,对入侵画面、入侵次数、入侵分布、入侵预警数据都可获取。

4D进度:项目进度计划大数据实时管控可时时查看项目从施工开始到该

计划进度的模拟情况。计划和实际两个模型对比展示,直观了解计划情况。

智能控制:项目喷淋、照明灯、广播,与项目三维场景关联,平台中可看到每个设备的运行情况,并可直接进行远程开启和关闭的操作。

实时监测:平台集成项目环境监测数据、未来一周天气数据;集成四周噪声点数据;集成爬模应力数据、报警信息监测数据;集成养护室的温湿度数据。

能效管理:对项目施工区、办公区、生活区三区的水和电能耗进行实时监测,实现周月、能耗偏差等多维度看板分析。

项目固定资产的各项信息嵌入平台,结合物联网 RFID 技术进行资产标签化入库,能够有效监控资产状态,记录资产出入信息,实现对资产全面有效的可视化管控。

将核心筒、外框钢构、水平结构的用工、工期、工程量等参数自动统计成表,方便管理人员依据此工效进行下阶段分析部署,同时为类似工程提供经验。

结语:过去十年,信息化已经阶段性地解决了建筑行业规模化发展过程中面临的管理难题,初步形成了数字化基础。未来十年,建筑行业将从规模化向高质量发展跨越,高质量发展需要高水平的项目管理来支撑,项目管理数字化步伐必然加快。

四、中电建华东设计院

数字化赋能企业高质量发展

中国电建集团华东勘测设计研究院有限公司（以下简称"华东院"）1954年建院，是隶属于世界500强中国电力建设集团的特级企业。华东院总部设在杭州，在国内设有东南、华南、西南、华东、华北、东北、浙江等区域总部，在亚太、欧亚、东南非、中西非、美洲、中东北非设有六大区域总部，覆盖50多个国家和地区。业务范围包括水电与新能源、城乡建设、生态与环境等领域，努力打造具有工程全过程智慧化服务能力的一流国际工程公司。

持有工程设计综合甲级资质、工程勘察综合甲级资质、工程咨询甲级综合资信和城乡规划编制单位甲级等工程建设领域国家最高等级的资质资信。多年来一直名列中国工程设计企业20强、中国承包商80强、中国勘察设计综合实力百强单位、中国监理行业十大品牌企业。多年来实现营收跨越式发展，2021年达到营收500亿元。

1. 华东院经营管理特点

（1）华东院科研能力

作为人才密集的国家级高新技术企业，现有在职员工约5000人，博士及博士后140余人，享受国务院特殊津贴专家、国家百千万人才、国家突出贡献中青年专家等20余人，发展改革委、商务部、水利部、浙江省等省部级及以上各类专家人才1000余次。

华东院主持参与国家自然基金等重大项目30多项；取得了百余项重大技术创新成果；先后荣获国家和省部级优秀工程、设计、勘察、咨询、软件、科技等1000余个奖项，其中国家级100余项；拥有有效专利2600余项，其中发明专利359项，美国专利23项；计算机软件著作权620余项；主持参与规程规范190余项，荣获国家知识产权示范企业；设有三个国家级研发中心即国家水电站大坝安全和应急工程技术中心、国家水电风能研究中心华东分中心、国家能源水电工程技术研发中心抽水蓄能工程分中心；设有多个省部级研发中心或重点实验室。

（2）华东院数字化能力

华东院以"工程+IT"的务实理念，专业从事工程行业信息化、数字化和智慧化相关理论研究、产品研发和技术服务；获得国际BIM风筝标志认证证书及信息技术服务和信息安全管理体系认证证书；同时，通过CMMI V2.0 Leve15国际权威机构评估认证，标志着软件项目研发和管理能力达到国际最高等级标准水平；在智慧城市、工程数字化、智慧轨交、智慧新能源领域并设有四个省研究中心，开展工程数字化业务研究；围绕云服务、开发平台（数据治理）、人工智能、图形、物联网，服务于基础设施行业数字化转型，"工程+IT"的深度融合已经成为华东院重要的品牌优势之一；依托水电与新能源、城乡建设、生态与环境三大工程领域各类建设和运营项目，为各领域提供成熟产品和解决方案。率先建立了一整套完善的工程数字化技术体系，涵盖工程建管和运维平台、数字化设计平台、智慧城市平台等，在过去5年为全球客户交付超过1000个数字化项目。

2. 华东院数字化建设情况

华东院数字化建设经历了近20年的持续发展。从2003年开始，华东院率先在国内开启三维协同设计研究，正式从二维平面迈向三维空间；2009年BIM技术在多个水电站工程多专业全过程的成功应用，更加坚定了数字化发展的方向；2015年以深圳前海、雄安新区为起点，开发完成数字城市CIM平台，实现城市的规划、设计、施工、全过程的管理；2017年依托"工程+IT"的综合优势占领制高点，面向水电与新能源、城乡建设、生态与环境发展等领域实现多点开花的数字化成功应用。2020年起实施全域工程数字化，形成工程领域多维度专项数字化解决方案，进一步提升"工程+IT"内涵，推进全面市场化。

(1) 水电与新能源数字化业务

华东院充分利用在水电与新能源业务领域多年来的规划设计、施工建造以及运营管理的专业经验和优势，基于已有的能源数字化领域成果，加快水电与新能源智慧化产品研发及核心技术培育，探索新一代信息技术，聚焦水利水电、抽水蓄能、新能源和综合能源等领域数字化融合发展。

水利水电领域，构建了 CyberHydro 的水电水利数字化系统，在水电领域，为雅砻江、华能、华电等企业构建"全过程、全要素、全员参与"的建设管理平台，紧紧围绕项目规划、建设、运维的工程建设全生命周期业务，有效提升了项目履约能力，增强了社会与经济效益。其中杨房沟水电站 EPC 工程 BIM 建设管理创新和应用获得首届全国水利行业 BIM 应用大赛金奖和第四届中国电力数字工程（EIM）大赛特等奖；水电大坝安全监察领域，形成了大坝安全管理系统（iDam），iDam 集成全国规模以上大坝安全监测的海量数据，动态感知和洞察大坝安全管理行为，智能诊断和预测大坝安全薄弱环节，革新了传统的监管方式，极大地提升了监管水平和监管质量，已为超过 400 座大坝的安全管理提供信息化服务，成为面向政府、大坝中心、发电企业的一体化大坝安全管理工作平台，荣获电力行业信息化成果奖一等奖。

在抽水蓄能领域，已全面实现抽水蓄能电站的三维设计以及设计、施工、运维全阶段的数字化应用。利用新一代数字化技术，自主研发了具有核心技术的抽水蓄能电站智能设计与交付平台。结合丰富的抽水蓄能实践经验和专业模型算法，深度融合"工程+IT"，并紧扣国家"双碳"战略，形成了抽水蓄能电站智慧化全生命周期解决方案，其中仙居抽水蓄能电站为国内第一个建成的全生命周期管理的智慧抽蓄电站，并荣获中国电力工程数字化设计（EIM）大赛水利发电组第一名和中国勘察设计协会优秀勘察设计奖一等奖（附图 4-1）。

在新能源领域，形成了针对海上风电、陆上风电、光伏等不同品类的全生命周期管控平台，建立了面向政府侧的浙江省海上风电大数据平台和国家可再生能源信息管理中心浙江分中心等产品，从实际业务痛点出发，形成了一套完整、全面、可复用的数字化解决方案。打造国内首个全生命周期数字化智慧型海上风电场和数十个新能源智慧化项目（附图 4-2）。

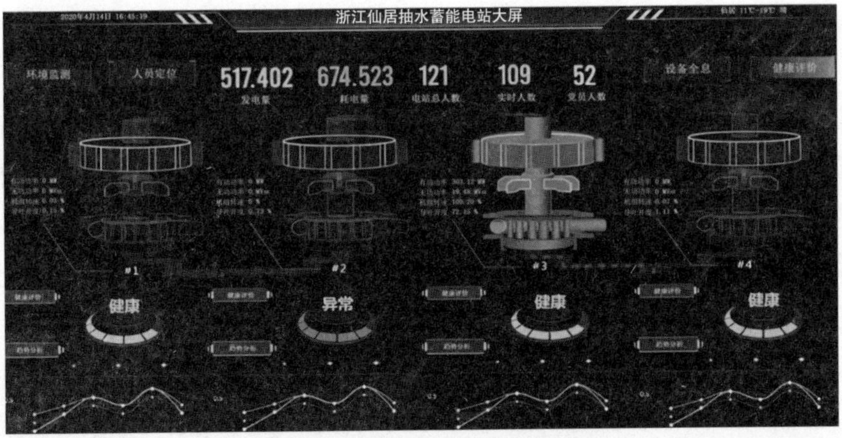

附图 4-1　浙江仙居抽水蓄能电站大屏

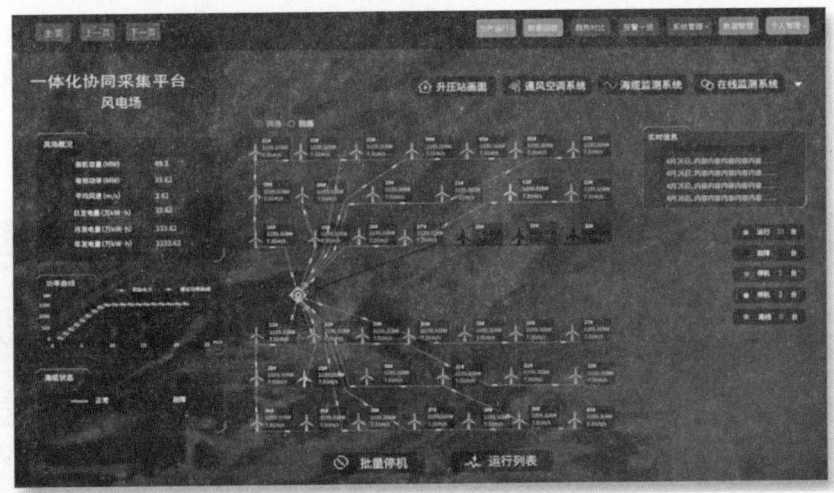

附图 4-2　O-Wind 海上风电数字能源服务平台

在综合能源领域，提供不同规模场景下的综合能源智慧化调度、智慧化管理、智慧化交易和智慧化服务一体化解决方案，在国内数 10 项智慧能源规划项目中得以应用，形成以 S-limC 品牌为基础的智慧能源管控平台，实现差异化优势。同时结合国家"东数西算"战略，S-limC 充分发挥优势，逐步形成"数字化品牌 + 新能源 +IDC"的新兴产业互动模式，提供大数据中心完整的绿色低碳解决方案。

（2）城乡建设数字化业务

在城乡建设领域重点形成了数字孪生城市建设、空间治理数字化和智慧交通三大业务主线。数字孪生城市建设重点开展了城市级 BIM 模型创建整合及应用、CIM 基础平台建设等业务。国土空间治理数字化以规划引领、数字驱动为战略理念，全面建立国土空间治理数字化应用场景，聚焦空间治理综合分析和决策。智慧交通以城市轨道交通工程全周期数字化业务为重点，在工程生命周期维度上开展智慧交通建设、运营业务数字化建设。

在 CIM 平台和未来社区方面，华东院结合自身工程经验深耕新型智慧城市领域，依托深圳前海、雄安新区、未来社区等多个新型数字城市建设，成功实现从单个工程数字化到城市级数字化平台的革命性转变；建立了国内唯一可以承载整个城市生命信息的城市全信息模型——CIM 平台。深圳前海市政基础设施 BIM 应用项目获得基础设施全球 BE 创新奖和第二届"优路杯"全国 BIM 技术大赛金奖（附图 4-3）。

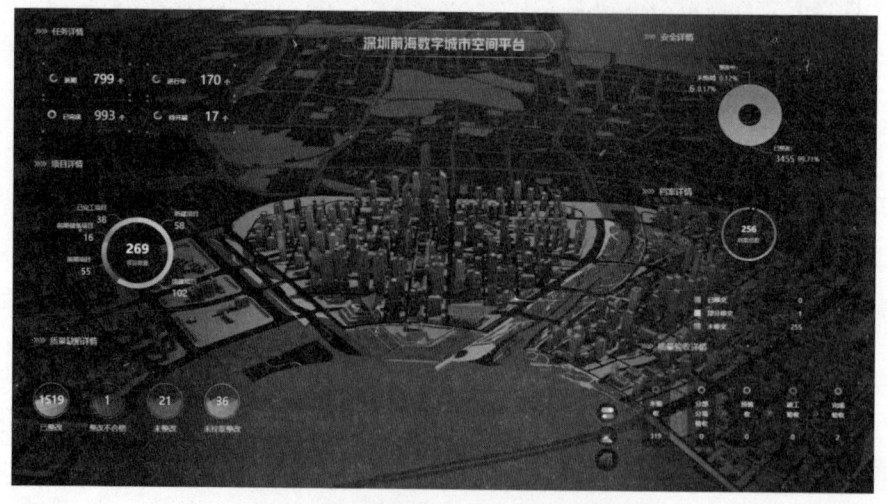

附图 4-3 深圳前海数字城市空间平台

在智慧建筑领域，华东院以 BIM 模型为基础，形成包括智慧楼宇、智慧园区、智慧校园、智慧公园等系列解决方案，在杭州临平文化艺术长廊、浙江理工大学、良渚中央公园和雄安电建智汇城等项目中得到应用。

在城市建设、水利水电等征地拆迁领域，形成数智家园产品。在雄安新区建设、浙江省铁路项目、云南省大型水电项目中得到应用。数智家园，让征迁工作更便捷、管理更智慧、服务更精准。

在空间治理领域，华东院以规划引领、数字驱动为战略理念，全面建立起覆盖省、市、县三级一体化"精准分析、整体优化、高效利用、依法保护、科学治理"的空间治理数字化应用织网，成功打造省域空间治理数字化平台、杭州市空间智治平台、市域空间治理丽水平台等多个空间地理数字化项目（附图4-4）。通过数字虚拟空间更好地管理自然空间和人造空间，在加强国土空间应用方面发挥重要作用。

附图 4-4 省域空间治理数字化平台

在机场领域，华东院承担的深圳机场数字化项目率先在国内民航领域引进"全专业、全过程"BIM 技术，搭建"全业务、全流程"建管平台。并将该成果在香港机场、厦门新机场、福州机场、郑州新郑机场和临沂机场等多地机场项目的 BIM 咨询及平台开发业务中应用提升，现已基本具备完善的机场工程全生命周期 BIM 咨询能力及机场管理平台开发能力。

（3）生态与环境数字化业务

华东院充分发挥在水务和生态环境业务规—建—管工程全过程的丰富经验和优势，结合行业发展需求和数字孪生流域建设等热点，进一步推进新一代信息技术与行业特性的融合。以重点项目为依托，为水旱灾害防范与抵御、水资源开发与配置、水环境监管与保护、河湖生态监督与管理等水利水务业务提供有效技术支撑。助力水务管理效率整体提升，推动水务管理能力适应新时代水利数字化发展要求。

水务工程 BIM 应用方面，华东院实施了雄安新区府河湿地水质净化工程 BIM 设计、仙居污水处理厂二期 BIM 设计、新加坡大士净化水厂 C3C 标段 3D 至 6D 全生命周期 BIM 咨询等系列工程项目，其中仙居污水处理厂二期获首届全国水利行业 BIM 应用大赛金奖（附图 4-5）。

附图 4-5　新加坡大士净化水厂 BIM 设计成果

在水利领域，华东院建设了流域全过程支撑一体化应用平台，满足业务全覆盖、流程全闭环的要求，实现"预报、预警、预演及预案"的智慧水利建设目标。应用于钱塘江流域防洪减灾数字化平台、嘉善县河湖管护、济宁泗河综合治理和深圳智慧水库系统等项目。其中钱塘江流域防洪减灾数字化平台推动流域防御洪潮体系的现代化建设，助力新安江九孔泄洪决策，并入选水利部《智慧水利先行先试成果目录（2020 年）》（附图 4-6）。

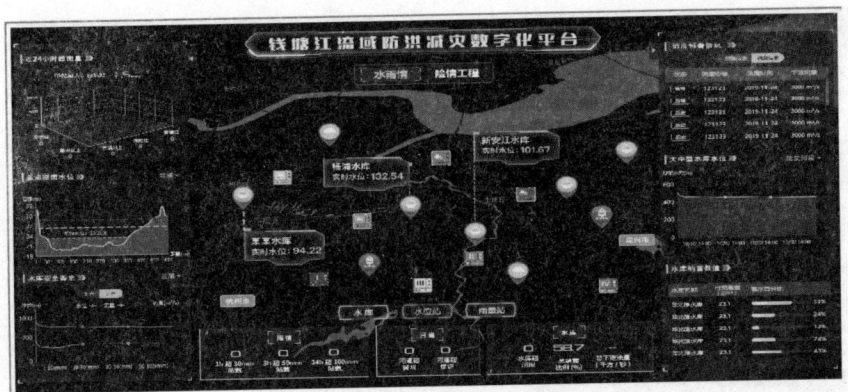

附图 4-6 钱塘江流域防洪减灾数字化平台

华东院智慧水务产品涵盖了原水、引水、供水、排水等业务，为客户提供了规划、咨询、设计、建设、运维、监管全过程的水务数字化解决方案。完成了深圳市智慧水务二期一体化咨询、深圳市水务发展"十四五"规划、杭州水务集团"十四五"智慧水务规划等系列智慧水务相关的咨询、规划项目；设计并开发了福田智慧水务系统、余杭智慧水务系统、芜湖智慧排水系统和杭州市供排水管网安全管控平台等典型的智慧水务系统。其中，福田智慧水务系统为深圳市第一个区级智慧水务系统，为深圳市排水管理进小区的顺利实施提供了数字化管理手段；芜湖智慧排水系统为长江大保护首批智慧水务系统，入选住房和城乡建设部"2021 年智慧水务典型案例清单"。

智慧环保和智慧生态方面，华东院先后开发了环保管家智慧管理系统、电网环保全过程精益化管理系统、雄安森林数字化平台、雄安新区及白洋淀流域环境监管大数据平台和深圳市龙华区生态环境管理信息化系统等数字化产品，覆盖了建设项目环境保护管理和政府部门生态环境监管（附图 4-7）。

3. 数字化建设的体会与方向

（1）数字化能力是企业高质量发展的核心竞争力

过去的二十年，以数字化技术为基础的组织规模化创新能力日益成为企业未来的核心竞争力，从传统工程行业中成长起来的华东院人以坚毅和革新

附图4-7 雄安新区及白洋淀流域环境监管大数据平台

的"浙商"精神投身数字化浪潮，通过以技术为核心的不懈追求和孜孜不倦的大量实践来探寻企业数字化转型的"方向"。二十年来，华东院不断探寻新的商业模式，通过持续的创新探索，沉淀更具创造价值的产品和服务，从对内赋能的三维协同设计起步，到内外全面赋能的水、能、城三大板块的数字化业务单体交付以及水能城相融合的智慧城市级综合数字化交付，努力打造具有全过程智慧化服务能力的一流国际工程公司。

我们致力于"以客户为中心"延伸服务品类，不断创新服务方式、深化服务内涵；我们以"工程+IT"复合者的天然优势，服务前海、雄安，乃至全国以及世界各地，让客户真切体验华东院卓越的服务能力。我们开辟了工程数字化市场营销的全新局面，深耕"一对一营销"，进一步强化了"网络营销"，为数字化业务的市场营销积累了有效的内容范式。同时，我们致力于构建基于创新业务场景的合作生态，持续输出行业前沿数字化发展理念与技术，努力推动中国工程数字化业务发展，为客户创造价值，与合作方共同发展。

（2）坚持"产学研合作、产业链上下游合作"的建设模式。

产学研合作是创新驱动发展战略的关键环节。华东院目前拥有多个国家级和省市级的工程技术研究中心以及各类联合人才、试验基地；并与清华大学、浙江大学、水科院等众多高校、科研院所具有良好的合作关系。通过产学研协同合作形成自主创新技术、关键核心技术和颠覆性技术，促进科技成果转移转化，为企业转型发展、市场开拓、战略推进提供强有力的支撑，不断提升企业品牌价值。

同时，还要与产业链上下游各方展开广泛合作；通过推广已有的数字化成果，赋能来自传统行业的下游企业合作者，扩大产品客户数量。对于来自各个专业领域的上游合作者，利用其在相关领域的技术优势，采取强强联合的方式提升综合竞争力。不断对客户的关键点进行深入的战略性思考，找出能够通过数字化技术撬动重大改善的领域，引入对应合作者，在改善客户体验的同时，为各类合作者开辟出新的价值创造空间，丰富数字化业务生态圈。

（3）持续优化数字化业务体系建设。

从实际现状和对市场需求的研判出发，厘清自主技术、主力产品、关键履约能力，整合合作伙伴优质技术资源，围绕"软件平台、数字化内容、技术服务"，建立覆盖企业主要业务领域的数字化解决方案体系，并持续规划、迭代、部署和落地。

按照建设一流国际工程公司目标，聚焦经营管理、生产管理、科技管理、采购管理、QHSE 管理、档案管理、品牌管理，梳理完善业务管理体系，不断实现对经营生产过程中的每一个业务场景进行结构化的数字描述，通过数据驱动业务发展，精准重塑业务体系；通过发布管理办法、业务流程、工具模板和数据清单，从战略规划到运营执行层面让企业管控更加精准、高效、敏捷、智慧；推动全院的数字化业务管理逐步由以流程约束为支撑的管控向以数据赋能为支撑的管控迈进；稳步推进企业数字化业务体系重构建设，为持续引领和协调企业数字化业务稳定、高速发展提供系统保障。

（4）深度融合"工程+IT"。

持续革新工程规划、建设、运营的理念和模式，持续提升数字化工程服务，进一步夯实"以信息和数据带动工程新价值创造，用信息化和数字化创新工程服务模式"的阶段成果。由"数字化单方面赋能工程"向"工程与数字化相互赋能"转变，切实实现"工程+IT"的深度融合。

赋能业务数字化，完善工程数字化协同设计、设计施工一体化管理、工程应用软件管理等生产系统，进一步促进信息化、数字化与生产的融合，促进生产模式和方法的不断革新和创新，使生产转型跟上市场转型的步伐。以工程建设与运营全周期业务为视角，建设和完善对内提供专业信息服务、运营监控及智能运维、工程建设远程管理、安全与运营管理的各类专业管控系统和平台，强化"信息化+工程服务"生产模式落地，把华东院打造成工程服务和信息服务创新融合的新型工程企业。

赋能数字化业务，基于现有数字化产品，建立业务基线并迭代管理，通过项目打造产品，通过产品反哺项目，切实实现"工程+IT"的相互赋能。在数字化工程全生命周期管理、行业级数据中心运营服务、数据托管及增值服务、工程人工智能应用等方面引领行业发展方向，最终实现按照全数字化的生产和交付模式进行工程建设和运营服务，带动全产业链的商业模式升级，在行业内率先形成差异化的市场能力和先发优势。重点开拓水利水电、新能源、市政、轨道交通、城市综合规划及建设、水环境治理等工程领域的数字化系统设计咨询、应用系统及数据托管、BIM教育培训与认证，以及工程安全信息化、设计施工一体化、工程全生命周期管理、工程人工智能应用等的咨询与实施等业务市场，创新性地为客户提供经过"工程+IT"相互赋能的、挖掘并附加更多价值的工程服务。

（5）建设"工程+IT"复合型人才队伍。

以实现华东院国际型数字化企业转型为载体，以发展生产力为核心要素，将华东院打造成为一流的"工程+IT"复合型数字化企业。建设好"工程+IT"复合型人才队伍，是推进执行这场战略的重中之重。提升人力资源管理成熟度，需要充分利用人才管理、文化、激励等手段提升对绩效的管理作用。积极推进高校合作事宜，落实与高校的人才战略合作，同时也要在社会上挖掘符合公司需求的高层次人才。

建立数字化人才培训体系建设，针对全院数字化人才培养进行牵引。对三大业务板块中典型数字化项目实施过程中的各类关键能力要素进行梳理和总结，建立从经营到履约全过程的数字化能力培训课程体系。强化内部讲师制的同时，积极引入外部培训师资力量，围绕"项目全过程"，系统开展数字化人才培训活动，建成一支高水平、专业化的 IT/DT 技术和管理团队。

　　加强复合型数字化人才培养和队伍建设，对数字化过程中的各类关键岗位能力要素进行梳理，形成关键岗位的胜任力模型。建立数字化人才培训体系并对关键岗位人员进行能力认证；以胜任力模型为目标，加快数字化人才储备，引导建立全院数字化人才梯队，为全院输送数字化人才。

后 记

投身到数字化革命的洪流中

进入工业文明以来,因为蒸汽机的发明、电气技术的应用、电子技术的推广以及信息数字技术的普及,人类社会历经了机械化、电气化、自动化、信息数字化四次技术进步。每一次技术进步,对人们生活、生产方式和社会生产力都带来了巨大的改变和提升。信息数字技术作为改变当今社会生活及生产方式的革命性技术,是每一个中国企业、每一个社会公民都应该高度关注、积极参与的。

2016年3月,AlphaGo初问世就以4∶1战胜了职业生涯15年拥有14个世界围棋冠军头衔的李世石,2017年又以3∶0战胜世界最年轻五冠王柯洁。围棋组合有10^{170}的可能,近乎无穷的决策空间,人是无法做到的,但是信息数字技术可以做到。但是,这并不是说机器或者信息数字技术会完全替代人类,机器在未来能够控制人类,这种情况不会发生,因为AlphaGo的灵魂是计算机科学家为它编写的程序。机器不会控制人类,但是制造智能机器的人可以。而科技在人类进步中总是扮演着最革命的角色,它的发展是无法阻止的,我们能做的就是面对现实,抓住数智革命的机遇,而不是回避它、否定它或阻止它,我们必须切实投身到数智革命的滚滚洪流中去。所以,我常说,谁拥有信息数字技术谁就拥有未来!

写这本《工程建设企业管理数字化实论》的出发点,就在于要积极参与到信息化、数字化、数智化的时代洪流中,即是"重在参与"之谓也。

众所周知,当今世界上威力最大的武器是核弹,核弹中威力最大的是氢弹,氢弹爆炸的原理是核聚变,核聚变又称为"核融合",是指由质量轻的原子（主要是指氘和氚）在一定条件下发生原子核互相聚合作用，生成新的质量更重的原子核，并伴随着巨大能量释放的核反应形式。管理和技术就像原子氘和氚一样，两者如果不能融合，它们的质量就是轻的，能量就是小的；两者若能融合，那它们的质量就是重的，能量就会是大的，融合能够产生巨大能量。当然，融合不是目的，产生能量才是关键。

只有实现管理和技术的深度融合，才能产生巨大的生产力，技术只有用于生产实践中去，才可能是生产力，如果技术只是停留在理论阶段，不能用于生产实践，就不会是生产力。在管理和技术的融合过程中，人这个生产力最活跃的要素是不可缺位的。从"人和机"到"人＋机""机＋人"，通过人机合理分工，人机科学合作，实现技术与管理深度融合，大幅度提高管理效率，大幅度提升社会生产力，这是企业数字化的根本目的。

这本《工程建设企业管理数字化实论》立论的基础是企业管理的实践，立足于技术与管理的融合，立足于技术应用的实际效果，也就是"实践的标准""生产力标准"是本书的立足点。

毛主席说过："人类总得不断地总结经验，有所发现，有所发明，有所创造，有所前进。停止的论点，悲观的论点，无所作为和骄傲自满的论点，都是错误的。"中国的工程建设行业与建设企业的数字化建设必须绵绵用力、久久为功。这本书是作者本人多年实际工作中的观察、总结、思考和体悟，虽有一定的借鉴作用，但也不可避免地存在着不足、偏颇或谬误，诚恳希望专家、同仁、朋友们批评指正，期待大家共同为工程建设行业数字化水平的不断提高做出些许贡献。

在这本《工程建设企业管理数字化实论》成书过程中得到了许多专家、老师、同事们的热情指导和帮助，尤其是丁烈云先生、吴慧娟女士和王文京先生在百忙之中亲自为本书作序，在此表示由衷的敬意和真诚的感谢。在本书出版之际，要特别感谢中国施工企业协会的各位领导和朋友，给了我在中施企协信息化工作委员会工作的机会，使得我有可能从2014年以来连续多年参与到工程建设行业信息化的学习、调研、交流与推进工作中，先后到200多家工程建设企业和企业集团就信息化、数字化建设进行交流学习，丰富了我对建设行业和工程建设企业信息化、数字化、数字化转型的认知和体悟，这是这本《工程建设企业管理数字化实论》成书的一个十分重要的基础支撑。同时，要向提供典型实用案例的中建五局、中铁四局、中建八局一公司、中电建华东院表示诚挚的敬意，感谢他们为行业企业做出的榜样，这四个实用案例是在工程建设行业内出类拔萃的实践成果。还要感谢在四个实用案例编写过程中付出辛苦劳动的中建五局文章英、中铁四局耿天宝、中建八局一公司齐朋、中电建华东院刘明华。还有我的新老同事和朋友如谭立新、蔡自斌、龚炜、焦安亮、李福和等都给了我热情的鼓励，提供了宝贵的建议和帮助，在此一并表达谢忱。

鲁贵卿

二〇二二年六月